合田一道

評伝 関寛斎 1830-1912

極寒の地に一身を捧げた老医

藤原書店

まえがき

関寛斎の存在を知ったのは、北海道新聞社の記者になったばかりのころだから、もう半世紀以上も前になる。同社帯広支社勤務の事件担当になり、多忙な日々に追われていた。たまに息抜きしようと、休日を利用して国鉄（後のＪＲ）池北線（現在は廃止）の列車に乗り、池田、本別を経て陸別まで足を延ばした。そこで初めて寛斎という希有な開拓者がいたのを知った。その時、ふいに祖父の北海道入植に思いを馳せた。

祖父が香川県から入植したのは一八九五（明治二十八）年、二十一歳の時。寛斎が札幌農学校に入学した七男、又一の願いで石狩郡樽川（現石狩市樽川）に取得した農場を視察するため、初めて北海道に渡ったのは九六年だから、祖父の入植の翌年にあたる。ちなみに祖父と後に結ばれる祖母は、寛斎と同じ徳島県出身で、この時期に渡道している。

豪気な気性ながら寡黙な祖父は、幼い孫である私に、開拓期の苦労話など一言も話さなかった。北海道を開拓したのは、内地（当時は本州以西をこう呼んだ）からの移住者たちであり、私の周辺にいる大人はすべて〝内地人〟ばかりだった。だから開拓の苦労話など話してもしょうがないとの思いが強かったのであろう。

祖父が生前、ふと漏らした言葉がある。

「一度でいいから、しょっぱい川を渡って故郷へ帰りたい」

しょっぱい川とは津軽海峡を指す。なぜ、そんなことを言うのかと、北海道生まれの私は子ども心に不思議に思ったのを覚えている。

後に北海道の歴史に興味を抱き、それに関わる著書を書き出したのは、故郷を偲ぶ言葉を一言だけ残した老境の祖父と、七十二歳にもなって開拓地に入った寛斎の姿が二重写しになったから、といってもいい。

しょっぱい川を渡って北海道に入植した開拓者たちは、ほとんどが名もない人たちで、想像を絶する大自然の猛威と闘いながら大地を切り拓き、何事もなかったように、黙然として逝った――。

だが寛斎は違う。戊辰戦争が起こると、徳島藩の典医の身から新政府軍の奥羽出張病院長になり、戦後は典医を辞して町医者になり、人々を病苦から救済しようと努力した。そのうえ高齢をものともせず、妻アイとともに北海道に渡り、もっとも気候が厳しいとされる十勝国の未開の原野に入植し、そこに理想郷を築こうとしたのである。

原野はリクンベツ、トマムと呼ばれ、この二つのほかに、上トシベツ、オリベ原野まで開拓は及んだ。行政区の呼び名が変わるなどもあり、表記がとかく乱れがちになるが、この中のリクンベツが町の名の起源になった。

リクンベツとはアイヌ語で、高く・上っていく・川、の意。この地域を流れる利別川がここで険しくなり、上流に向かって高く上っていくように見えることによる。危ない、の意だとする説もある。トマムは湿地、トシベツは蛇の川、または縄の川。オリベはオルベとも呼ばれ、丘・処の意。広大な原野がどこまでも広がり、曲がりくねった川が流れていた地域と解釈したい。

この一帯は長く淕別の表記で、リクンベツと呼称されたが、一九四九（昭和二十四）年に現在の陸別に改められた。

陸別町のJR陸別駅——といっても一九八九年に池北線（池田—北見間）が廃線になると、その後を継いだ第三セクター「北海道ちほく高原鉄道ふるさと銀河線」の開業とともに駅舎が改築され、この建物の中にホテルや観光物産館、そして「関寛斎資料館」が開設された。

その後、ふるさと銀河線も廃止になり、現在は「ふるさと銀河線りくべつ鉄道」として、運転体験やトロッコ乗車ができる観光施設に変わり、駅舎は「道の家・オーロラタウン93りくべつ」に変容した。

駅前広場は「寛斎ひろば」と呼ばれ、寛斎の像が立っている。右手を前方にかざして何かを訴えているように見える。

栄誉も財産もすべて擲って挑んだ北海道開拓——。寛斎が目指した理想郷とはどんなものであったのか。現存する資料や文献などを用いながら、その足跡を辿ってみたい。それが北海道の大地を慈しみ、開墾していった多くの先人たちの心情にも繋がるのではないか、そんな思いで、筆を執った。

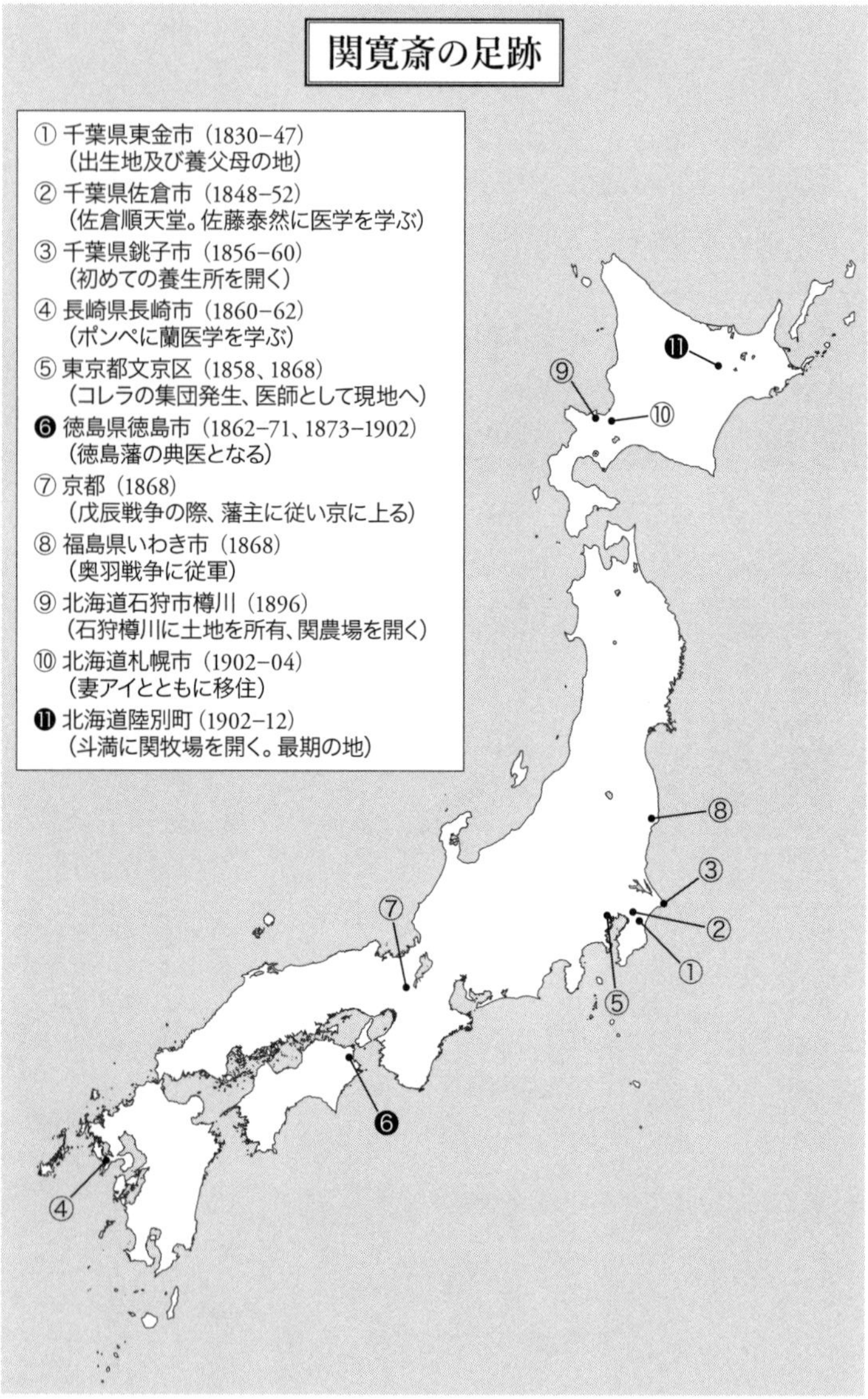
関寛斎の足跡
① 千葉県東金市（1830–47）
（出生地及び養父母の地）
② 千葉県佐倉市（1848–52）
（佐倉順天堂。佐藤泰然に医学を学ぶ）
③ 千葉県銚子市（1856–60）
（初めての養生所を開く）
④ 長崎県長崎市（1860–62）
（ポンペに蘭医学を学ぶ）
⑤ 東京都文京区（1858、1868）
（コレラの集団発生、医師として現地へ）
❻ 徳島県徳島市（1862–71、1873–1902）
（徳島藩の典医となる）
⑦ 京都（1868）
（戊辰戦争の際、藩主に従い京に上る）
⑧ 福島県いわき市（1868）
（奥羽戦争に従軍）
⑨ 北海道石狩市樽川（1896）
（石狩樽川に土地を所有、関農場を開く）
⑩ 北海道札幌市（1902–04）
（妻アイとともに移住）
⓫ 北海道陸別町（1902–12）
（斗満に関牧場を開く。最期の地）
⓫
⑨
⑩
⑧
③
⑦
②
①
⑤
❻
④

評伝 関寛斎 1830-1912

目次

評伝 関寛斎 1830-1912

——極寒の地に一身を捧げた老医——

関寛斎関連系図

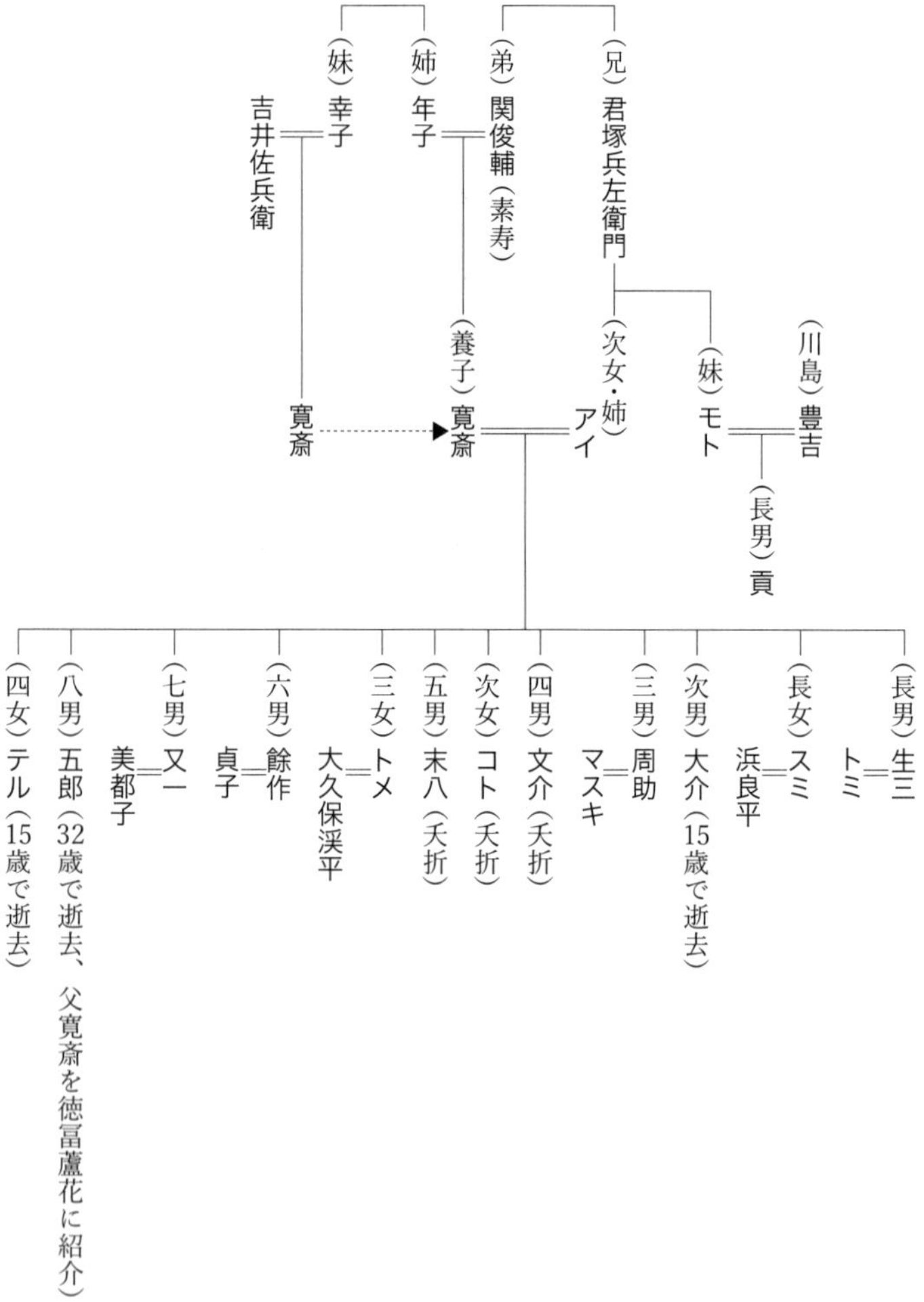

（兄）君塚兵左衛門
（弟）関俊輔（素寿）
（姉）年子
（妹）幸子
吉井佐兵衛
（次女・姉）アイ
（妹）モト
（川島）豊吉
（長男）貢
（養子）寛斎
寛斎
（長男）生三
トミ
（長女）スミ
浜良平
（次男）大介（15歳で逝去）
（三男）周助
マスキ
（四男）文介（夭折）
（次女）コト（夭折）
（五男）末八（夭折）
（三女）トメ
大久保渓平
（六男）餘作
貞子
（七男）又一
美都子
（八男）五郎（32歳で逝去、父寛斎を徳冨蘆花に紹介）
（四女）テル（15歳で逝去）

関寛斎の人脈図

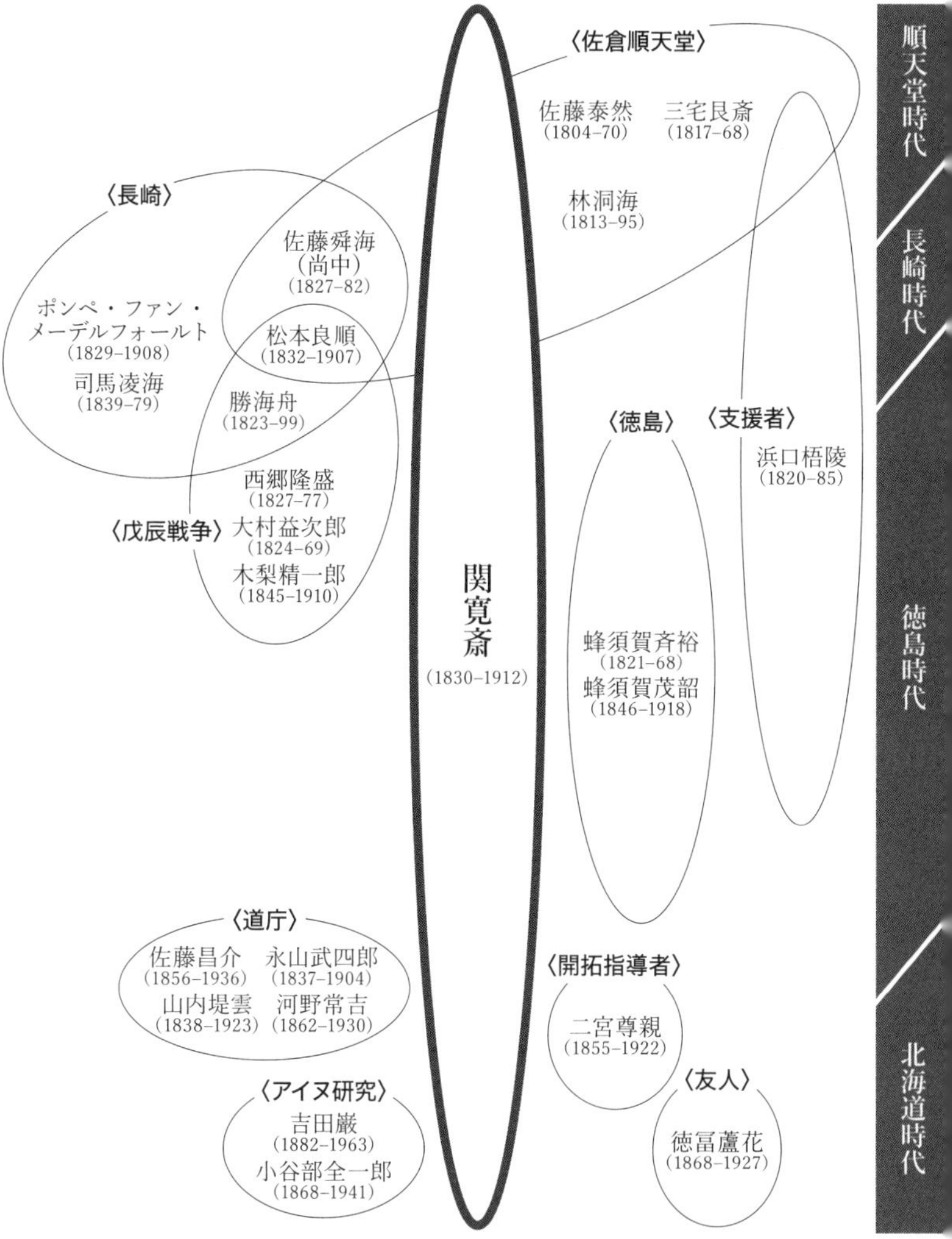

関寛斎
(1830–1912)
〈佐倉順天堂〉
佐藤泰然
(1804–70)
三宅艮斎
(1817–68)
林洞海
(1813–95)
〈長崎〉
佐藤舜海
(尚中)
(1827–82)
ポンペ・ファン・
メーデルフォールト
(1829–1908)
松本良順
(1832–1907)
司馬凌海
(1839–79)
勝海舟
(1823–99)
〈戊辰戦争〉
西郷隆盛
(1827–77)
大村益次郎
(1824–69)
木梨精一郎
(1845–1910)
〈徳島〉
蜂須賀斉裕
(1821–68)
蜂須賀茂韶
(1846–1918)
〈支援者〉
浜口梧陵
(1820–85)
〈道庁〉
佐藤昌介
(1856–1936)
永山武四郎
(1837–1904)
山内堤雲
(1838–1923)
河野常吉
(1862–1930)
〈アイヌ研究〉
吉田巌
(1882–1963)
小谷部全一郎
(1868–1941)
〈開拓指導者〉
二宮尊親
(1855–1922)
〈友人〉
徳冨蘆花
(1868–1927)
順天堂時代
長崎時代
徳島時代
北海道時代

凡例

一　引用文は、原則として漢字は常用漢字、仮名遣いは原文どおりとした。

一　引用文への引用者による補足は（　）で小字で示した。また、ルビは原文どおりではなく、適宜省略または追加を行なった。

一　年齢は数え年で示した。

第一章　母の死、関家の養子に

1830–47

「負はれし時の母の面影」

寛斎は一八三〇（文政十三）年、上総国山辺郡中村（現千葉県東金市）の吉井佐兵衛、母幸子の長男に生まれた。幼名豊太郎、後に務《つとむ》。字名を致道《ちどう》、通称が寛斎《かんさい》。明治になって寛《ゆたか》と改めた。号は白《はく》里《り》である。

本書では、原則として通称の寛斎を用いて記述していきたい。

寛斎の実家の吉井家は古い家柄で、いまも残る古文書には、「百姓代佐兵衛」と記されているので、名主、組頭に次ぐ村方三役を務める家格ある家だったことがわかる。

この地域一帯は、九十九里海岸沿いに砂地の湿地帯が広がっており、作物の収穫は極めて少なかった。周辺三十二カ村の収穫高は公称八千石とされるが、実高はその半分にも満たなかったという。

中村は戸数四十戸の小さな村で、年貢算定の基準となる草高、つまり標準収穫高は二百五十二石余り。全戸で割ると僅か六石三斗余り。貧農とされた「五反百姓」に近いほどの貧しい集落だった。

そのため砂地を意味する須賀から、俗称で中須賀と呼ばれ、「八千石の蕪《かぶら》かじり」と蔑まされた。蕪とは野菜の呼称だが、粗末とか卑しいを意味する。

それだけに、ここに生きる人たちには、勤勉、倹約、質素などあらゆる苦難に耐える「かぶら魂」が植えつけられていった、と識者らは指摘する。

そんな土地柄のせいでもあろう。関八州と呼ばれる上野、下野、常陸、下総、上総、安房、相模、武蔵には、家を飛び出した遊侠人が数多く出た。講談や浪曲で知られる飯岡助五郎、笹川繁蔵などまともな職業人とはいえないが、命を賭けて権力者や同業者と戦う男が目立つ。

その一方で、一庄屋の身分ながら、年貢を払えない大勢の百姓のために闘った佐倉宗吾や、五十歳で隠居後に天文学、暦学を学び、蝦夷地（北海道の旧称）まで歩いて「大日本沿海輿地全図」を作り上げた伊能忠敬のような人材を輩出している。

寛斎はそうした貧しいけれど気概のある土地柄の、家格ある家に生まれた。夫妻にとっては初子で、吉井家の後継者となる長男だけに、母幸子の愛情を一身に受けて育てられた。

幸子は情の深い人で、近くの小屋に住む病気の浮浪者に、毎日食べ物を運んで食べさせた。こうした母の行為が幼い寛斎の心に強く焼きつけられたとされる。

この一家に突然、不幸が襲う。母幸子が病に倒れ、あっという間に病死してしまったのである。寛斎数え年四歳。いまの満年齢だと二歳四カ月。幼い寛斎にどんな意識があったのか。最晩年の日記（鈴木要吾著『関寛斎』より。なおこの日記は現在所在不明）に次のように書かれている。

寛（寛斎）、四歳にして実母に死別す。実母の苦労身に沁みて覚ゆ。寛を背負ひ霜白き晨《あした》、雪積む夕べ、竈《かまど》の火を炊く慈愛の姿今尚《いまなお》眼底《がんてい》に刻まれて忘れず。

亡き母を思出して

寛斎の生家（千葉県東金市東中）

中須賀地帯の水田（千葉県東金市）

みどり児の泣く声ごとに思ふかな　負はれし時の母の面影
夏の夜の短き夢の結《むす》ぼらで　ふたたびうつる母のおもかげ

幼き日、母に背負われて眺めた霜に覆われた畑。朝暗いうちに起きて竈に火を入れる母の姿――、それが老齢期になってもなお眼底に刻まれている、というのだ。

だが幼児の記憶がおぼろなのは当然のはず。おそらく母亡き後、祖父母が折りに触れて語った母の面影が、幼い寛斎の脳裏に深く刻まれ、やがて理想像へと昇華されていった、と思いたい。

寛斎の生家である吉井家の建物は、改修されていまも同じ場所に現存する。整備された前庭を真っ直ぐ進むと高い門塀があり、その奥にどっしりとした構えの古風な平屋建ての家屋が建っている。往時の格式の高さを偲ばせて余りある。

志の高潔さを貫く

母が亡くなってしばらくして、父佐兵衛は後添えを迎えた。寛斎は祖父母の家に引き取られた。本来なら吉井家の嫡男なのだから、佐兵衛のもとに置いて養育するのが筋だが、そうならなかったのは寛斎の態度が原因だったと思われる。少なくとも亡き母を慕う幼い寛斎は、継母にとって扱いづらい子どもであったのだろう。

八歳になった寛斎は、祖父母宅を出て、亡母の姉年子《としこ》の嫁ぎ先である山辺郡前之内村（現千葉県東金市前之内）の関俊輔家に引き取られた。俊輔は百姓で身分も低く、貧しかったが、儒学者で、雅号を素寿《そじゅ》といい、私塾「製錦堂」を開き、近所の子どもたちに学問を教えていた。

俊輔は志を抱いて、独立独歩の気概を持ち、誰にも仕えず、援助も乞わず、自由な暮らしをしていた。佐兵衛はそんな俊輔に、わが子の将来を託したのである。

寛斎は早速、俊輔が主宰する「製錦堂」に通い、勉学に励みだした。ここには近郷から幼子や少年、青年に至るまで数多くの人たちが勉学に通っていた。

製錦堂の由来は、『春秋左氏伝』の一文にある「子に美錦あれば、人をして製《た》つことを学ばしめざらん」から採ったとされる。人間本来の性格は、自らの力で磨き上げるべき、とする自主自学の精神を指している。

俊輔は集まってきた子どもたちに、実際に役に立つ教育として、挨拶や応対、掃除や整理整頓などを教えた。グループを設けて自主、自立の必要性を身につけさせ、勤労精神を体得させた。儒学思想を重視し、『三字経』『庭訓』『孝経』『大学』『中庸』『論語』『孟子』などの教本を教科書にして、「孝悌忠信之道」に代表される言葉を繰り返し読ませた。

この繰り返し読みを「素読《そどく》」といい、教師が「学びて時にこれを習う」と短い文章を読むと、子どもたちは声を揃えてその言葉を繰り返す。年長者が教師に代わって読む場合もあった。

俊輔は子どもたちに等しく接し、懇切に教えた。とくに貧しい家の子からは月謝を取らなかった。

製錦堂の評判は高く、子弟たちが切れ目なく集まってきて、競って学業に励んだ。

「人、生きてはまさに世に稗益《ひえき》することを志すべく、死しては速やかに朽ちるにしかず」を根幹とした俊輔は、「製錦堂百ケ条」を作り、村民たちに対しても、生きるうえの道しるべを示した。

この俊輔の世界観は、儒教の現世主義をさらに徹底させた無神論に近いものといっていいかもしれない。少年寛斎が強く影響を受けたのは明らかである。

寛斎が正式に俊輔の養子になったのは一八四三（天保十四）年。十三歳の時で、引き取られてすでに五年が経過していた。寛斎は自らの『家日誌抄一』のなかで、次のように書いている。

天保九戊戌年　山辺郡前之内村関俊輔江被預《あずけられ》　伯母ノ縁ヲ以テ天保十四癸卯年　同人養子被定《さだめらる》

寛斎は、養父であり師である俊輔から、さまざまなものを学んだ。その中でもっとも心を揺さぶられたのは「志の高潔さ」である。この世にあって、社会的な義務感を貫き通すには、世俗的な地位や財産、名誉を捨ててでも身は自由でありたい。そのためには貧しさもいとわない。人間らしく生きることこそすべてである、としたこの思想は、寛斎の人生観、処世観のバックボーンとなった。毎日、日記を書く習慣も含めて、すべてに几帳面な性格は、この時代に確立されたといってよかろう。

寛斎の『家日誌抄』（関寛斎資料館）

寛斎が学んだ製錦堂学校屋敷跡の標識（千葉県東金市前之内）

寛斎の幼少期からある面足神社（千葉県東金市前之内）

製錦堂のあった場所は、現在の千葉県東金市前之内で、小道を入ると「製錦堂学校屋敷跡」の標識が見える。その敷地内に、君塚家が建っている。後に寛斎の妻になる君塚アイの生家である。末裔の方が出迎えてくれた。

君塚家の前方が空き地になっていて、そこに関家の屋敷と並んで製錦堂が建っていたという。ちなみに君塚家と関家は親戚で、本家と分家の間柄である。

かつて大勢の若者たちが通っていたであろうこのあたりは、いまはひっそりと静まり返っていて、君塚家のほかに往時を偲ぶものはない。アイは寛斎と五歳違いだから、まだ幼く、顔見知り程度だから、意識することもなく過ごしたと思われる。

近くに面足《おもたる》神社が建っていた。寛斎ら少年たちが授業の合間に祈りを捧げたとされる神社である。

墓所に立つ「関素寿之碑」

君塚家からごく近くに常覚寺があり、墓所に「関家之墓」が建っている。墓所はさほど広くなく、関家の墓のその前側に君塚家の墓があり、両家の縁の深さを偲ばせた。

関家の墓である「関素寿之墓」の背後に「関素寿之碑」が建っていた。素寿は前述の通り、養父俊輔の雅号である。一八九七（明治三十）年、門下生二十七人が謝恩のために建てたもので、筆は、

寛斎の養父俊輔を讃える「関素寿之碑」。手前が「関素寿（俊輔）之墓」（千葉県東金市前之内）

寛斎が後に仕えた徳島藩主蜂須賀斉裕《なりひろ》の子、第十四代、茂韶《もちあき》。撰文は順天堂を継いだ二代目佐藤舜海（岡本道庵）である。

碑面には俊輔を讃えた「自幼好学　常繙経尤重孝経」の文面が刻まれている。後段の「もっとも重要なものは孝経」の文字から、それを受け継いだ寛斎の思想と信条を垣間見る思いがした。

この碑を建立した年に、足尾鉱毒事件が政治問題化している。労働者の階級意識が高揚し、各地で労働争議が起こり、長野県では大規模なコメ騒動が起こっている。俊輔の薫陶を受けた門下生たちの心の昂りはいかなるものであったかと、しばし碑前に佇み、瞑想した。

（関、吉井、君塚三家の系図は一〇頁参照）

第二章　佐倉順天堂で蘭医学を学ぶ　1848－60

「西の長崎、東の佐倉」

一八四八（嘉永元）年、十九歳になった寛斎は、養家から七里（二十八キロメートル）離れた佐倉（現在の千葉県佐倉市本町）にある蘭医学塾の佐倉順天堂に入門し、佐藤泰然の教えを受けることになった。泰然は長崎で蘭医学を学んだ後、江戸に戻り、両国の薬研堀《やげんぼり》に和田塾を開業し、多くの門弟を集めたが、後に、江戸を離れて佐倉に移っていた。

順天堂のある佐倉藩は十一万石。藩主の堀田正睦《まさよし》は幕府老中を務め、長崎出身の蘭学医の三宅艮斎を藩医に招くなど、〝西洋堀田〟の異名をとっていた。三宅と同門である泰然の存在は広く喧伝され、「西の適塾、東の順天堂」とうたわれていた。

寛斎は漢方医学ではなく、西洋医学である蘭医学の順天堂を目指したのである。杉田玄白が西洋医学の重要性を唱えてから約九十年が過ぎ、この間に、桂川甫周や高野長英ら多くの蘭医の先覚者が出ていた。

儒学者の養子とはいえ、身分は一農民の息子にすぎない寛斎が、泰然の順天堂に入門を許されたのは、やはり養父俊輔の存在が大きかったといえる。

この時代、百姓の子が世に出るには、医師か僧侶になるほかなかった。その道を進み、ある程度の地位につくと、武士と肩を並べることができた。だが寛斎が求めたものはそうした通俗的なものではない。世のため人のためにに額に汗してこそ人間であるとの養父の教えが、そのまま寛斎の信条となっていた。

順天堂の佐藤泰然のもとには、諸藩からきた有能な医学生たちを含めて百人ほどが集まっていた。いずれも藩士か医師の子弟で、オランダ文字か漢方医学を少しは学んでいた。だが寛斎は養父仕込みの漢学だけ。まったくの無手勝流である。

生徒たちは全員、寄宿舎に入った。学費は寄宿代と食費も含めて一年間で六両。武家の中間《ちゅうげん》の給金が年間三両から五両というから、これはかなりの高額である。留学生には藩から順天堂へ応分の謝礼が出ていたが、寛斎の場合はそれもなく、実家と養家が半分ずつ負担した。

ここで寛斎は師の泰然から「医は仁術なり」という思想を学んだ。仁とは、孔子が提唱した道徳観念で、礼に基づく自己抑制と他者への思いやりを指し、医こそ仁術をもって貫かれるべき、とする教えである。「医をもって人を救い、世を救う」、「患者に階級の上下はない」、「進取の気性を抱き、自由自活を重んずる」、そのためには、過去の生活や業績などかなぐり捨てろ、という主張にも共鳴した。

一つ一つが父の俊輔の教えに通じるようで、寛斎の心は高鳴るのだった。

筆まめな寛斎は、順天堂で学び体験した珍しい事例を、次々に記録し続けた。師の泰然はすでに時代の先端をいく医術、例えば尿閉に対する膀胱穿刺術や腸ヘルニアの手術、乳ガン、脱疽の手術などを手がけていたので、それを克明に書き綴った。順天堂の関係者が秩父で施したわが国最初の

寛斎が学んだ順天堂

寛斎の師、順天堂の佐藤泰然

帝王切開や破傷風の治療などの経過も、聞いたまま詳細に記した。

医学を学ぶ中で寛斎は、泰然の次男の佐藤順之助を知った。後に幕府奥医師松本良甫の養子になり、松本良順を名乗る人物である。寛斎は良順のずばぬけた頭脳に強く傾倒した。だが後々、思いもよらぬ形で戊辰戦争を迎え、敵対する立場になる。これについては後述する。

もう一人、三歳年上の山口舜海とも親しくなった。舜海は下総（千葉県）の小見川藩主内田家の侍医の次男で、幼いころから外科医学を学んだ。佐藤泰然が江戸の薬研堀にいた時、実学を学び、泰然が佐倉に移るのに伴い、一緒にこの地に赴いた。

寛斎はこの舜海に、折りに触れ蘭学の基礎を学んだ。後に泰然の養子になり、順天堂二代目となる俊才である。

この時期、世間にもっとも恐れられた病気が天然痘だった。高熱が出て全身に水泡ができ、それが化膿して、たとえ治っても疱痕が残り、あばた顔になる。悪性のものは死に至った。

ジェンナーがイギリスで牛痘種痘を発明してから五十年後の一八四九（嘉永二）年夏、長崎でジェンナー式の種痘が成功した。その半年後の同年十二月、佐倉に種痘の種が届いた。藩主の堀田は『痘科集成』の著書を持つ泰然に対して、藩内の子どもたちに種痘を施すよう命じた。泰然は、順天堂の門下生を総動員して藩内各地で種痘を実施した。

師の命で塾生たちも巡回種痘に出かけた。お陰で寛斎のように懐の寂しい塾生たちは、日銭が入り、うるおった。

『家日記抄一』に次のような文面が見える。

修行中、実家養家共貧ニシテ修行料モ指支《さしつかえ》漸《ようや》ク一ケ年許《ばかり》ハ仕送リ呉《くれ》候《そうろう》得《え》共《ども》、其《その》後《ご》不行届《いきとどかず》、春秋ノ間遠方ヨリ種痘ノ為メ出張等ニテ取続ク。

この巡回種痘により佐倉藩内の天然痘の発生は、事前に抑えられた。種痘の成功は、人々を西洋医学に目を向けさせる結果となった。しかし反面、牛の体液を人に植えるのだから、「そんな注射をしたら牛になる」といってひどく嫌われた。

麻薬使わず、手術

幕府が「蘭方ハ風土情相違セル国ノ医法」として蘭方禁止令を出したのは、同じこの年である。これ以上、西洋医学の台頭を野放しにしては国威にかかわる、と判断したのだ。ただし外科、眼科のみは容認した。外科や眼科の治療法はまだまだ進んでいなかった証左であろう。

それにしても藩主の堀田が幕府老中を務めているのに、こんな禁止令が出るのは意外だが、幕閣にもそれぞれの立場の者がいたものと推察できる。

この禁止令により幕臣の子などは、西洋医学を公然と学ぶことができなくなった。だが泰然は動じない。すでに世の中が大きく変わり始めているのを、察知していたのである。

家元からの仕送りが一年そこそこで途絶えてしまい、困惑した寛斎は、泰然に頼み込んで食客生にしてもらった。師の邸宅に住まい、食事を食べさせてもらう代わりに、朝早く起きて屋敷の内外を清掃し、水汲みをし、日中は製剤の仕事や、手術の雑事も手伝うのである。酒は飲まず、甘い物が好きな寛斎は、小柄ながら健康に恵まれ、その身を粉にして働いた。

お陰で蘭医学の臨床を数多く体験することができた。そのたびに経過を『順天堂経験』に書き綴った。実験録の頁はしだいに増えていった。

食客生ながら寛斎は、やがて重きをなす存在になり、泰然の乳ガン手術を手伝うなどして、実力をつけていった。

この過程で寛斎は、貝原益軒『養生訓』を読み、養生の大切さを実感した。まず病気にかからない体を作り、養生するのが一番、と考え、自ら体を鍛えておこうと「灌水・浴潮」を始めた。毎朝夕、神に祈りながら、冷水で体を浄めるのである。これは想像以上に効果があり、その後の寛斎の日課となり、晩年まで続くことになる。寛斎がずば抜けた健康体を維持できたのは、ひとえにこの「灌水・浴潮」と呼ばれる「水浴び」によるものといえよう。

寛斎が読破した『養生訓』が、寛斎の最期の地となる北海道陸別町の道の駅「オーロラタウン93りくべつ」の関寛斎資料館に展示されている。

順天堂記念館の前庭（上）と内部（下）（千葉県佐倉市）

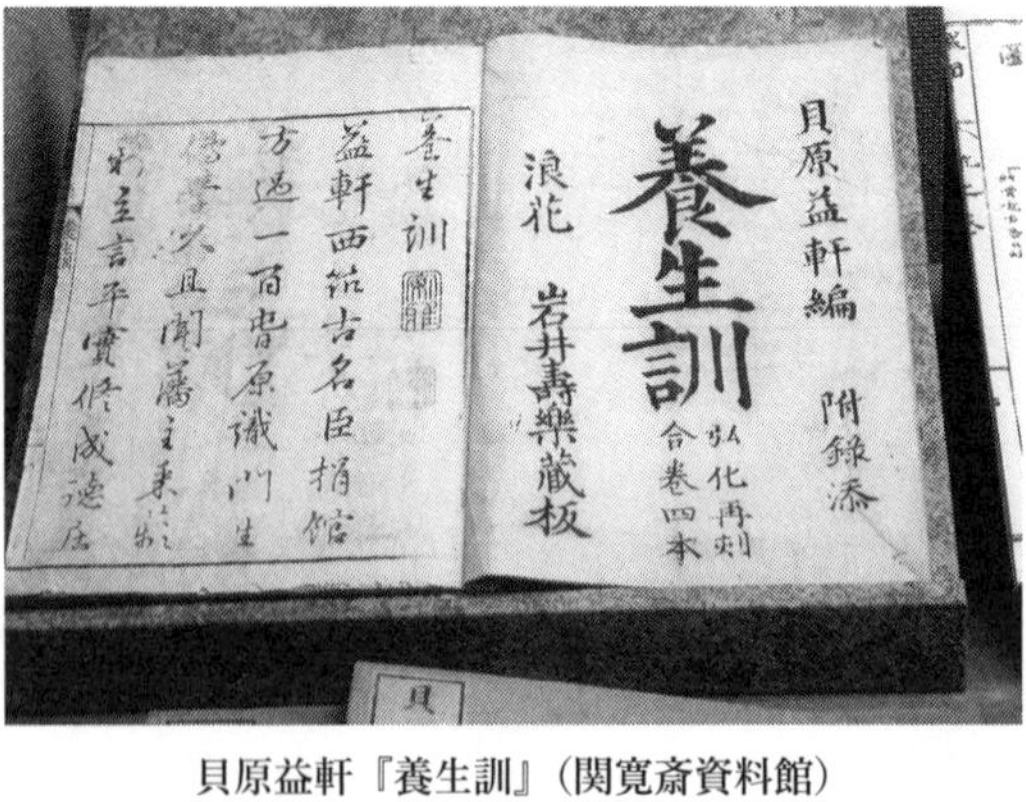

貝原益軒『養生訓』（関寛斎資料館）

順天堂勤めも四年目になると、寛斎は手伝いではなく、泰然の助手を務めるまでになった。初めて助手を務めたのは一八五一（嘉永四）年十二月、患者は小便が出なくなった六十二歳の男性で、日本初となる膀胱穿刺術と称する手術だった。麻酔薬を初めに使ったのは華岡青洲だが、泰然は麻酔をいっさい用いなかった。

生きるか死ぬかの手術なのだから、毒（劇）薬を用いて痛みを麻痺させる方法より、痛くても毒薬を使わないで行う。だから患者は痛みに耐えよ、という考え方である。

手術が始まり、助手たちが患者の体を押さえつける中で、泰然は悠然たる態度で執刀した。患者は激痛に苦しみもがいたが、ひるまない。助手たちもまた必死の思いでその経緯を見届けた。術後、穿刺した口から尿が漏れだして、日たたずして全快した。寛斎はその成果に、ううむ、と頷いた。寛斎をはじめ助手たちは感動の表情を露にした。

寛斎が初めて手術を任されたのはこの翌年。患者は五十四歳の女性で、溜まっている腹水を除去する手術だった。まず穿腹術を施したところ、腹水が大量に出た。利尿強心剤を投入しながら、何度も施術を繰り返した結果、腹水も四股のむくみも取れた。

『順天堂経験』には次のように書かれている。

余始メテ此手術《このしゅじゅつ》ニ臨《のぞ》ム。予《かね》テ思惟セシ如ク苦痛出血共ニ意外ニ軽微ナルヲ熟見《じゅっけん》シテ、花（華）岡者流ノ大毒性ナル麻薬ヲ用フルノ愚ヲサトル。

――術終ルノ後三時間安眠シ覚《さめ》テ飯ヲ喫スルコト常ニ異ナラズ

文中の「麻薬ヲ用フルノ愚ヲサトル」は、この時の寛斎の偽らざる心境だが、蘭医学がわが国に入り込んだ時期に直面した臨床医の、決意と覇気のようなものを感じる。

この年は、門下生の金子桂甫と組んで、鼻骨ヘルニアの手術をした。この記録は「嘉永年間ニ於ル順天堂外科実験録」として残された。

順天堂の建物の一部が佐倉順天堂記念館として現存する。京成電鉄佐倉駅から徒歩二十分。国道沿いに建つ同館内に、寛斎が書いたこの写本『順天堂経験』が所蔵されている。泰然や舜海、それに寛斎自身の手術など、全部で三十三例にのぼる。内容はヘルニア、帝王切開、手首の動脈結紮《けっさつ》（十七回）、背中の腫瘍切開、大腿部動脈結紮、足の壊疽切除、腨骨の梅毒性腐骨切除など、この時代における医学界の貴重な記録である。

室内の一隅に手術をする絵が掲げられている。無麻酔の手術なので、患者が痛がって暴れるのを、助手や塾生が何人もかかって手足を押さえている場面である。

帰郷して村医者になる

寛斎が師の佐藤泰然のもとを辞して帰郷したのは一八五二（嘉永五）年夏。順天堂にいたのは四年間に及んだ。養父の俊輔はすでに七十五歳の高齢になり、いつまでも自分の意志だけを通すわけにはいかなかったのだろう。

泰然は寛斎の気持ちを汲んで、別れ際、「時には顔を見せるように」と言葉を添えた。まだ教えなければならないことが残っていた。

寛斎が久々にわが家に戻ってきたので、養父母である俊輔夫妻は手放しで迎えた。寛斎は早速、前之内村に家を借りて「養生所」と呼ばれる仮医院を開業した。患者が相次いでやってきて、忙しい日々が続いた。だが難しい病気に直面すると、どう処置すべきか迷ってしまう。そのたびにまだまだ学業の足りなさを実感するのだった。

寛斎は折りに触れて、泰然のもとへ通った。偶然、馬に蹴られて鼻骨を折られた男性が順天堂に担ぎ込まれてきた。泰然の指示で、寛斎が代わって同門の金子桂甫とともに、鼻骨の手術をした。難儀な手術だったが、辛うじて成功にこぎつけた。寛斎は師匠の厚意に深く感謝した。

その年の十二月、寛斎は養父俊輔の勧めで、俊輔の本家である君塚兵左衛門の次女アイと結婚式を挙げた。俊輔の姪に当たる。寛斎二十三歳、アイ十八歳。アイは小柄でおとなしいが、強い意志を秘めた女性だった。この妻が、寛斎をさまざまな形で支えていくことになる。

家庭を持った寛斎は、自宅に養生所を設けて開業した。養生所は医院を指す当時の表現である。病人たちが一人、また一人とやってきて診療を受ける。そのたびにアイは助手になって医療の仕事を手伝った。

寛斎は貧しい病人からは治療費ももらわず、薬を与え、養生するように諭した。人々はこんな医者がいるとはと驚き、心から感謝した。養父俊輔の信条と泰然の教えが、そのまま寛斎の体に浸透していた、というべきであろう。

そんな中で寛斎は、少しの暇を見つけては、順天堂の泰然のもとへ通った。順天堂には上総、下総、安房だけでなく、このころになると江戸、甲斐、駿河といった各地から、医師に見放された難病の患者がやってきた。そのたびに泰然は真摯に対応し、医術のすべてを傾けた。医は仁術――、患者を病から救うのがすべてだった。寛斎は師に従い、全身全霊をかけて難しい仕事に立ち向かった。

寛斎の『順天堂経験』に以下のような文面が見える。


嗚呼《ああ》、此術ハ和漢未曾有《わかんみぞう》ニシテ、師家ニ始メテ開キシ諸術中最モ困難ナリ。動脈創ハ結定《けつじょう》ニ宜《よろ》シト容易口喝《よういにこうかつ》スト雖《いえど》モ、他ノ切断術ノ比スルニアラザルコトヲ今回悟《さと》レリ。

いままでしたことのない難しい大手術に立ち向かい、容易に口にすることのできないこの方法が、他と比較して断然いいということを示唆したものだ。寛斎の確信に似た心境が覗く。

泰然が、急に佐倉藩から外科、眼科医として召しだされ、腹水患者の手術をした。施術は見事に成功して、順天堂の弟子たちは快哉を叫んだ。家老らは喜び、順天堂の名声はより高まった。

一八五三（嘉永六）年、泰然が弟子の山口舜海を養子にし、順天堂二代目を継ぐ佐藤舜海と名乗らせた。後の佐藤尚中である。寛斎は舜海と抱き合って祝福し合った。

銚子へ移り、浜口梧陵と出会う

同じこの年、長男初太郎が生まれた。後の生三である。寛斎はもとより、養父母の喜びは大きかった。

この年、アメリカのペリー艦隊が、浦賀沖に現れて開国を迫った。幕末の動乱の始まりである。幕府は驚き、諸大名に国書を示して意見を求めた。幕府老中で佐倉藩主の堀田正睦は家臣四人に対してどうすべきか意見を聞いたが、この中の一人が師の佐藤泰然であった。堀田がいかに泰然の見識を評価していたかを示すものだ。

寛斎が突然、頭痛を覚えたのはこの時期である。なぜ頭痛になったのか。何としても治癒せねばなるまいと思い、毎日朝夕、素裸になり、冷水を浴びた。ほどなくして寛斎の健康が回復した。灌水、すなわち水浴びが体に極めてよいものとの思いに達した寛斎は、後に「灌水、浴潮の勧め」を書くことになる。

翌年（安政元年）の年明け早々、ペリー艦隊は再び来航して、国書に対する回答を求めた。おののいた幕府は日米和親条約を結び、下田、箱館の開港を決めた。続いて日英、日露の和親条約が相次いで締結された。

その年の十一月、世間の動揺をあざ笑うかのように、関東から東海にかけて大地震が発生。翌年十月には江戸を中心にまたも大地震が発生し、家屋倒壊一万四千戸、死者七千人に及ぶ大惨事になった。「安政の大地震」である。相次ぐ悲報は寛斎一家の住むこの前之内村にも及び、人々を震え上がらせた。

そんな最中、突然、師の泰然から寛斎に「銚子へ行くように」との連絡が入った。実は泰然の推挙で、銚子に養生所を開いていた三宅艮斎《ごんさい》が、佐倉藩の藩医に就いたので、順天堂から泰然や舜海が時折り銚子へ赴いて診察していた。だが土地の人々から、いつまでも出張診療では困る、と言われ、後任として寛斎に白羽の矢が立ったのだった。

寛斎の胸に熱いものが走った。尊敬してやまない師が、初めて自分を医師として認めてくれた、と思った。心から感謝した。

一八五六（安政三）年二月、寛斎は妻アイと幼子を連れて銚子に移り、荒野《こうや》という名の町で、家を借りて養生所を開業した。荒野町は現在の銚子市愛宕町興野で、ＪＲ銚子駅と隣接している。

銚子は早くから港町として栄え、利根川を通じて江戸と結ばれ、漁獲物を大量に輸送していた。漁師が多く、他国から船乗りがどっとやってきた。醬油醸造も盛んで、労働者も大勢入り込んでいた。気の荒い風土で喧嘩による怪我が多く、江戸の道楽息子などは「銚子へやってしまうぞ」と言ったら、身をすくめたほどだったと言われる。そのせいもあってか、外科の治療を必要とする場面が多かったようだ。

寛斎が養生所にした借家の持ち主は、この地で古くから醬油醸造を営む湯浅醬油（現・ヤマサ醬油）の七代目、浜口儀兵衛で、梧陵と号した。初代が銚子に店を開いたのが一七〇〇（元禄十三）年で、以来、関東の醬油業界の頂点に君臨し、豪商として知られていた。

七代目である梧陵は紀伊国有田郡広村の分家に生まれ、十二歳で本家の養嗣子になり、銚子に移ってきた。幼いころから学問が好きで、よく本を読み、そのかたわら剣を磨いた。家業に勤しみながら、維新前後に活躍した人物と交流し、三十一歳の時には佐久間象山に入門している。並の商人とは違う思想を抱いており、前任の三宅艮斎はもとより、寛斎の師の佐藤泰然とも当然、知り合いだった。

寛斎が銚子に移った時期、梧陵は不在だった。二年前に紀伊国広村に大津波が襲った時、故郷にきていた梧陵は、大事な稲わらに火をつけて危機を村人に伝え、高台に避難誘導した。村が壊滅するほどの被害だったが、人命は危うく救われた。後に小泉八雲の小説『稲むらの火』のモデルになった人物である。その後も梧陵は故郷に留まり、救済活動に努めていたのだった。

現在の浜口家（千葉県銚子市）

銚子市に立つ「関寛斎ゆかりの地」の碑（千葉県銚子市）

浜口梧陵

コレラ発生、寛斎江戸へ

梧陵が江戸の支店に立ち寄った後、銚子に戻ったのは四月。寛斎が転居して二カ月になろうとしていた。梧陵が戻ったので、寛斎は挨拶に出かけた。この出会いが寛斎の運命を大きく変えていく。三十七歳になる梧陵は、二十七歳の寛斎をひと目見て、その朴訥な人柄に惚れ込んだ。

「先生、私があなたの後ろ楯になります。存分に腕を振るってください」

と言い、何かと世話を焼いた。

世のため人のために私財を投じる、役に立つ人材を育てるためなら、いくら投資しても構わない、という思想は、ただの豪商の域をはるかに超えていた。

寛斎はここでも、貧しい病人からは治療費や薬代をもらわず、動けない患者がいると聞くと、飛んでいって診療した。済生救民――、医をもって困った人を救う。梧陵はすでに噂話で耳にしており、その行動を褒めたたえた。

国内は激しく動きだしていた。幕府は外国と対抗できる海軍を養成するため長崎に海軍伝習所を開設し、オランダ国王から贈られた軍艦観光丸（スンピン号改め）を用いて訓練を始めた。指導者はオランダ軍人である。

ほどなくオランダに発注していた咸臨丸（ヤパン号改め）が到着し、この艦で第二次教師団とともにオランダ海軍二等軍医ポンペ・ファン・メーデルフォールトが来日した。海軍伝習所に併設する形で長崎小島に養生所と医学校が開設され、日本人十四人が入学した。わが国初の洋医学校で、後の長崎大学医学部である。

とはいえこの時点では、幕府が認知した学校ではなく、認められている医学生は、佐藤泰然の次男で幕府奥医師、松本良甫の養子になった松本良順が一人だけ。そのほかの医学生十三人はいずれも密かに参加した若者たちで、良順を通じてポンペの蘭医学の教えを聞く、という形式を採っていた。

こんな話を寛斎は、風の便りに聞いていたが、遠い地域の話として受け流していた。

一八五八（安政五）年二月、関家に長女スミが生まれた。アイによく似た可愛い赤子だった。寛斎は赤子を抱き上げ、頰ずりした。

この頃、寛斎のもとに赤松宗旦と名乗る老人が訪ねてきた。利根川上流の布川で医師をしており、浜口梧陵を訪ねたが、江戸へ赴き不在だったので、ここを教えられてやってきたという。

宗旦は寛斎を見るなり「ぜひ買って貰いたいのだが」と分厚い『利根川図志』という本を取り出した。一目見て寛斎は貴重な本と判断した。価格は一分二朱という。その場で三冊購入した。

養父俊輔と梧陵、そして自分用の一冊である。勉強熱心な寛斎らしい行為だが、宗旦は後に寛斎のことを「買って貰ってお世辞を言うわけではないが、胆力があり、山椒だが器は大きそう」と述べている。山椒は小粒だが、ぴりりと辛いの意。よほど印象に残ったのであろう。

五月、長崎で伝染病のコレラが発生した。猛威を振るうコレラはたちまち九州全体に蔓延し、さらに大坂、京都を経て、七月には江戸にまで侵入した。経口伝染病と呼ばれる病気で、激しい嘔吐と下痢が続き、尿が出なくなり、血液の循環が悪くなって、あっという間に死んでしまう。人々はコロリと称して恐ろしがった。

銚子より江戸の支店に詰めていることが多い梧陵は、コレラが銚子にも飛び火するのを恐れ、急ぎ、銚子店の番頭と寛斎に宛てた便りを書き、飛脚を走らせた。江戸と利根川の水運で結ばれている銚子に、疫病が侵入するのを防ぎたい。それにはまず、予防と治療法を研究して対応しなければ、と考えたのである。

「一切の費用は当方で負担する。急いで寛斎を江戸へ向かわせよ」

急報に接した寛斎は、供一人を連れて銚子を出立した。

着いた江戸はコレラ騒動でごった返していた。江戸お玉ケ池に設けた種痘所が対策本部の一つになっていて、伊東玄朴や竹内玄同ら高名な西洋医をはじめ、町医者らが詰めていた。この種痘所が後に医学所から大学東校になり、医科大学を経て東大医学部へと連なっていく。

寛斎を迎えた梧陵はすぐ、親しい間柄の医師、林洞海や三宅艮斎に引き合わせ、予防と治療法の研究を頼んだ。洞海は泰然の娘婿であり、艮斎は銚子の養生所の前任者であり、寛斎にとってはどちらも順天堂門下の兄弟子に当たる。ちなみに洞海の娘多津は後に榎本武揚の妻になるのだが、これはずっと先の話。

寛斎は玄朴や洞海、艮斎らの指導を受けながら、運ばれてくるコレラ患者を手分けして治療した。患者の症状を素早く診断して治療し、薬を与える。寛斎にとってこれ以上の臨床治療法はない。慌ただしいが貴重な体験だった。

だがコレラの勢いは止まらず、銚子にも危険が迫っていた。梧陵の指示で寛斎はコレラに関する書物を買い求め、予防と治療の薬品類を購入して、急いで銚子へ引き返した。

案の定、銚子にもコレラ患者が出ていた。寛斎は治療を施すとともに、人々に予防法として「手をよく洗え、食器や食べ物はよく洗え」と伝えた。だが衛生思想の行き届いていない時代だから、なかなか理解されない。寛斎は不眠不休で必死に訴え続けながら、自ら持論である灌水、すなわち水浴びを続行した。

コレラは半年過ぎて下火になり、暮れにはやっと収まった。銚子は散発的に発生しただけで、蔓延せずに済んだ。しかし全国の死者は二十万人、江戸だけで三万人にのぼった。寛斎は西洋医学と予防法の効果を実感しながら、梧陵の先を読み行動する卓見ぶりに、改めて舌を巻いた。

寛斎は『家日誌抄一』に、次のように書いた。後段の諸家は洞海、玄朴らの医師を指している。

安政五年コレラ初テ流行之節、態々江戸表ヨリ被招寄《まねきよせられ》、諸家江被引合《ひきあわされる》

梧陵の勧めで長崎行き決意

コレラに揺れたこの年の冬、寛斎は梧陵に呼ばれ、

「長崎へ行って、四、五年間、蘭医学を学んではいかがでしょうか」

と勧められた。

梧陵は寛斎の能力を認め、このまま町医者では終わらせたくない、翻訳書に頼らず、オランダの医師から直接オランダ語で蘭医学を学んだなら、大きく飛躍する、と判断したのである。済生救民の立場に立つ医師になれ、というのが梧陵の念願だった。だが幕府の蘭方禁止令は厳しさを増していた。

寛斎は答えに詰まった。長崎には順天堂でともに学んだ松本良順がいる。とはいえ妻子を抱える身で、養生所を放り出し、借金までして行くのは、養父の教えにも反する。留学は夢のまた夢といえた。

梧陵は寛斎の胸の内を察してか、

「いますぐでなくてもいいのです。考えておくように」

と述べた。

銚子の養生所は毎日、忙しい。寛斎は、アイの手織りの木綿の着物を着込み、朝早くから患者を

診察し、薬を処方して手渡した。そうして必ず「予防こそ健康を守る大切なもの」と説いた。人によっては灌水、水浴びによる健康法を勧めた。

一八六〇（万延元）年三月三日朝、江戸の桜田門外で、登城中の大老井伊直弼が水戸藩士らに襲撃され、首を奪われた。世の中は騒然となった。

そんな最中、アイが次男大介を生んだ。寛斎にとって三人目の子どもになる。アイは日が経つと布団から立ち上がり、赤子をあやし、幼子の面倒を見ながら、養生所の仕事を手伝った。寛斎はそんなアイの姿に、心の中で手を合わせた。

梧陵から再び、長崎行きを勧められたのはこの時期である。順天堂の二代目当主となった山口舜海改め佐藤舜海も行くという。学費も出すし、家族の面倒も見るので、この際、思い切って学んではどうか、というのだった。

寛斎は梧陵の言葉に感謝しながら、妻アイに相談した。アイは、

「わが家は私が守ります。安心してお出かけください」

と答え、夫の背中を押した。寛斎の決意が固まった。

梧陵は、学費として百両を寛斎に手渡した。百両といえば現在の金額で一千万円にも相当する大金である。寛斎は、

「お借りします」

と述べてこれを受け取ると、五十両を生活費としてアイに与えた。養父母が一番上の初太郎を預

かることになった。『家日誌抄一』には短く、

再被《ふたたび》修行《しゅうぎょう》之《の》儀《ぎ》被勤《すすめられ》頻《しき》リニ西遊《さいゆう》之《の》儀《ぎ》被促《うながされる》

と記されている。長崎への「西遊」を「頻りに促され」て「修行」を決意した文面である。その修行の根源には、医をもって世を救うという済生救民への思いが溢れていた。寛斎三十一歳。

この時、梧陵は寛斎に、「困った時は大坂の秋田屋という書店の主人、太右衛門を訪ねるように」と告げている。遠く銚子を離れた寛斎に、何かあった時の相談相手に、という梧陵の配慮だった。

第三章　長崎留学で洋医学を学ぶ

1860–62

ポンペの助教授役、松本良順

一八六〇（万延元）年十一月三日、寛斎は江戸から船で長崎へ向かった。泰然の養子になり、順天堂の二代目当主となった佐藤舜海も一緒である。

舜海はいまは佐倉藩の学問所の蘭医教授も務める身だが、養父泰然は隠居したとはいえ、厳然たる立場にいた。泰然の同意なくして勝手な行動は許されない。そこで舜海は、蘭医の立場を利用して藩の重役に働きかけ、藩命により長崎行きを決めたのだった。寛斎は舜海とともに学ぶことができるのを心から喜んだ。

ほかに同行者が二人いて、一人は佐々木東洋、二十一歳、寛斎より十歳も若い。やはり順天堂で学んだ仲間だが、寛斎と同様、家庭が貧しく、食客生として過ごしてきた。もう一人は益田宗三。彼も二十代の若い医学生である。

船は途中、大坂に立ち寄り、長い間、風待ちした。寛斎はその間を利用して秋田屋の太右衛門を訪ねた。太右衛門にはすでに梧陵から便りが届いており、

「しっかりやんなはれ。困った時は遠慮のう言うてくだはれ」

と述べた。

船が長崎に着き、寛斎ら四人が長崎養生所の学生塾に入塾したのは十二月二十三日。すぐ宿舎に

ポンペ・ファン・メーデルフォールト

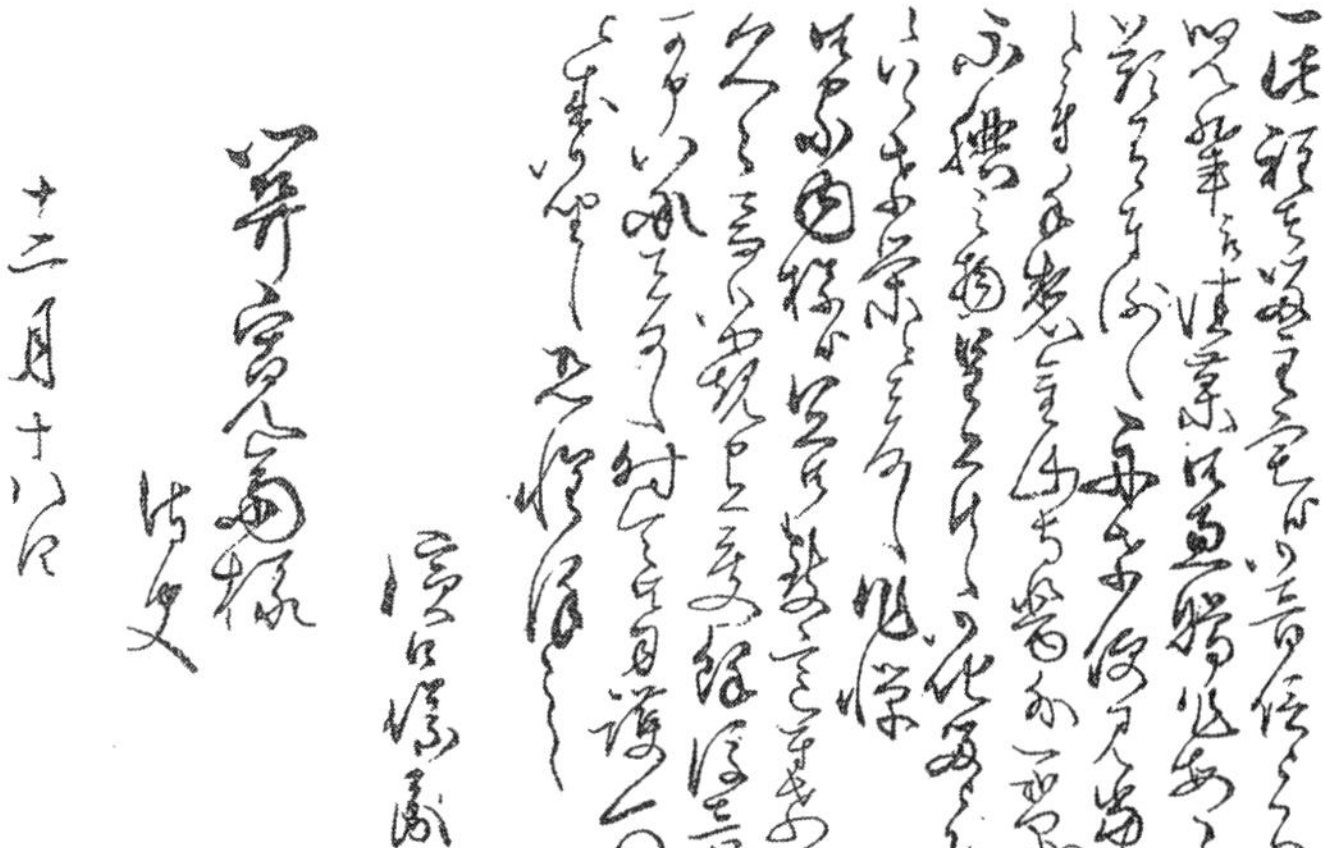

梧陵から寛斎への便り

入り、長旅の疲れを癒した。

この建物は高島秋帆がかつて用いていた養生所の施設で、木造二階建て。三十人ほどが六畳間か八畳間に二、三人ずつ入居する。寛斎は登籍番号が六十三番。すぐに部屋が与えられ、まだ二十歳の若い司馬凌海という人物と同室になった。この凌海が並外れた俊才であるのを、寛斎はすぐ知ることになる。

佐藤舜海は義兄である松本良順と同室になった。良順は前述の通り、佐藤泰然の息子で、幕府奥医師松本良甫の養子になった。つまり同室となった二人は入れ違いの義兄弟ということになる。寛斎にとっても良順は順天堂時代に交わっており、久しぶりの再会となった。

長崎養生所と呼ばれるポンペの医術伝習所は、一八五七（安政六）年九月二十六日から開設されており、すでに四年目を迎えて、幕臣はじめ全国から諸藩の優秀な人物が、密かに詰めかけていた。後に幕末・明治の医学界に重きをなすことになる名倉知文、緒方惟準、岩佐純、田代基徳、橋本綱常――、それに同行の佐々木東洋、益田宗三などなど。だがいまは皆、若い。

学業は座学、診療ともに、ポンペがオランダ語で講義、指導した。座学は物理、化学、解剖学、生理衛生学、病理学などの基礎学から、診療は各科の臨床医学まで広範にわたった。だが実際の講義で、ポンペの言葉を聞いて筆記できるのは、松本良順と若い司馬凌海だけ。あとの生徒はただ聞き入るだけで、まったくわからない。これでは講義にならないというので、良順が師の言葉を翻訳して学生に伝える方法で進められた。

幕府が認めている学生はこの良順だけ。従ってポンペから直接学ぶのではなく、良順から又聞きで教わるという形にしていた。だから学生たちは良順をメースと呼んだ。助教授の意味である。寛斎と同室の凌海もほどなくメースと呼ばれる立場になった。こうしてポンペ―良順―凌海ラインによる受講体制が、やっと走りだしていた。

寛斎はポンペの講義録の訳書を整理し、管理する仕事を担当した。順天堂にいた時、『順天堂経験』をまとめた実績をかわれたもので、翻訳書で学ぶ学生の指導もすることになった。

寛斎は長崎にいる間に、『長崎在学日記』（以下『長崎日記』と記す）や『朋百《ポンペ》氏治療記事』『ポンペ講義筆記』を記している。このうちの『長崎日記』から、養生所での初の診療となった十二月二十六日の部分を掲げる。文章は適宜、句読点をつけた。文中の「朋百先生」はポンペ先生を指す。

一、女年十七、四、五十日前ヨリ慢性眼焮衝《がんきんしょう》ニ罹ル。角膜ニ小瘍ヲ発シ一個潰レハ又一個発ス。結膜弛緩シテ差明ス。且ツ体質瘰癧質ナリ。朋百先生診シテ内服ニハ二十グレーンノ硇砂《ろしゃ》（一日ノ量）ヒドラホットアス水ヲ点滴ス。此レニ由テ七日ニシテ全治ス。

慢性眼焮衝に罹患した十七歳の女性に対するポンペの診断と治療を記したもので、これにより七日で治癒したと、胸を張っている様子が窺える。

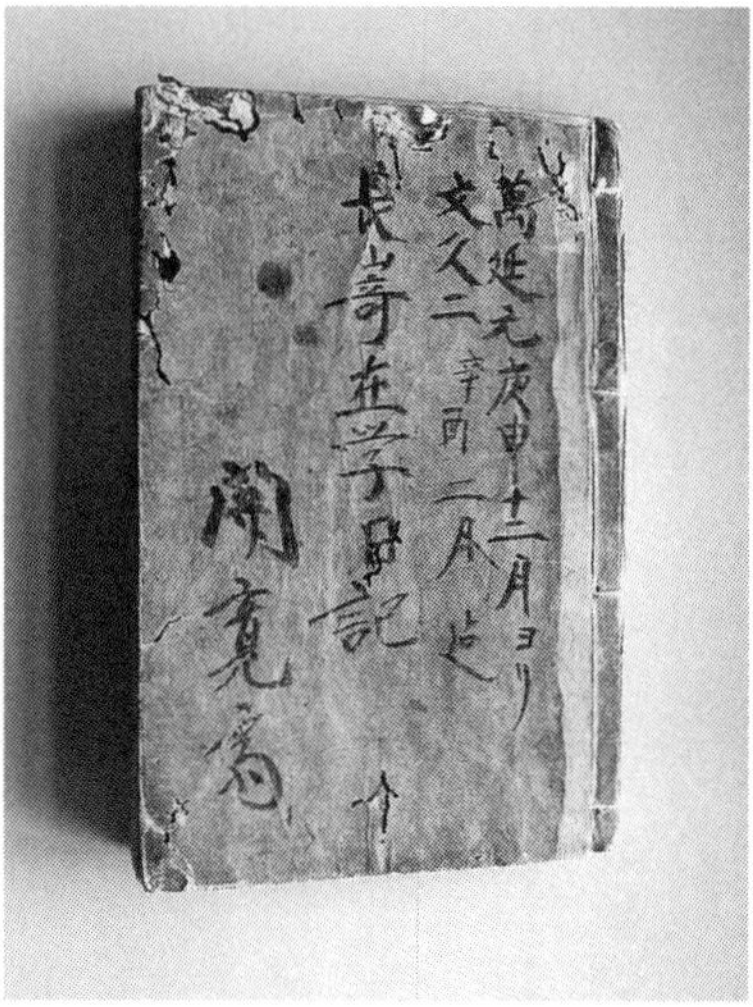

寛斎の『長崎在学日記』（関寛斎資料館）

寛斎の『朋（ポンペ）氏薬論』上下（関寛斎資料館）

病人を診察し、手際よく処置

翌十二月二十七日は午前中、読書。午後から船で港内の岸壁に建つ製鉄所へ赴き、オランダ人の鍛冶職人ハルデスを訪ねた。ハルデスから巻煙草と葡萄酒を贈られた寛斎は、その後、案内されて製鉄所を見て回る。大きな土蔵が三つあり、鉄製品が置かれていて「数フルコト能《あた》ワズ、只驚クノミ」だった。

ハルデスは蒸気機械の熟練者で「(蒸気の)術ニ於テハ海内無双ナリ、故ニ千金ヲ給フト」と書いた。給金は普通は三百金程度なので、これにも驚かされる。

船で帰る途中、薩摩藩の船が係留していたので、乗り込んだ。

長サ五十間許《ばかり》幅五間計三重ナリ。内ニ入リテ居室且ツ蒸気ノ室ヲ観ス。又上リテ檣ヲ活用ヲ観ル。一指シテ此ノ舟ヲ動スニ足ル、居室ノ壮観尤モ目ヲ驚ス。

この港町は寛斎にとって、見るもの聞くもの、驚かされるものばかり。

だが、別の意味でこれにも驚かされた。近くにロシア人の妓楼が建っていた。その建物があまりにも汚く、「卑屋不潔《ひやふけつ》甚シ、洋人《マタラース》ノ遊所ナリト」というわけ。よほど汚らしかったのだろうが、卑屋不潔とはなんとも凄い表現である。

寄宿舎に戻ると、梧陵から便りが届いていた。着いてすぐ出した挨拶への返信だった。寛斎を励ます内容に、胸が熱くなった。筆まめな寛斎は梧陵や妻に宛て便りを書いた。

数日を経て一八六一（万延二）年の新年を迎えた。寛斎は良順に年賀の挨拶をしてから、学生たちが揃ってオランダ館のポンペを訪ねた。誰もが紋付き羽織袴姿だが、寛斎だけはアイの手織りの縞のふだん着に羽織を着込んでいる。寛斎は『長崎日記』の元旦の項にこう書いた。

八ツ時（午後二時）蘭館ニ至リポンペニ謁シ、且ツ小時間共ニ語ル。衆ハ皆ノシメ十徳ナリ。我輩ハ此ナシ。然レドモ外三輩ハ紋衣ヲカル。予一人ハ縞ノ衣ノ上ニ羽織ヲ着スルノミ、実ニ恥ルニ堪タリ。

文中の十徳とは、医師や儒者らがまとう衣服を指す。中には借り物を着ている者もいるが、藩からきた連中の衣服と比べて、自分の衣装の貧しさを恥じ耐えているのである。しかし実際はどうかというと、寛斎本人はさして気にしてはいない。「蕪《かぶら》かじり魂」の持ち主は、こんなことぐらいでへこたれるはずもないのだ。

ポンペの館は塀に囲まれた二階建てで、五間四方の大きさ。寛斎は二階に上がり、珍しいガラスの大窓から外を見て、感嘆の声を上げた。棟続きにドイツ人ギュルデンが同居していた。ギュルデ

長崎港（ポンペ著『日本に於ける五年間』より）

ンは樹木研究家でその話がよほど面白かったようで、「帰ル時、各々ト共ニ手ヲ絡ンテ帰ル」と書いた。

長崎の生活はまだ始まったばかりだが、寛斎はポンペの思想に強い影響を受けた。それは義父俊輔、順天堂の佐藤泰然の教えにも通じるものといえた。

義父からは幼い時から「人間は世の中に尽くさなければならない。特に貧しい人のために尽くせ」という教えを叩きこまれた。泰然からは「医術は立身出世の道具でもない、金儲けの手段でもない」として「医は仁術」の精神を注入された。そしてポンペからはオランダの人道主義的文化、つまり、人間は身分や階級、貧富の差を超えて平等であるとする、ヒューマニズムと平和主義を学んだのだった。

この蘭方医学と近代ヒューマニズムの〝洗礼〟により、寛斎の人格はしだいに形成されていく。

ポンペの講義の中で衝撃を受けたのが、花柳病という名の伝染病だった。これは当時、世界を駆けめぐっており、わが国の蘭医、杉田玄白はその著書『形影夜話』でこう書いているほどだ。

黴（梅）毒ほど世に多く、然も難治にして人の苦悩するものはなし。――毎歳千人余りも療治するうち七八百は梅毒家なり。如斯事《かくのごときこと》にして四五十年の月日を経れば、大凡《おおよそ》此病を療せし事は、数万を以て数うべし。

寛斎も、良順も、舜海も、凌海も、この意味を深く噛みしめたのは言うまでもない。

牛の眼を求めて牛肉を食べる

新年の気配がまだ残る十日、寛斎は舜海、凌海とともに、長崎の山間に住むドイツ人医師のシーボルト宅を訪問した。シーボルトは一八二三（文政六）年、長崎に来て、日本に滞在中の約五年の間に、高野長英、伊東玄朴、戸塚静海らに西洋医学を教えた。一八二九（文政十二）年、帰国の時、幕府天文方高橋景保より贈られた伊能忠敬作の日本及び蝦夷地の測量図が禁制の品であるとして、幕府から出国禁止を命じられ、出島に一年間監禁された。帰国が許されたのは翌年。シーボルト事件と呼ばれる。

今回は日蘭修好通商条約が批准されて、オランダ商事会社顧問の肩書で再来日したのだが、国情もすっかり変わって、幕府から洋医学教授の依頼を受けたほど。寛斎らにとって仰ぎ見るような存在だった。

シーボルトは突然の訪問にもかかわらず、若い日本人医師の卵たちを招き入れた。『長崎日記』には「六四歳也ト、体最モ大也、肉肥、膚潤沢有、五十前ノ如」とあり、大柄でよく肥えて膚に張りもあり、年齢より若く見えるシーボルトが、巧みな日本語で対応したので、とても会話が弾んだことを窺わせる。

葡萄酒を頂いてから書斎に入ると、周囲はすべて書架で、千冊もの本が並んでいた。採取した草は折った紙に挟んで紙箱に入れてあり、寛斎らを驚かせた。末子のアレキサンデルは十四、五歳で、日本語がうまく、寛斎の話し相手になった。

寛斎はその後も同家を訪れている。シーボルトが江戸へ発った後の留守宅で、西洋で使われている外科医具を見せてもらうが、眼科に用いるピンセットに特に興味を示し、『長崎日記』にその絵図を書き込んでいる。

この間も連日、ポンペの講義は続いた。オランダ語は相変わらず難しく、言葉を聞いて辞書を引くなど到底できない。入門して一カ月にもならない一月十六日の項には、こんな文面が見える。

レスノ席ニ加ル。午前一回ナリ。然レドモ聞取スルコト能《あた》ワズ。故ニ座シテ異ヲ励ント決シ、伝習ヲ休ム。

冒頭のレスノ席、とはポンペの授業を指す。いかにオランダ語の聞き取りに苦労したものか、伝習、つまり授業を休んだりしている。

十九日、製鉄所から、ハルデスが怪我をしたので治療を頼む、という連絡が入った。寛斎が赴くと、「脚ノ打撲ナリ。劇症ナラズ、単帯ヲ施シ、寒貼法ヲ行フ」ことで済んだ。ハルデスは安堵した。

二月五日、授業中に突然、人事不省となった十九歳の若い女性が担ぎ込まれてきた。診察に続いて治療が施された。

この女性患者は二年前から胸に激痛が走り、苦しんでいたが、妊娠して出産したとたん、激痛がぴたりと止んだ。ところが昨年十月ごろから目眩、頭痛がひどくなり、手足が冷え、このところ毎日のように意識を失うという。メースの松本良順が「恐ラク心臓組織上ノ疾患神交感ノ症ヲ兼ル者ナラン」として手際よく処置した。

『長崎日記』には、こう記されている。

日々半熟ノ鶏卵三四ケ、難化ノ食ヲサケ、毎日早起キ庭中ヲ散策シ、精神、身体ノ労ヲ避クルヘシ。

半熟卵を三、四個与え、気持ちを和らげるため、毎日早起きして庭を歩かせるという方法である。

病気を治すには心と体の両面から、というわけだ。

送別会のフルコース

医学生たちの関心がもっとも高いのは解剖学で、ポンペが解剖図を示して講義すると、教室内は熱気に溢れた。『長崎日記』にその場面がしばしば出てくる。二月十一日の項には、眼科解剖書を読み、牛眼を用いて義眼の実験をしようと考え、二店の牛肉店のうち日本人にも売るという店に行く。牛肉を買い、牛眼を求めるが、拒否される。その文面が面白い。

由《よっ》テ肉ヲ請《こ》ヒ、且《か》ツ眼ヲ乞フ。然《しか》ルニ明午后ニ一牛ヲ屠《ほふ》ルト、故ニ来レト。英国人ニウルノ商戸ニテ二牛ヲ屠ルノ時、然レドモ与フルコトヲ許サス。帰后牛肉ヲ喫《きっ》ス。極《きわめ》テ美。

店側に求めた牛眼を、明日は屠るからなどと理由をつけて断られ、交渉の口実に買った牛肉を食べたら「極テ美」、つまり「とても美味しかった」という感想である。まだ肉食が広まっておらず、寛斎には恐らく初めての体験であったろう。だが長崎に住む外国人たちは牛肉だけでなく、豚肉や鶏肉を好んで食べていたのである。

ところで解剖手術の経験者は、順天堂で学んだ寛斎など数えるほどしかいない。誰もが解剖手術に意欲的であったことがこの文面からも窺える。

この四日後、イギリス牛肉店に行き、牛頭をもらい受け、寛斎自ら両眼をくり抜いた。帰ろうとすると「食事を食べていけ」といわれ、ビフテキを馳走になった。その時の模様を、

然レドモ予ハジメハーカヲ用フル故、甚ダ不都合也。英人予ニ教テ便利ナラム。


と書いた。ハーカはフォーク。初めてナイフとフォークを用いたところ、うまくいかなかったが、イギリス人に教えられて便利なものと知った、という内容だ。

『長崎日記』にはこれ以降、小動物を解剖する文章が出ており、学生たちの解剖学への高まりを汲み取ることができる。

製鉄所のハルデスが日本を離れることになり、二月二十一日の日曜日、松本良順が中心になり、同宅で送別会が催された。出席者はハルデスやポンペらオランダ人四人、日本人は良順はじめ寛斎ら八人。この時、寛斎は、出された西洋料理のフルコースについて、その調理方法から味わいまで綴った。以下に掲げる。

一、トング、豚肉ヲ油ニテ揚ケル。
一、鶏ノソップ、日本大平。肉羹《あつもの》汁ノ内へ人参、芋、葱、菜ヲ入レ、汁ニテ吸フ。但シ酪ヲ加

フ。大ナル蓋物ニ入ル。但シ一チレンゲ添。
一、薩摩芋、皮ヲ去リテ三分位ニ丸切ニシテユデル。
一、竹ノ子ユデ、塩ト酪ニテ味ヲツケル。
一、人参、塩ト酪ト脂ニテ味ヲツケル。
一、アンレイン、唐菜ナリ。ユデ、パン粉ヘ塩ト脂ヲ加ヘ、フリカケル。
四品薄キ皿ヘ入レ蓋ヲナス。
一、家鴨ノプラトー、毛ヲ去リ丸ノママニテ脂ヲツケ、火上ニテムス。
一、豚ビクトス、豚ヲ細ニシテ塩ト粒胡椒ヲ入レ、脂ニテアゲル。但シ、脂ニ少シク塩ト醤油ヲ入レル。
一、豚フルカテル、豚肉ト鶏卵、パンノ粉、塩、粒胡椒ヲ和シ、脂ニテ揚ゲル。但シ、塩ト醤油トヲ脂ニ入ル。

以下、ウナギコーレン、鶏バスタイ、海老入りフフデリ、ストラー、ペンチックと続いて、最後に「豚ノハム、薄クキリ皿ニ盛ル」で終わっている。寛斎にとって初めてのフルコースであったろうが、筆まめな寛斎の面目躍如といった感がある。

咸臨丸の補欠医官に

三月に入り、病人が相次いで運ばれてきて、ポンペだけでなく、寛斎も診療に携わり、日曜日もなく働いた。毎日毎日が新しい体験であり、自らの発見に繋がった。

十二日の日曜日は久々に休日で、外出するが、その帰途、医療に用いる蠟石を探し回った。十三、十四日は義眼作りをし、佐々木東洋と薬性学の書物を読む。十五日は八歳の女子を診療した。四年前から背骨と左胸が疼き、歩行もできないという。『長崎日記』には処置として「水蛭、両側五六余ツツ毎日貼シ、水銀麻入、遠志一オンス、硝石八グレーン、摂生安静且ツ背ヲ上ニシ臥セシム」と記した。

文中の水銀麻入は、現在の体温計のようなものを指していると思われる。遠志はオンジと読み、漢方薬の素材、一オンスは二八グラム。硝石は食中毒の治療に用い、一グレーンは〇・〇六グラム、八グレーンだと〇・四八グラム、ごく微量な使用量を示している。

この日は、さらに胃痛と腰痛の五十歳の男性、ヒステリーの三十歳の女性も診療し、処置している。

このころ寛斎は、『長崎日記』の中に「解剖略式」として「頭部、第三式」に解剖経緯を述べた後、「右、村田蔵六所撰ニシテ桐原氏の蔵スル処ナリ」と記した。この村田蔵六は長州周防の出身で、代々医業を営み、一八四六（弘化三）年、大坂の緒方洪庵に学び、伊予宇和島藩の蘭学・兵学教授を務めた後、江戸に出て幕府の講武所教授になり、一八六〇（万延元）年、長州藩に登用され、西洋学兵学教授となった。後の大村益次郎で、寛斎は戊辰戦争の上野の戦いで、出会うことになる。

長崎の町で、寛斎は思いもかけず幕府軍艦咸臨丸の高官と出会う。咸臨丸は日米修好通商条約締結のため、副使木村摂津守喜毅、教授方頭取（艦長）勝麟太郎（海舟）、それに中浜万次郎、福沢諭吉らが乗り込み、太平洋を横断した栄光の船である。

帰国した咸臨丸は一八六一（万延二／文久元）年、対馬に赴き、江戸に戻る途中、機関に故障を起こし、六月初めから八月中旬にかけて長崎に立ち寄り、修理中だった。

この時の軍艦奉行は水野筑後守忠徳、軍艦頭取は小野友五郎のはずだが、多くの書物は、軍艦頭取を勝海舟、代理を伴鉄太郎とし、海舟が寛斎を咸臨丸の補欠医官に任命したように記している。勝海舟は帰国後、蕃書調所頭取助から講武所砲術教授方になった。軍艦操練所頭取になったのは一八六二（文久二）年七月。その一カ月後に海軍奉行並になっている。その経歴から海舟の海軍への影響力が大きかったということなのであろうか。確かに寛斎と海舟は出会っており、海舟の寛斎宛ての書が現存する。

書には「不信者不説為疑者不施」とある。信じられない者、主張のない者、疑いのある者には施さず、という意味である。「為関医伯之嘱海舟散人」の為書きから、後年のものと判断できる。

ところで寛斎が任じられた補欠医官とは、実際どんな仕事をしたのか。『長崎日記』には、寛斎が咸臨丸をしばしば訪れ、診察する記事が見えるので、滞在中の乗組員の健康管理が仕事だったと判断できる。同年六月七日以降の『長崎日記』から抽出して掲げる。

六月七日　ゾンタフ（日曜日の意）　五ツ時ヨリメース共ニ咸臨丸ニ至リ、薬室ヲ検査シ一掃シテ九ツ半ニ至ル。
十日　咸臨丸ニ往キ病人ヲ診ス。
十一日　咸臨丸外科器械　囚錐三、骨刀三、ピンセット一、器械二、円形材一、金創針一八、コップ旗一、右伊藤鶴之助ヘ渡ス。
十七日　復講、朝会始ル。咸臨丸ニ往キ、帰リ蘭船ニ届リ虎ヲ観ルニ、其ノ丈六尺許《ばかり》臥ス。別ニ豹アリ。丈サ犬ノ如ク――
二十七日　曇ニテ熱ス。午后ヨリ咸臨丸水夫尚吉ヲ診ス。咸臨丸伴氏聞置候。
九月四日晴　咸臨丸ニ至リ兵吉診シ、病院ニ至ル。
五日曇　咸臨丸ニ至ル。夜ニ入リテ又兵吉ヲ診ス。
六日　咸臨丸ニ至ル。
七日　咸臨丸ニ至リ、病院ニ至ル。病院ニ金一封献ス。咸臨丸病人ノ宛ニ泊ス。
八日曇　咸臨丸試験ニ由テ乗リテ硫黄島ニ至ル。大凡五里。二時半ヨリ発シテ五時ニ帰ル。其ノ夜幹事ノ宅ニ宿ス。鈴木緑之助君モ同シ。

六月二十七日の項に出てくる伴は艦長代理の伴鉄太郎を指す。咸臨丸で勝海舟とともに太平洋を横断した人物である。

九月二日の『長崎日記』には、ポンペによる咸臨丸水夫長の長吉の施療が記され、さらに死亡に至るまでの経過、その他の水夫の施療の模様が克明に記されている。

この時期、寛斎は同室の司馬凌海とともに『七新薬』の解読を進めていた。凌海は、ポンペの講義を直接聞ける実力を持っていて、良順とともに仲間からメースと呼ばれていたのは前述の通り。

この七新薬とは洋薬のキニーネ、モルヒネ、レーフルタラーン（肝油）、吐酒石、硝酸銀、ヨジーム、サントニンを指し、その薬効、使用量などをわかりやすく解説するものだった。凌海は毎日夜遅くまで、難しい『七新薬』の原稿を書き続けた。寛斎はそれを細かく点検し、校正した。

寛斎は凌海に、これを出版してはどうかと持ちかけ、同意を得て浜口梧陵に便りを出して相談した。梧陵は即座に出版費用を出す、と答えてきた。こうして司馬凌海訳・関寛斎校閲による『七新薬』（全三巻）が発刊された。

寛斎は『家日誌抄一』に短く「七新薬上木ヲ企ツ」と書いた。上木とは出版の意味である。この書物は以後の医薬界の大事な解説書になり、凌海と寛斎の名が高まっていく。

黄色い表紙の上、中、下の三冊の『七新薬』の書物は、再三、『長崎日記』として紹介した『長

勝海舟の書「不信者不説為疑者不施」（関寛斎資料館）

咸臨丸の模型（北海道木古内町更木岬）

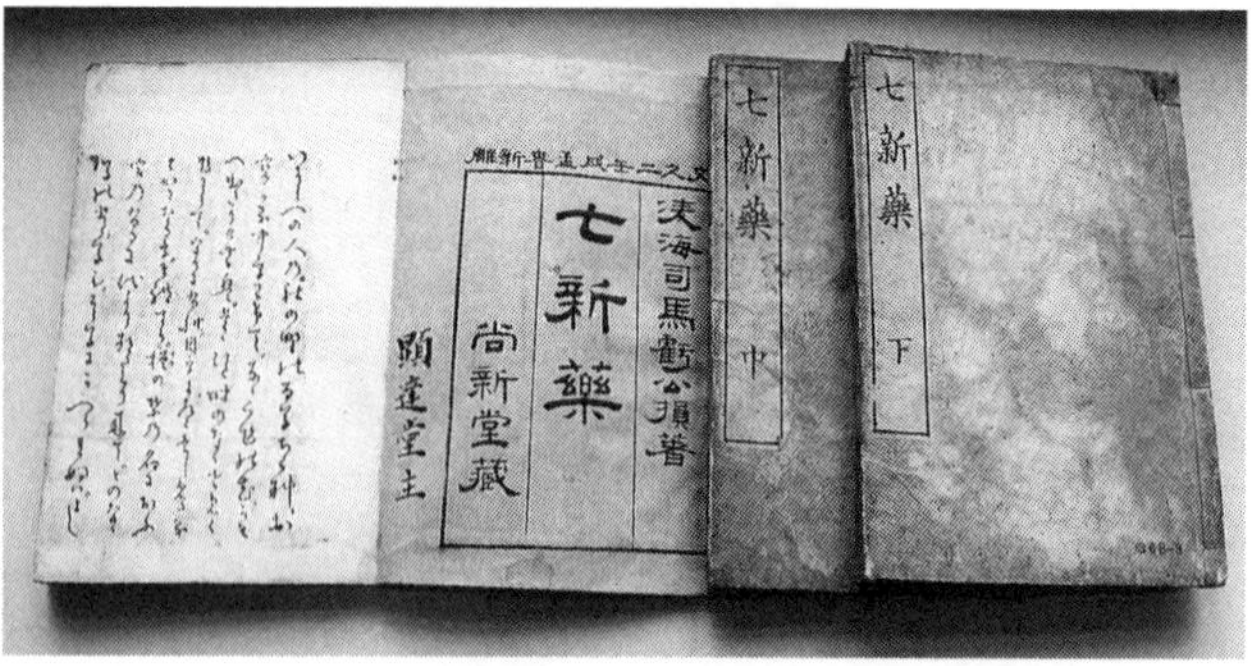

司馬凌海訳・関寛斎校閲の『七新薬』（関寛斎資料館）

崎在学日記』とともに陸別町の関寛斎資料館に保存されている。

小島養生所が完成

この年の八月十六日、ポンペと良順が熱心に取り組んできた養生所と医学所が長崎の小島郷に完成した。小島養生所と呼ばれ、後に「精得館」となる建物である。

ポンペは、人間平等と人命尊重の思想を日本に広めるのが自分の使命と考え、長崎を舞台に、実践へと踏み出したのである。養生所はポンペがヨーロッパの陸軍病院などを参考に構想を練り、オランダ人の建築技師が設計したもので、二階建て五百坪（一五一五平方メートル）の建物二棟が東西に長く並行して建てられた。ポンペの命により良順が養生所の初代頭取になった。

病室には個室がなく、どの部屋も十五台のベッドが置かれた。隔離を必要とする患者用に四つの特別室が用意された。入院患者の食事は洋食。入院料は財産を所有している人は一日金六匁、貧しい人はその半額、極貧の人は無料。

医学所は別棟になっていて、講義室のほか、図書室、寄宿舎などが並んでいた。学生たちはここで体系的に医学を学びながら、養生所ではポンペや助教授格の良順、舜海が担当する臨床に立ち会い、医学を実際に学んだ。

寛斎はこの素晴らしい医療施設に気持ちを昂ぶらせた。すかさず写真技師の嵯峨根良吉に頼み込んで、落成写真を撮影してもらった。

ところで驚いたことに、ポンペは長崎に滞在中、幕府からも、養生所からも、医学所からも、いっさい報酬も受けず、オランダ海軍からの給料だけでつつましく暮らしていたという。寛斎はポンペの清貧なる実践ぶりを知って、感激した。

寛斎の長崎での暮らしは、往復の旅費も含めて全部で五十両だから、極めて質素なものだった。着物は妻が作った例の粗末な着物で通した。外部から往診治療を頼まれると、進んで診療に出かけて、その収入を学費や生活費に当てた。

依頼された患者の中に徳富一敬（号湛水）という人がいた。肥後（熊本県）水俣の人で、脚疾のため、母と妻を連れて長崎へ治療に来ていた。『長崎日記』によると寛斎が同宅を訪れたのは一八六一（万延二）年五月五日。治療の後、食事を馳走になった。十七日と十九日にも訪問し、治療を施し、さらに母、妻の診療もし、薬を処方した。

実はこの夫妻の長男が徳富蘇峰（猪一郎）、次男が徳冨蘆花（健次郎）で、この二年後と五年後に生誕するのである。寛斎が晩年、何も知らずに蘆花宅を訪れてトルストイについて話を聞くうち、蘆花の父親の長崎における主治医であったことが判明するのだが、これはずっと先に触れる。

さらば、長崎

寛斎らが学んだ小島養生所は、花街の丸山町をさらに登った高台に位置していた。途中に菅原神社があり、その先の高島秋帆邸跡は、小島養生所ができるまで用いられた場所という。

「長崎小島養生所」と題する絵図は、三角屋根の大きな建物の上にオランダ国旗が翻っているもので、ここから見下ろす港内の眺めは素晴らしい。長崎市西小島町の佐古小学校の庭園の一隅に「養生所跡」と記した小さな石碑が置かれている。下部に「西洋医学教育発祥百年記念会」、裏面に「蘭医ポンペ先生は日本最初の洋式病院をこの地に設立した　一九五七年秋」と刻まれている。開設した安政六年が一八五七年だから、ちょうど百年目の建立とわかる。

「享和二年肥州長崎図」（一八〇二年）及び「長崎細見図」（嘉永四〈一八五一〉年）には、港内に国旗を掲げて入港するオランダ船や南京船が描かれている。陸地の中央部に扇形に突き出た出島があり、「阿蘭陀屋舗」と見える。出島から通路が延びて長崎の町並に連なる。西御役所の先は外浦町や椛《もみじ》島町、大村町など細かく記されている。

古絵図と見比べながら、医学生たちがポンペの教えを守り、ひたすら医学を学んだことが想起された。

小島養生所

一八六一年は十一月二十一日に万延二年が文久元年に改元された。明けて一八六二(文久二)年の新年。寛斎は、わずか一年一カ月の長崎留学を打ち切り、帰国を決意した。学費や生活費が続かなかったのが主原因だが、もう一つ、年老いた義父母や妻子をこのまま放ったまま、自分だけが学業を続けることを潔しとしなかったのである。

梧陵に事情を述べれば、間違いなく援助してもらえるのに、それをしないところがいかにも潔癖な寛斎らしい。

寛斎は佐藤舜海とともに帰郷することになった。舜海もまた順天堂二代目当主であり、佐倉藩の学問所の蘭医教授であり、義父の初代佐藤泰然の手前もあって、長逗留はできなかったのである。

一月下旬、二人はポンペをはじめ、松本良順や司馬凌海ら同僚たちに別れを告げ、思い出深い長崎を後にした。銚子に着いたのは四月、春爛漫の盛りだった。

薬品収容箱とどくろの謎

この時期に用いたのであろうか。北海道陸別町の関寛斎資料館に、寛斎愛用の薬品収納箱が置かれている。箱を縦八段、横七段に仕切ったもので、箱の裏に「文久元年」の文字が見える。

寛斎が長崎で蘭医学を学んでいた時期に当たり、その翌年に長崎を出発し、江戸へ。ここで佐倉へ行く舜海と別れて、銚子へ戻っている。こんな嵩張るものを長崎で購入したとも思えないし、途中で、というのも不自然だ。寛斎がどこで入手したのか、いまだはっきりしない。

貴重な頭蓋骨の標本（関寛斎資料館）

もう一つ、「寛斎のどくろ」と呼ばれる人頭骨の標本が、同じ関寛斎資料館に残されている。

一九七八（昭和五十三）年夏、寛斎の曾孫に当たる小野政治氏が陸別町を訪れ、同町に人頭骨を寄贈したのである。寛斎が長崎時代から研究に用いていた標本とされ、徳島時代の弟子で寛斎の三女トメと結婚した大久保渓平《たにへい》に贈られたものだ。

標本は眉間にV字形の切り込みがあり、水平に鋭く切られていることから、医学用に解剖されたのは歴然としている。大久保家では「インド人の骸骨」と言い伝えられてきたという。

もともとはポンペから松本良順に贈られ、良順が江戸を脱走する時、下谷和泉橋の医学所に置いていったものではないか、と司馬遼太郎は『胡蝶の夢』で書いている。

実はよく似た人頭骨が東京大学医学部にも現存する。故神谷敏郎筑波大学名誉教授（解剖学）の調査により、オランダ人青年の頭蓋骨と結論づけられた。だが、見るからによく似ており、しかも入手が極めて難しいものなので、陸別町に贈られた「インド人の骸骨」の標本は、寛斎がいつ、どこで入手したものか、新たな謎を残す結果になった。日本の医学史上、貴重な資料だけに気になってならない。

第四章　徳島藩の御典医に

1862–68

町医者から藩主の主治医に

寛斎が長崎から戻ってきた時、梧陵は「辞めて後悔するな」と言い、続けてこう告げている。寛斎の文面を掲げる。

梧陵翁は常に蘭学の必要性を説かれ「単に医術の上より見れば、君の手腕も相当に熟達したるを以て、満足して差支なきが如くなれど、今後の医学は益々進歩して殆ど窮りなかるべし。此の進歩に後れざらんとすれば、原書に依り直接に研究せざる可からず。されば君もこの際意を決して再び学生となり、今後五箇年を期して、蘭学を修むべし。前にも云ひたるが如く学費及び家族の生活費は予が引受くべければ、猶予なく断行せよ」と云はれたるが、（中略）怒れる色もなく微笑され居たり。

梧陵は「再び学生となり、今後五カ年、蘭学に勤しめ。学費などは私が引き受ける」と述べたのである。寛斎にすればこれほどありがたい話はない。まだ学びたいのはやまやまだが、かといって甘えてばかりもいられない。複雑な心境であったろう。

寛斎が本場仕込みの蘭医学を身につけて戻ってきたというので、病に悩む銚子周辺の人々が荒野の養生所に連日、どっと押しかけた。待合室は患者で溢れ返り、急に忙しくなった。アイは幼子を背にこまごまと動き回った。

ほどなく越前福井藩から医学生四人が、寛斎の元に送り込まれてきた。同藩藩主の松平慶永（春嶽）は一八六二（文久二）年、政事総裁職に就いた幕閣の実力者で、蘭医学の研究にも熱心で、これまでも長崎のポンペに学ばせようと医学生を派遣していた。今回、銚子の寛斎の元にきたのは、寛斎がポンペの講義の訳書保管担当であり、もっとも正確な講義ノートを持っているほか、ポンペの診療を細部にわたって記録し、整理しているのを承知していたのである。

寛斎は遠路やってきた若い医学生たちを快く迎え、住み込みで診療や施術などを指導し、体験させる一方、秘蔵ノートの『ポンペ講義筆記』や『朋百《ぽんぺ》氏治療記事』、さらに医書類を筆写させた。同藩が狂喜したのは当然であろう。

多忙を極める最中に、新たな重大事が転がり込んできた。前年から阿波徳島藩江戸詰の藩医を務める泰然門下の須田泰嶺（後の経哲）から、

「わが藩の御典医に推薦するので、承諾するように」

と便りで伝えてきたのである。

徳島藩は外様ながら、阿波、淡路二国二十五万七千石の大大名で、家祖蜂須賀正勝、藩祖家政から初代至鎮になり、そこから十三代斉裕《なりひろ》へと続く名門である。

寛斎は困惑した。もともと宮仕えは窮屈だし、学費を出してくれた梧陵に対しても、申し訳ない。

にもかかわらずなおも学業を勧めてくれる梧陵の気持ちを考えれば、この申し入れは受け入れられないとして、きっぱり断った。

しかし阿波徳島藩からの説得は執拗に続いた。困惑した寛斎は妻アイとも相談して、やむなく承諾することにした。梧陵もしぶしぶながら認めてくれた。百姓の身分から士分へなど、願ってもなれない破格の出世だけに、最後は引き止めることができなかったのであろう。

『家日誌抄一』の文久二年、一八六二年の十二月朔日（一日）の項にこうみえる。

四ツ時御殿江出勤、丸窓ノ御間ニ相扣《そうこう》居候処　在ノ御書付広岡多聞殿ヨリ被相渡《あいわたされ》候
御医師被召出《めしだされ》　二十五人御扶持方被下《くだされ》候
関寛斎

四ツ時は午前十時、御殿とは、江戸表の阿波徳島藩上屋敷である。かくて「蕪かじり」の百姓の倅である寛斎は、阿波徳島藩主、蜂須賀斉裕の国詰侍医に取り立てられ、二十五人扶持の士分になり、家録は低いが上士の待遇を得て、藩主の身辺に奉仕する役目を負うことになった。

だが、長崎から戻って僅か八カ月で、またも銚子を離れることになろうとは、寛斎の心境は複雑なものがあったろう。

翌十二月二日、早々に、御番見習として江戸の上屋敷に出勤し、滞在中の賀代姫に御目見得した。

十六歳の賀代姫は高貴で、初々しい。年寄衆から江戸滞在中の藩主が帰国する折りの供を命じられた。

九日、初めて藩主斉裕に拝謁し、拝診。新年明け早々の出立を控え、暮れは慌ただしく過ぎていった。

藩主斉裕と御典医寛斎の関係

一八六三（文久三）年一月二十六日、阿波徳島藩主蜂須賀斉裕の一行は、徳島に向かって江戸を出立した。寛斎は藩主の側につき従った。同行者の中に斎藤龍安がいた。後々、医師として寛斎を手助けすることになる人物である。

三週間かけて大旅行を続け、二月十五日に京都着。ここに一カ月滞在して見聞を広め、三月十四日、再び出立。淡路を経て二十四日、徳島に着いた。丸二カ月間に及ぶ悠長な大名行列であった。

五月一日、寛斎は初めて徳島城に出仕した。徳島城は一五八五（天正十三）年、藩祖家政が阿波に入るとともに築城を開始し、翌年完成した。渭津《いのつ》城ともいう。この城の下に文字通り城下町が広がっている。特徴的なのは城と城下を取り囲むように、数本の川が緩い弧を描き、助任《すけとう》川と寺島川と新町川が、二つの楕円形の町を形成するように流れている。まさに自然の要害と呼ぶにふさわしい地形である。ちなみに寺島川は後に埋め立てられて現存しない。

「徳島藩御城下絵図」（徳島県立博物館蔵）を見ると、中央に位置するこの二つの楕円形の地域を徳島、寺島と呼び、徳島には家老邸や中老邸をはじめ千石以上の上級藩士の邸宅が立ち並んでいる。この呼び名が後に、徳島全体を指すことになる。寺島には五百石以上千石未満の藩士邸が並んでいる。川筋を越えて集落が連なり、このあたりに三百石以下の藩士邸が建っている。その先にまた集落が、という具合に城下が広がり、無数の川が何重にも守備する外堀の役目をし、難攻不落を誇っていたのがわかる。

古写真を見ると、中央に三層の月見櫓が見え、山の上に天守の屋根がそびえている。山の上の天守は「御城山」と呼ばれ、普段は誰も住んでおらず、政務など一切は天守の下方に連なって建つ城内で行われていた。手前左手に見えるのが登城口となる鷲の門である。

寛斎はこの門を潜って城内に入った。上席となる典医らに挨拶をしてから、典医詰所に入り、内科書の講読を始めた。

四日は礼服をまとい、賀代姫を拝診した。十一日は尋姫を初拝診した。賀代姫は藩主斉裕の娘だが、尋姫は藩主一門の娘を養女にしたとされる。いずれも十代の若い女性である。

続いて十四日から、藩主斉裕を拝診した。拝診は四日間にわたり続けられた。寛斎にとっては気の抜けない仕事だった。

城内にはほかに十四歳の茂韶《もちあき》がいた。次代の藩主を約束された若者である。

ここに来て初めて、典医がすべて漢方医なのを知った。しかも典医らはあからさまに寛斎を疎外

徳島城（古写真）

徳島城の鷲の門

蜂須賀斉裕

する態度を見せた。百姓上がりで他国者の蘭方医なんぞに大事な仕事を奪われてなるものか、というわけである。何日も経たずに寛斎は完全に孤立した形になった。

ところが藩主の斉裕は、他国者と蔑視されている寛斎の実直な性格を見抜いてか、何かと声をかけるようになった。実は斉裕もまた藩内で疎外され、孤立させられていたのである。

斉裕は第十一代将軍徳川家斉の第二十二子で、無理やり蜂須賀家に送り込まれて藩主になった経緯を持つ。父親の家斉は側室四十人を持ち、それらに生ませた子どもは男女合わせて五十五人。そのうち十三人しか成人しなかったが、それにしても大変な数で、老中らは子どもの縁づけに、政務そっちのけで苦労したといわれる。

藩主を迎える側の蜂須賀家にとっては迷惑な話だが、それも言えず、家老らは表向きは藩主を尊重しながら、できるだけ藩政から遠ざけるようにした。

凡庸な藩主ならそれで通るが、斉裕は時代が動いているのを敏感に感じ取っていた。しばしば自分の意見を述べるのだが、そのたびに老中らに押しとどめられ、もどかしさが嵩じてノイローゼに陥っていた。だから、孤立している寛斎を身近な存在に感じたのであろう。

寛斎もまた、藩主の知遇に応えて、こまごまと動いた。ここに通常の君臣とは異なる特殊な人間関係が生じたのである。斉裕にとって寛斎は、なくてはならない存在になっていった。

一家で徳島へ、別船遭難、家財流失

単身で徳島に赴任した寛斎だったが、一家で移住すべきと考え、その年の十二月、休暇をとって妻子の待つ銚子の町へ戻った。家族たちが喜んだのはいうまでもない。

その時、地元で真忠組事件が起こっていた。この事件は幕末期の草莽の士たちによる決起事件の一つで、反幕運動への小さな動きといえた。寛斎はこの事件を『家日誌抄一』の文久四年、つまり一八六四年の一月三日と十八日の項にこう書いた。

正月三日　氏神エ参詣ス。引続キ諸親戚ヲ尋ネテ互ニ無事ヲ賀ス。
此頃山辺郡小関村ニ浮浪ノ徒相会シテ良民ヲ侵掠シテ暴行スル事甚シ、故ニ他行スル事悉ク心配致シ彼ノ徒ヲ避ク故ニ遠行スル事能ハス。只近所歩行ノミ。
正月十八日、板倉内膳正様御人数ニテ屯所ヲ伐ツ。夫ヨリ事定テ初メテ遠行スル事ヲ得タリ。

真忠組の蜂起を、浮浪の徒による良民への侵掠、暴行とし、大いに迷惑したと記している。幕府の譜代大名蜂須賀家に仕える身としては、当然の姿勢であろうが、この時、すでに世間は微妙な形で動きだしていたのである。

事件が鎮定されてすぐ後の二十三日、寛斎は母を連れて成田山に参拝し、続いて十一歳になる長男生三を連れて佐藤舜海を訪ね、順天堂に入門させている。さらに実家の吉井家の仏事に出席するなど、一家の引っ越しを前に、多忙な日々を過ごしていた。

慌ただしく家具、衣類などをまとめて銚子港から船に積み出し、両親と長男の生三を残して出立したのは三月十八日。同行は妻アイ三十歳、長女スミ七歳、次男大介五歳、三男周助二歳。途中、江戸に着いて阿波徳島藩上屋敷の長屋に入った。四月十三日、江戸を出立し、日を重ねて徳島に着き、外堀外にある下級武士が住む高田裏掃除町の借家に入ったのは五月八日。ざっと二カ月間かかっている。大変な長旅だった。

寛斎は休む間もなく翌九日、裏掃除町のわが家から歩いて城に上り、藩主らにお目見え。十五日には帰藩後、初めて藩主斉裕の診断をした。久しぶりの対面に斉裕の顔がほころんだ。

ところが意外な知らせが飛び込む。引っ越し家財を積んだ船が途中で遭難し、銚子で積んだ家財十五個のほか、江戸で調達した長持ちや簞笥まで、すべて流失してしまったというのである。寛斎は愕然となった。その心境を『家日誌抄一』に次のように書いた。

不時ノ天災三十個ハ悉ク流失ノ由申来リ、道中持込候品ハ纔纔《さいさい》ニ本馬一疋ノ品ニテ、漸ク夫婦、スミ、大助（介）夏衣迄ノ義ニテ当時ノ難渋且家内ノ痛心ヲ以御世此ノ事ハ忘却致スベカラス。

打ちのめされるほどの衝撃であった。藩内の年寄らの配慮により五十両を拝借し、うち十両で日用品を買い求めて、急場をしのいだ。『家日誌抄一』にはこう記されている。

六月十一日、右金子請取《うけとり》候テ内十両ハ是迄ノ自借へ返済、三十両先ツ其之儘ニ致シ置追々ヨリ諸物ヲ求メ候心懸。

事情を知って驚いた銚子の浜口梧陵が、急ぎ援助金を送ってきた。寛斎は重ね重ねの温情に、頭を垂れるばかりだった。

尋姫がこの春から足の指を痛め、なかなか治らない。藩主の命を受けた寛斎は、六月二十六日から十日間にわたり手当てをした。嫁入り前の大事な体なだけに、寛斎の処置は慎重を極めた。

八月十九日は初めて藩医学問所に赴き、門人の三木耕庵、斎藤龍安らに対して蘭医学の略論を講義した。龍安は寛斎とともに江戸からきた一人で、後々まで交流が続くことになる人物である。講義はそれ以降も続き、学問所内で猪を解剖したり、妊娠六カ月の男の胎児を堕胎するなど、精力的に立ち回り、多忙を極めた。

賀代姫の死、尋姫の輿入れ

年が明けて一八六五（元治二／慶応元）年から翌年にかけては、寛斎にとって波瀾の年となった。元旦、上総に住む義父の俊輔が七十歳を迎えたので、徳島産の細工物や白木綿などを祝いに贈るなど、穏やかなスタートだった。ところが六月初め、城内の賀代姫が水腫病と脚気にかかり、床に臥せった。

十七日から寛斎ら典医四人が詰めきりで治療に当たったが、体調は日を追って悪化するばかり。その挙句、二十六日、脚気衝心のため亡くなってしまったのである。十八歳になったばかりの若さだった。

越前福井藩十七代藩主の松平茂昭（前述の松平慶永の後継）の正室として、輿入れが近づいていた矢先で、あまりにも突然なことに藩主らは悲しみに暮れた。寛斎や典医らは自らの力不足を嘆いた。

この年、寛斎一家は富田裏の借家から、徳島（渭津ともいう）の新御蔵丁の屋敷に移り住んだ。上級藩士並みの扱いである。家族が多いのを知って、家老たちが取り計らったのであろう。

秋になり、寛斎は若君茂韶に従い、徳島城下を歩いた。今年も豊作をことほぐ人たちで溢れていた。若君のお出まし、というので町人たちはこぞって沿道に出て、笑顔で平伏して迎えた。

十月は尋姫の鷹司家への輿入れがあり、藩命により寛斎は尋姫に従い、京都へ向かった。鷹司家は格式の高い堂上公家（摂家）である。京都は平穏な徳島とは異なり、尊皇攘夷の嵐が吹き荒れており、血なまぐさい事件が起きていた。空気が変わったので、姫の体調に変化がないか、緊張の日々が続く。

暮れ近く、待ちに待った結婚の儀が豪華絢爛に執り行われた。美しく着飾った姫が無事に輿入れして、寛斎はやっと肩の荷をおろした。供の者たちも安堵の色を浮かべた。この公卿家との婚姻により、蜂須賀家の地盤はより強固になった。

この間の十一月二十日に、アイが四男文介（文助とも）を出産したという知らせが舞い込んだ。輿入れの役目も済み、京都でゆっくり越年した寛斎は、一八六六（慶応二）年一月五日、大坂から船で出立、三カ月ぶりに徳島へ帰着した。生まれたばかりの文介と初対面した。子どもたちもみんな元気な様子で、留守を守って立ち働く妻アイに、心から感謝した。

幕府の権威を脅かすような倒幕の動きが急速に高まっていた。阿波徳島藩にどんな難題が振りかからぬとも限らない。神経を研ぎ澄ましたような日々が続く。

二月になり、寛斎は藩主斉裕に従い、西洋式服装の軍事訓練に参加した。二泊三日の行程で、藩の同僚典医の寺沢道栄や村田康安、井出三洋らも加わった。『家日誌抄一』にはこう書かれている。

五ツ時、洋服ニテ、ランドセル、フランケットヲ負ヒ、小松島金磯ニテ一泊。翌日又南行黒津地原ケ崎ニテ一泊ニテ、富岡立江田野ヲ通リ七ツ時過外御厩迄帰ル。夜ハテントー候、食ハ蒸《むし》餅ノミ。

五ツ時は午前七時、七ツ時は午後三時を指す。初めて服にズボンの洋装で、荷物を背負って行軍し、夜はテント、食は蒸餅のみ、二泊して午後四時過ぎに帰るとは、かなりの難行だったことがわかる。

四月六日、藩主夫人が姫を産んだのに続いて、七月一日には若君茂韶の結婚が決まった。相手は藩主一門の蜂須賀隆芳の娘、斐姫である。若君の元に斐姫が輿入れするというので藩内は、世間の不穏な動きとは関わりなく、喜びに包まれた。

八月に入ると、連日大雨が続き、邸宅のある高地の新御蔵町まで浸水して、通行不能に陥った。困り果てた寛斎は、近所から手こぎの舟を借りて川に浮かべ、城に駆けつける始末だった。

順天堂二代目当主の佐藤舜海改め尚中が、高和進を養子に迎えたという話が伝わってきた。進は後に三代目順天堂を継ぐことになる。寛斎は佐藤尚中が順天堂の体制をより盤石なものに整えつつあるのを感じ取った。

安堵も束の間というべきか。生まれたばかりの文介が十六日、忽然と亡くなったのである。わずか一年二カ月の短い寿命だった。寛斎は泣き崩れるアイの肩を抱いて慰めた。

上総に残したままの義父母を心配した寛斎が、徳島に呼び寄せようと三十四両もの大金を送ったのはこのころ。だが両親は応じようとしない。生まれ故郷を後にするのは容易なことではないのだ。

悲喜こもごもの月日が流れて一八六七（慶応三）年の新春、寛斎は、藩主斉裕の供や若君の撫養などで多忙な毎日を送る中、いまは紀州有田郡広村に住む浜口梧陵に、長崎留学時に借りた残金を返済した。忘れてはならない恩人へのけじめである。すでに五年の歳月が流れていた。

春四月、アイが次女のコトを出産した。佐倉の順天堂で医学を学んでいた長男の生三が、修行年限がきたというので、寛斎は修行料十五両を送金して、祝いの気持ちを伝えた。関家に喜びが重なった。

藩主、斉裕の死

「ええじゃないか、ええじゃないか、なんでもええじゃないか」

幕府の政治に不満を抱き、世直しを求める群衆の乱舞が、京、大坂の畿内から東海、山陽、四国へと広がりだした。この乱舞に、お伊勢参りと金比羅参りが加わって、異様な熱気が高まっていた。

暮れの十二月一日夜、藩主斉裕がにわかに下痢を起こして床に臥せた。寛斎ら典医ら全員が総出で手当てをしたが治らない。偶然だがその翌二日、群衆の乱舞が淡路、撫養《むや》（鳴門）へ波及した。乱舞の波は撫養街道から徳島城下へなだれ込み、土佐街道を南下して小松島へ。さらに吉野川、鮎《あ》喰《くい》川を遡る激浪のように、阿波全般を覆い尽くした。

おののいた徳島藩家老らは「藩主危篤」を理由に、城内に於ける乱舞の禁令を出した。だが群衆の熱気は収まらない。再び禁令を出したものの、まったく効き目がなく、そのまま年の暮れになだれ込んだ。

藩主の体調が戻らず、一八六八（慶応四／明治元）年、戊辰の元旦を迎えた。

その朝も藩主斉裕の体調は思わしくない。二日、三日を経て、四日には一時、回復したかに見えたが、五日夜になり危篤に陥った。典医たちの必死の看病が続いたが、翌六日明け方、城内の中奥の部屋で亡くなってしまう。『家日誌抄一』はこう記す。

暁七ツ半　御逝去《ごせいきょ》被遊《あそばされ》候《そうろう》不絶《たえなく》御側《おそば》ニテ御世話申上《もうしあげる》。

暁七ツ半は午前三時を指す。絶え間なく付添い診療した典医団の苦悩ぶりが見える。だがその死は伏せられたままとされた。城中にただならぬ空気が流れる中、鳥羽・伏見の戦いが伝えられ、動揺が激しくなった。

寛斎は嘆き悲しみ、典医の辞退を申し出た。だが認められなかった。

八日、亡き斉裕の法号である「大龍院殿故阿淡二州大守正四位上参議宰相　登雲泰源大居士」と記された位牌が藩士たちに初めて公開され、死後七日経た初七日となる十三日に、藩主の喪が発表された。従って命日は、万年山墓所の墓石と同じく「戊辰正月十三日」である。

斉裕の遺体は十六日、蜂須賀家代々の霊を祭る万年山墓所に埋葬された。寛斎は涙を呑んで『家

蜂須賀斉裕の墓

日誌抄一』に記した。

同月十六日六ッ半時御収《おおさめ》ニ付キ御後ヲ慕ヒ申シ上ゲ、大安寺御屋真上マデ御供。

万年山は、眉山に続く連山の一峰で、斉裕の墓は蜂須賀家代々の墓所の一番奥の最上部に置かれた。

墓は花崗岩で大きな台石の上に立てられ、棹石は高さ一メートル六十九センチ、奥行き五十五センチ、幅六十一センチで、正面に「故阿淡二州太守　源戴公墓」とあり、裏面に命日が刻まれている。墓前に草が饅頭型にこんもりと盛り上がって植えられている。

寛斎は徳島に住んでいる間、毎年命日になると必ずここを訪れ、周囲の雑草を除き、墓前にぬかづいたという。寛斎の斉裕に対する思慕がどれほど深かったかが想起できる。

徳島城内にいまも残る斉裕の肖像は、寛斎が後年、北海道へ移住する際に依頼して描かせたもので、作者は中山勝哲、画賛は興源寺十一世雄州。寛斎が長く保存していたが、後年、寛斎の孫の関静吉氏により寄贈されたものである。

新藩主、茂韶、すかさず上京

偶然とはいえ、藩主斉裕の最期が維新の動乱と重なったため、藩内は激しく揺さぶられた。一月三日に鳥羽・伏見で薩摩・長州軍と旧徳川幕府軍が衝突、激戦となり、王政復古を唱える朝廷は七日、薩長軍を官軍とみなし、前征夷大将軍徳川慶喜の追討令を発した。藩主斉裕が逝去した翌日に当たる。

朝廷の追討令の中に「大義ヲ弁セス賊徒ト謀ヲ通ジ、或ハ潜居致サセ候者ハ、朝敵同様厳刑ニ処セラルベシ」の一節があり、「錦の御旗」を翻す薩摩・長州軍を見て、数多くの藩が反徳川を鮮明にして、次々に朝廷方についていった。

だが斉裕亡き阿波徳島藩はどうすべきか、家老らは判断もつかないまま、うろたえるばかりだった。後任となる第十四代藩主に茂韶が襲封されたのは十七日。まだ十九歳の若者である。新藩主の茂韶がどう動くか、その決断が注目された。

新政府が諸外国公使に王政復古の国書を手交し、局外中立を求めたのは二十五日である。薩摩、長州主導の新政府に対して、前徳川将軍を支えて抵抗を見せる動きもあり、緊迫した空気が充満していた。

斉裕の葬儀は二月十二日、興源寺でしめやかに催された。藩士らはもとより領民たちは揺れ動く世相を見つめながら、不安を募らせた。

新藩主茂韶は葬儀を済ませると、喪も明けない十五日未明、少数の藩兵を率いて船で慌ただしく上京した。寛斎は供を命じられ、随行した。家老らは唖然と見送るばかり。

茂韶が上京を急いだ理由は、亡父が徳川宗家の出であり、幕府方と見られるのを恐れたのと、もう一つ、父斉裕が公武合体論であったのに対し、茂韶は勤王討幕論に近い考えを持っていたことによる。

実は一八六三（文久三）年二月に洛中の等持院で起こった「足利将軍木像梟首《きょうしゅ》事件」の犯人の処置についても、茂韶は不満を抱いていた。犯人の中島錫胤《ますたね》は、徳島藩三木氏の出である京都の儒者、中島棕隠《そういん》の養子で、斬奸状の筆者の小室信夫とともに徳島に遊説のため訪れた時、二人を逮捕、監禁した。木像の首を切って晒すという稚気にも似た行為に目くじらを立てるなど、釈然としないものを感じていた。それが保守的な家老たちの意見でもあったろうが、容認できなかったのである。

茂韶は京都に上るなり、朝廷に忠誠を誓い、そのまま京都に留まり沙汰を待った。これ以外、道は残されていなかったともいえる。この間、寛斎は知人宅を歩くが、行く先で外科医の癌切断手術

蜂須賀茂韶

の助手を務めている。いかにも寛斎らしい動きである。

錦旗を掲げる新政府軍が江戸に向かい、進撃を開始した。戦いは避けられず、江戸は火の海になると噂され、ただならぬ空気になった。だが江戸城攻撃の寸前、勝安房（海舟）と西郷吉之助（隆盛）の会談により四月十一日、江戸城は無血開城になった。

だがこれに反発する徳川譜代の武士や、薩摩、長州へ恨みを持つ幕府方の諸藩士らが、一戦を交えようと江戸を去り、奥羽へ走った。

閏四月六日、新政府より、大観察の三条実美が東下するので、徳島藩兵は随行せよ、と命が下った。この段階で徳島藩は新政府方に組み込まれたのである。茂韶は手を打って喜んだ。早速、随行部隊隊長に梯《かけはし》津守《つもり》を命じ、寛斎をこの部隊付医師に任じた。

寛斎はすぐ出張準備に取りかかり、薬剤などの調達を急いだ。閏四月八日の項にこんな記述がある。

八日、諸品調ノ為メ歩行致シ三条河原ニテ近藤勇ノ梟首ヲ見ル

新選組局長近藤勇が、下総国流山で大久保大和と名乗って新政府軍陣営に出頭し、見破られて江戸の板橋の一里塚で首を討たれたのは四月二十五日。その場に三日間晒され、京都に運ばれ、この日から三条大橋南側の河原に晒されたのである。三条河原は野次馬などでごった返したという。だが首は三日目の閏四月十日夜、同志らが盗み出し、三河岡崎の法蔵寺に運ばれ、埋葬されている。寛斎の近藤に関わる文面はこれだけだが、どんな感想を抱いたものか。

閏四月十一日、寛斎に対して総督府より出発命令の沙汰書が出た。

今般三道ノ官軍大観察東下ニ付、銃隊百人随従可致旨《いたすべきむね》御沙汰候事。但大坂ヨリ乗船ノ儀ニ付、

明日午刻迄ニ三条家迄人数可指出候事

三道の官軍とは、大観察の三条実美のもとに配された東山道、東海道、北陸道を東へ向かう奥羽鎮撫の軍勢を指す。奥羽鎮撫総督府はじめ、奥羽追討平潟口総督府、同白河口総督府、会津征討越

後口総督府、東北遊撃軍将府があり、それぞれ総督に公家、参謀に主要藩の藩士が配されていた。

寛斎が配属された平潟口総督府は、総督が正親町公董《おおぎまちきんただ》、参謀が木梨精一郎（長州）と渡辺清左衛門（大村藩）の二人、軍監は伊藤源助（広島藩）と記録に残る。

こうして寛斎は、戊辰戦争の新政府軍方医師として、戦場に向かうことになる。これにより幕府や諸藩から長崎に派遣されて蘭医学を学んだかつての同志たちが、敵味方になって対立するのである。想像もできない変遷といえた。

第五章　戊辰戦争、戦雲の軍医

1868

上野の山の戦いで官軍医師に

阿波徳島藩の梯津守隊は一八六八（慶応四）年閏四月十七日、大坂から船に乗り、出立した。寛斎は隊付医師として同行した。軍防事務局判事の大村益次郎（長州藩士）も同乗した。寛斎が『長崎在学日記』に書き留めた村田蔵六その人である。前述の通り、緒方洪庵の適塾で西洋医学を学び、後に幕府の蕃書調所教授方手伝いから講武所教授方に。長州藩が呼び戻し、同藩の西洋学兵学教授から軍務掛となり幕長戦では総参謀として活躍した。医学と兵学に優れた人物として広く知られた。

寛斎と益次郎が初めて出会ったのは、この船上の可能性が高いが、確認する記録はない。

船は途中、台風に襲われ、難儀しながらも二十四日、江戸・品川に到着した。梯津守隊はただちに江戸城西の丸に入り、城周辺の警備に当たった。

江戸城はこれより早い三月十三、十四日、無血開城となり、四月十一日、新政府方に平和裡に引き渡された。それからまだ一カ月半しか経っていない。明治天皇は「五箇条の誓文」を発し、徳川慶喜はすでに水戸に引き揚げて謹慎し、徳川宗家は幼い田安亀之助（徳川家達）が相続し、駿府（静岡）七十万石を与えられていた。

だが会津藩の処遇を巡って奥羽諸藩は反発した。その動きを見据え、徹底抗戦を叫んで奥羽へ移動する旧幕臣の姿がより多くなった。

長崎で寛斎とともに学び、その後、幕府の歩兵奉行格海陸軍医総長と西洋医学所頭取を務めた松本良順も、江戸を離れて会津へ走ったという。良順の実父である順天堂の佐藤泰然は「武士には節度というものが必要だ。新政府の成立で政令が一本化するのはいいことだが、一日でも主君と仰いだ徳川家の滅亡に当たって、命を投げ出すのは当然」と断言した。その言葉通りの行動といえた。

「良順メースが――」

寛斎は天を仰いで嘆息した。知らず知らずのうちに、二人は対立する立場に置かれたとは。だが世相は恐ろしい勢いで動いていく。

閏四月十九日、奥羽二十五藩の家老が仙台藩白石城に集まり、仙台藩主を盟主とする奥羽列藩同盟を結成し、新政府の太政官に対して建白書を提出した。奥羽に一大反対勢力が生まれたのである。続いて北越の六藩が加盟し、同盟は三十一藩に膨らんだ。

徳川慶喜を擁護しようと、渋沢誠（成）一郎が天野八郎ら同士を集めて彰義隊を組織し、「薩賊追討」を叫んで結集し、浅草本願寺から寛永寺に移り、ここを本陣とした。慶喜は徳川ご三家の水戸徳川家の出身で、将軍になる前、一橋家を継いだが、渋沢はこの時から慶喜に仕えていた。

江戸城が開城になると、不満を鳴らす諸藩からの脱藩者や旗本たちが、続々と彰義隊に加入して、総勢二千にも三千にも膨らんだ。本陣の寛永寺を見下ろす上野の山はこれらの武士たちで溢れた。

本来なら、江戸の町人たちは眉をひそめるはずなのに、手を打って喜んだ。実は、江戸城に無血入城した新政府軍の武装兵士は、いずれも地方出身者で、勝者がよく陥りがちな権力を振りかざして威張り散らし、暴行や掠奪を重ねたので、江戸の町人たちから嫌われていたのだった。

そのためか、江戸の町はいつまでたっても治安が維持されず、騒然とした空気に包まれていた。

長州藩の大村益次郎は東征大総督に対して、彰義隊を駆逐しなければ安寧はないと主張し、彰義隊攻撃の指揮者に任ぜられた。益次郎は激戦になるのを承知して、野戦病院の重要性を考えた。司馬遼太郎は著書『胡蝶の夢』で、この時の益次郎の思いをこう書いている。


阿波からきている二百人についてはさほど期待をもっていなかった。ただ「阿波藩には、関寛斎がいる」ということで大村益次郎は注目していた。大村は大坂系統の医者ながら寛斎の名と経歴と実力をよく知っていた。


益次郎はこの段階で、戦闘により起こるであろう医療処置を寛斎に任せようとしたのである。医師の経歴を持つ者らしい判断だった。

五月十五日、益次郎は江戸市中に戦火が波及しないよう、綿密な防止策を徹底してから、午前十時、官軍である薩摩、長州、肥後、筑前、肥前、それに徳島など十数藩の藩兵二千を指揮して、彰義隊の本陣目がけて一気に攻撃を仕かけた。

上野の山は銃弾が飛び交い、随所に火の手が上がり、彰義隊はたちまち総崩れになり、逃げまどい、死者、負傷者が続出した。

上野の戦い

大村益次郎

西郷隆盛

寛斎の『奥羽出張病院日記』の「前記事」によると、寛斎は神田三崎町の講武所内に設けられた病院で、門下生の斎藤龍安らとともに、負傷者の治療に当たった。徳島藩の梯津守隊の「銃隊百人」が布陣したのは、病院となった講武所及び一橋から水道橋あたりにかけて。つまり寛斎は徳島藩兵に守護されて、負傷兵士の治療を続けたことがわかる。

寛斎の『家日誌抄二』には、こう見える。

十五日、五ツ時ヨリ砲声響《ひびく》、五ツ半時薩州唐谷勘助喉頭《いんとう》ヲ貫通サレ、戸板ニテ連レ来ル。引続キ大村藩宮原俊一郎（以下三人の氏名略）、長州藩田中平九郎（以下二人の氏名略）、薩州藩益満休之助（以下二人の氏名略）等手負イニテ入来ル。夫々《それぞれ》手当。

五ツ時は午前八時、五ツ半時は午前九時を表す。官軍方各藩の負傷兵が次々に運ばれてきた模様から、戦いの凄まじさが伝わってくる。

文中の薩州藩益満休之助は、西郷隆盛の密命を帯びて江戸市中を混乱させ、鳥羽・伏見の戦いを惹起させた人物である。益満はその後、幕府方に捕らえられて勝海舟のもとに幽閉されたが、官軍の江戸総攻撃を前に、幕府方の使者山岡鉄舟の案内役を務め、勝と西郷の会見を成功に導いている。

戦いが終結したのは午後五時ごろ。わずか半日で落ちたことになる。

官軍の指揮官の大村益次郎と薩摩藩の西郷隆盛は、戦勝を喜び合うとともに、寛斎の巧みな治療法を絶賛した。

戦火、奥羽へ飛ぶ

上野の山の戦いの夜遅く、寛斎のもとに三田の薩摩藩邸から「負傷者が多いので、手当てにきてくれ」と急使がきた。寛斎は配下の医師を連れて同邸に赴き、戦傷者に対して順次、外科治療を施した。治療は徹夜に及んだ。

負傷者三十六人の姓名が記されているが、その中の中村半十郎とあるのは〝人斬り半次郎〟と恐れられた中村半次郎、後の桐野利秋で、刀創を治療した、と記録に残る。

その見事な外科治療に感服した西郷隆盛が、寛斎に感謝の言葉を述べたと伝えられる。これがその後の官軍野戦病院構想、寛斎の野戦病院頭取抜擢へと繋がっていく。

翌日、薩摩藩から、前日の負傷者を横浜病院まで送りたいので、付き添ってほしいと要請がきた。寛斎は二十日正午、負傷兵らとともに船に乗り品川沖を出帆し、翌日、横浜着。すぐに西洋式の養生所へ送り込んだ。

ここで思いがけなく順天堂二代目の佐藤尚中（舜海改め）と再会した。長崎留学の仲間だけに、二人は混乱する世相を憂い、順天堂初代佐藤泰然への思いや、奥羽へ走った松本良順の決断などについてこもごも語り合ったと想像できる。

このころ旧幕府側に立つ奥羽越列藩同盟は、輪王寺宮を総督に迎え、新政府軍、つまり官軍に対抗する体制を整えていた。一方、宇都宮や今市、白河などで旧幕兵と官軍による激しい攻防戦が展開されていた。

六月八日、官軍の東征軍大総督より寛斎に急ぎの使者がきた。江戸城へ登城すると、奥羽追討参謀の渡辺清左衛門（大村藩士）から「奥羽出張病院頭取被仰付候事」の書面を手渡され、次の通り伝えられた。

来ル十一日乗船ニテ兵隊千人計《ばか》リ御出兵ニ相成候ニ付、（中略）銃創其余手厚ク用意向可《つかまつる》仕《べく》
而《よっ》ハ《て》（中略）門人一人召連度可成《なるべく》御用立候者ニテ仕度――

官軍約千人が船で出兵するので、負傷兵の治療に対応するため、門人を一人連れて参加せよ、わが国最初となる本格的な野戦病院を設けて、その病院の頭取、つまり院長に任ずる、との命令である。

順天堂の佐藤尚中も会津口に出陣し、出張病院を担当するという。

西洋医学はとかく軽視されがちだっただけに、寛斎は率直に喜んだ。だが旧幕府軍にいる松本良順と敵味方に分かれて戦うになると思うと心が揺れた。だが妙案とて浮かばない。戦場での負傷者は多かろうが、全力でその任に当たるだけだ、と覚悟を決めた。

奥羽出張病院医師記念写真（1868＝明治元年11月、東京写。關内幸介氏所蔵）

斎藤龍安

直ちに治療器具や薬品類を整え、門人の斎藤龍安、さらに増員して古川洪堂門下の中村洪斎を付属医師として、十四日、官軍の軍艦、富士艦に乗艦して品川沖を出帆した。房総半島を迂回して太平洋を北進した。九十九里浜を遠く見て通過する時、寛斎は感想を『家日誌抄二』に記した。

四ツ時（午前九時）、九十九里ノ予ガ産所ノ沖合ヲ通ル。事件ハ道中心中ニ両親ヲ思出ス。無程《ほどなく》銚子沖ニテ近ク狗若飯貝根等ノ汐干群集スルノ模様ヲ遠見シテ亦《また》昔日ノ事ヲ思出ス。暁平潟港沖ニ着船。

戦場へ向かう寛斎が、両親を、そして幼き日を思う文面だが、複雑な心境が見て取れる。船が常陸の平潟に着いたのは十五日明け方だった。
以下、寛斎の『奥羽出張病院日記』などを適宜用いながら、筆を進める。

念仏堂を隔離病棟に

六月十六日朝から、参謀木梨精一郎（長州藩）率いる官軍の平潟上陸が始まった。平潟は常陸国と陸奥国、つまり北関東と東北の境界線近くに位置し、東面に太平洋が広がっている。古代奥羽三関の一つといわれた「勿来《なこそ》の関」があり、その跡地に、源義家の和歌を刻んだ歌碑がある。

ここには磐城平藩の居城があり、藩主の安藤信正は幕府老中を務めていた。大老井伊直弼が桜田門外で討たれた後は幕閣の中心となり、和宮降嫁による公武合体策を推進した。だがそれが原因で、坂下門外の変で襲われ負傷し、老中を罷免、永蟄居に。ところが後継藩主が病身で磐城平を離れたため、隠居の信正が政務を執り、奥羽越列藩同盟に参加していた。

当然、磐城平城は攻撃の矢面に立たされた。

十七日朝、官軍の軍勢が一気に上陸して戦闘になり、平潟をあっという間に占領した。寛斎は上陸するなり、平潟村の地福院を野戦病院にした。ほどなく戦闘による負傷兵が四人、続けざまに運ばれてきた。すぐに医療処置が施された。関田、植田などで激しい戦闘が続く。

十八日、寛斎は木梨、渡辺両参謀と相談して、平潟に住む医師二人と川越藩の医師二人の計四人を付属医として採用し、隔日出勤と定めた。戦闘中に医師の勤務体制に休日を組み込むなど、当時としては考えられない発想だが、このあたり養父俊輔や長崎時代のポンペ医師の教えに基づく平和的、人間的思想に基づく決断であろう。

『奥羽出張病院日記』にはそれ以降、毎日、勤務当番の医師名が記されている。その後、医師や助手が途中で増員されたり、交替するなどの経緯もわかる。

戦いの最中、町中に伝染病が発生した。恐ろしい腸チフスである。寛斎は急遽、離れた場所にある念仏堂を隔離病棟にして、そこに病人を隔離した。

六月二十日の『病院日記』には、短く「念仏堂伝染病院トシテ開ク」と書かれているだけだが、蘭医学に通じた寛斎ならではの機敏な措置といえる。
戦いは泉、湯長谷、綴などに広がった。泉も、湯長谷も、徳川家の譜代で、陣屋が置かれていたが、怒濤のような戦火に巻き込まれた。野戦病院には負傷者が絶え間なく運ばれてきて、血の匂いが充満した。寛斎ら医師たちは負傷者を手術台に横たわらせ、手際よく処置した。
戦闘はますます激しくなり、兵士らは折り重なって斃れ、負傷者も増加の一途を辿った。六月二十四日を例にとると、次のように記されている。

六月廿四日　晴午時薄曇リ　当番（医師）中西玄隆　篠田本庵
一、佐土原藩谷山藤之丞、三浦十郎入院
一、植田村並大嶋村辺ニテ戦争トシテ手負人左之通リ入院ニ相成候
　備州藩大砲隊　石黒幸次郎
一、右大腿外ヨリ肉側ヲ貫キ　但シミニー丸傷　同藩遊寄隊　岡竹助蔵
一、左鎖骨前ヨリ打込尤モ丸ハ弾出□ニ相見へ　但シミニー丸傷　薩州拾弐番隊　堀孫六
（以下略、□は文字読めず）

文中の手負人は負傷者、ミニー丸はミニエー銃による弾丸を指す。この弾丸で多くの死傷者が出

平潟港

「勿来《なこそ》の関」跡にある源義家の和歌を刻んだ碑

たことがわかる。

翌日になると前日の負傷者はいずれも「全快無覚《おぼつかない》」状態になり、参謀の命で「本日三国丸出ニ付」「横浜へ差送リ」した。つまり横浜軍事病院へ移送されたのである。

敵も味方同様に治療

翌二十五日の『病院日記』に、次の記録が見える。

御使番ヨリ召捕人不快ニ付、付属ノ内罷越診察可致旨来状ニ付、小松秀謙儘罷出診察ニテ処置致候事

召し捕った敵兵の具合が悪くなったため、医師の小松秀謙（川越藩）が診察して処置したというもので、寛斎が頭取を務める野戦病院では、敵味方なく負傷者を治療したことを示す一文である。

六月二十八日、官軍は泉陣屋を奪い取り、一気に前進した。このため野戦病院は守備兵もないまま取り残された。そこへ仙台藩の軍艦長崎丸が砲撃しながら港口に迫ってきた。寛斎は町民を動員して、重傷者を戸板や馬に乗せ、背後の山中に移して難を免れた。この日、相馬藩が奥羽越列藩同盟を脱退し、降伏した。

七月一日、平城の攻防戦が始まった。戦いは連日続き、十三日、丘陵に建つ三階櫓の本丸を持つ平城が、猛攻を浴びて陥落した。

平城があったあたりは現在、「いわき市平字旧城跡」と呼ばれ、JRいわき駅（以前は平駅）を見下ろす場所に位置している。高台の「物見ケ岡」に立つと、清冽な空気が流れ、遠く戦いの音を聞く思いにかられた。

戦場は平潟から北に四里半（十四キロメートル）ほど離れた小名浜へ移り、ここもまた壮絶な戦いになった。『病院日記』の七月十七日の項には、こう見える。ちなみに江戸の呼び名が東京に変わったのはこの日である。

一、去十三日戦争之砌《みぎり》、手負人小名浜ヨリ送来　入院姓名左ニ

左鎖骨下ヨリ同側乳房下ニ通リテ滞丸切割シテ取出　但シ小銃丸　柳川藩　今村松次郎

左腹股合縫辺ヨリ同側　臀ニ貫ク　同　新中熊蔵

右大腿合縫ヨリ三寸許下ル処外側ヨリ肉ヘ貫ク小銃丸　同　加藤時之助

戦線が北上したので、平潟の野戦病院は閉鎖され、七月二十二日、小名浜に移った。小名浜は古くから漁港として栄え、泉藩の陣屋が置かれていた。

磐城平城下絵図（1789＝寛政元年）（有賀行秀氏蔵）

平城の石垣が往時を偲ばせる（福島県いわき市）

奥羽出張病院になった性源寺（福島県いわき市）

ここもまた激戦になり、泉藩陣屋はたちまち落とされ、死傷者が続出した。

『病院日記』には「入院病人〆九人、看病人四人、会計方下役両人」とあり、その後に「諸藩病院詰病人〆三拾六人、惣〆五拾弐人。舟八艘」とあるので、野戦病院はすぐに船で移動したことがわかる。病院の諸器具から食糧、寝具まで、大がかりな引っ越しであった。

戦闘があった小名浜は、現在のいわき市小名浜字古湊で、高台に備えられた陣屋は戦火で焼失し、いまは痕跡を残すのみである。

新たな野戦病院は、磐城平の長橋町の性源寺に設けられた。性源寺はもともと徳川家の朱印寺だったが、官軍である新政府軍に接収されたのである。性源寺は町を望む小高い丘にあり、開院してすぐ負傷者が運ばれてきた。戦場はすでに木戸、富岡方面に移っていた。

負傷した兵士のほとんどは銃弾によるもので、「ミニー」「弾貫ク」の文字が目立つ。七月二十八日の項にはこう記されている。個人の部分は三人のみ掲げる。

因州手負人都合三拾四人入院相成候。左之分河田佐久馬ヨリ廿四日出之書面添ニテ当表へ罷越居候分、今日入院ニ相成候。
因州藩　足立無事之助　右脛骨中央外側ヨリ腓腸へ　玉留ル切割シテ取玉　ミニー　入院後切入リ方ヲ施ス　然共緊張甚シク第二日目　膝下一円紫色ヲ現ジ所々水泡ヲ生シ全身勢ヲ発シ脱疽ニ陥ントスルノ恐レ有リ。第三日目ニ右至

「奥羽出張病院各藩入院姓名録」（関寛斎資料館）

性源寺墓所に立つ戊辰戦争戦没者の墓（福島県いわき市長橋）

「奥羽出張大病院蔵書」（福島県いわき市・暮らし之伝承郷）

同　芳原久之助　　テ分利ノ兆顕ル
　　　　　　　　右脛骨下辺少シク外側ニヨリ玉留ル。但シ六匁位
同　三谷弥平次　右足脛骨下辺前ヨリ後ノ下辺へ斜ニ腓腸へ貫ク　ミニー　八月十八日
　　　　　　　　死ス

因州は因幡国（現在の鳥取県）。負傷者が三十四人も出た戦いだから、死者も相当出たと推察できる。最後の死亡日は後日、書き足したものであろう。

同二十八日には奥羽出張病院から村々に命令が出て、上小川村から食糧として鶏五羽が供出された。ほかに米や豚肉などを供出した記録も残っており、食糧の調達に躍起だったことが伺える。

戦火、二本松、会津へ

戦火は日を追って拡大した。病院の出費は想像を絶した。寛斎は急ぎ諸藩に対して「看病人壱人ツヽ付添候上ハ右看護人ニテ世話可為致候事」と通達を出す一方、総督府に宛てて「病院当用金払底ニ付、金三百両也請取候間――」と便りを出した。

前段は諸藩への看護人一人の派遣、後段は総督府への資金三百両の要求である。

戦場は三春を越えて二本松へと北上した。七月二十九日は総攻撃があり、その日のうちに二本松

奥羽出張病院の幟（旗）

城は落城している。二本松少年隊が壊滅されたのはこの戦いだ。八月十日の『病院日記』には、

今日二本松攻撃之手負人芸藩十六人、送来入院相成候分左ニ記ス

として、負傷者の氏名が連記されている。文中の芸藩は安芸（広島）藩を指す。文面から負傷者は十日余も経てこの病院へ運ばれたことがわかる。

この時期の八月一日、参謀の木梨精一郎が三春口から磐城平の長橋の野戦病院を訪れた。寛斎はすかさず、木梨に対して病院の観察担当者を配置してほしい、と頼んだ。病院経営のあり方を正しく見る目が必要、と感じたのであろう。

この日、参謀の承認を得て、夜中の目印として、朱菊の紋入りの幟《のぼり》が病院に立てられた。現存する「奥羽病院」の幟（旗）である。これはいわき市在住の関寛斎研究家、關内幸介氏の調査による。同氏は寛斎が野戦病院を長橋に置いた時の民間協力者、關内半兵衛と小野亀七の玄孫に当たる。

この關内幸介氏から、思いがけない話を聞いた。野戦病院頭取である寛斎が、戦いの最中も灌水、すなわち水浴びを励行していたというのである。

「寛斎先生は病院滞在中、近傍の高台から湧出する泉水で灌水されたと推定できます。小野亀七の孫の甚三郎(半平)の妻、トクは私の高祖母に当たり、八十五歳まで長生きしましたが、法号を灌法院良潤妙徳清大姉といいます。寛斎先生が勧めた灌水の徳を表したものと考えています」

寛斎は二十五歳から灌水、水浴びを日課としていたのはすでに述べたが、それが野戦病院にも持ち込まれ、その影響を受けた地元の人々までが灌水を励行していたことを示すもの、というのだ。

ちなみに寛斎が出雲須賀川で灌水した折りに詠んだ和歌が残っている。信仰に裏付けられた強固な意志を感ぜずにはいられない。

ふり積る　しけき埃をかきわけて　神のむかしの奇き跡見む

八月に入り、入院患者は百五十人を超えた。患者には豊富な栄養が必要なので、食糧が欠かせない。しかもほぼ付添い人が同数近くいるので、医具や薬品だけでなく、その分の食糧を用意しなければならず、寛斎らを悩ませた。

会津戦争が始まり、越後口の出張野戦病院にも負傷者が運び込まれてきた。ここの院長はイギリス人医師で、治療する対象者を何かと差別した。その院長の元で働いていた福井藩の医師は、松本良順の門弟で寛斎の後輩に当たる人だったので、考えの相違から院長と衝突した。「医術の対象は病気そのものであり、患者の身分、階級、政治的立場などのいかんを問わない」とする教えは、ポンペの教えそのものであり、院長のやり方を許しがたいと見たのだ。それを伝え聞いた寛斎は、福井藩の医師を讃え、イギリス人医師を激しく批判した。

『家日誌抄二』の八月十四日には「膿疫症自ラ悔ルノ記」と題して、次の文章を書いた。戦場においても医師としての心構えを失ってはならぬという思いを、反省をこめて記したもので、この外国人医師の言動にも関わっている、と見たい。

患者の清潔を保つべきと主張する前段の文面を省略して、患部の処置以下を記す。

患所ノ処置ハ痍《きず》ノ四囲ニ深ク截入方ヲ骨部ニ至ル迄施シ、貯留液アラハ十分ニ泄《しみ》ラシ、但シ痍《きず》ノ形況ニ依テ多少ヲ限リ、但シ十分ニ胆ヲ放テ行フ事必要ナリ。（中略）右ノ処置ヲ行フテヨリ多ク生路ヲ開キ万死ヲ挽回シテ一線ノ活路ヲ得ル事ヲ覚ヘタリ。嗚呼、此ノ処置ヲ早ク施ス事得ナバ、予カ療スル処三百人許《ばかり》ノ内、二十三人ノ死モ其ノ半ヲ減スルコト有ラン乎《かな》。往事ヲ顧ミテ大嘆息ノミ。

寛斎の『病院日記』にはこのように、自分の思いのほか、負傷者の状況、病院運営に関するもの、例えば医師への月給や諸藩からの寄附金、農民から病院へ寄付された作物まで、細部にわたり書かれている。

戦火やみ、寛斎、龍安、休む

籠城戦を戦っていた会津藩が一カ月を経て八月二十二日に降伏し、庄内藩も翌日、恭順の意を示して、奥羽戦争は終焉を遂げた。この報はいち早く、参謀を通して寛斎にも伝えられた。だが戦いは終わっても負傷者は減らず、相次いで運ばれてきた。寛斎は医師らを指揮しながら、治療を続けた。

この時期、長崎でともに学び、幕府の海陸医総長だった松本良順は、官軍に横浜で捕らわれて江戸に送られ、本郷の加賀藩邸で幽閉中だった。良順は早々と奥羽に走り、会津藩の軍陣病院長として傷病兵の治療に当たった。籠城戦の最中に長岡へ赴き、長岡城奪回戦で負傷した同藩家老の河井継之助を診療した。だが河井はすでに手遅れで戦病死した。

寛斎は、不思議な歴史の変遷により、良順と敵対する立場にあるのを実感し、胸が痛むのを覚えた。

寛斎の野戦病院は戦いは終わっても、入院患者がいる限り、忙しさは変わらない。体調が急変する者もいて目が離せないのだ。そのせいか、寛斎もさすがに疲れ果て、弟子の斎藤龍安と同時に休日をとった。『病院日記』にはこう記されている。

八月二十九日　快晴

昨日ヨリ寛斎不快ニ付、今日迄休息並ニ龍安不快ニ付、八月廿七日ヨリ下宿へ引籠リ休息仕居候

寛斎も龍安も、三日ほどして体調が回復し、病院に戻って患者の医療に没頭した。「外院平病人記録」には、負傷した藩士らに混じって、町人の名前が数多く記されている。戦争に巻き込まれて負傷した者だけでなく、持病に悩む地元の町人にまで医療を施している。「人間の命に軽重はない」とする寛斎の姿勢を垣間みることができる。以下にその一部を掲げる。

五拾八番　高萩村　青吉　九月二日
一、砒石一瓦　茯末合ヒ弐ツ右十日分　三十帖ニ分チ
五拾九番　高崎村　松次郎　同日
一、甘汞《かんこう》(塩化水銀)一瓦　実芰多利《ジギタリス》三瓦　甘草末一合ヒ三包ニ分チ　右一日分　水銀羔壱具
六拾三番　鶴屋　定之助　同日
一、キコウ散六
六拾四番　かじ町　弥五郎　三日

一、搖那三瓦　吐コン二瓦　右五包
六拾五番　御厩村　伝重妻　四日
一、コロクス一分　金黄一瓦　甘末　右一日ノ分量

この記録の最後の日に当たる九月四日、大村益次郎から野戦病院名を「平大病院」と呼称するよう命令があった旨、記されている。
九月七日の項には、負傷して運ばれた敵軍の降伏者に関わる文面が見える。

高橋杢之進　七月十三日当城落城之節、右足蹠背後関節ノ辺ヨリ斜ニ内側ニ貫ク。ミーニー。
右降伏之者ニテ実効相顕手疵負《てきずおい》候條、精々療養被仰付候間着院ニ候得共、万端御定《ばんたんおさだめ》ノ通リ取扱可被申《もうすべき》候事。

敵兵を治療した記録は、前述のものと合わせて二件のみだが、実際には治療しながら記載しなかった例もあったと思われる。負傷した者は敵も味方も区別なく治療するという、寛斎の「医をもって世を救う」「医は仁術」の思想が、ここでも実践されたのを知ることができる。

戦火が止み、引き揚げが決まり、性源寺に設けられていた野戦病院が閉院されることになった。『病

院日記』によると、六月十七日の開院から八月末までの病院の「惣賄高」として、患者人数は一万二千二百五十二人。入院数は二百七十三人。うち全快出兵は五十三人、本病院の横浜行きは九十三人。死去二十三人。残り百三人は入院中、と記録に残る。

また陸別町郷土資料の『寛斎日記　奥羽出張病院日記を中心として』（陸別町教育委員会）によると、奥羽出張病院の医師は寛斎以下医師、職員などは十人、付属医は斎藤龍安ら二十五人、現地協力医師は十九人、薬問屋は四店、とある。

最初の野戦病院が設けられ、最後の性源寺内の病院が閉じられるまでの七十五日間を単純に計算すると、毎日負傷者が百七十人ずつ運ばれ、三人以上が入院した。死者は三日に一人ずつ出た、ということになる。

引き揚げに見送りの列

寛斎は閉院と同時に、入院中の患者を出身諸藩に引き取らせる手配をした。同時に、野戦病院の経営に携わったり、応援してくれた性源寺はじめ医師、助手、看護人、町人らに応分の謝金や褒賞金を与えて、その結果を参謀木梨精一郎に報告した。

この間の九月八日、慶応が明治に改元された。

引き揚げが始まる直前の十月一日夕、寛斎は神が宿るとされる赤井岳に登った。険しい山道を息

寛斎が万灯を見た山上に建つ常福寺（福島県いわき市）

を弾ませて登る。日はいつしかとっぷり暮れた。山腹に建つ常福寺に近づくにつれ、読経の声が流れ、地元の人たちの掲げる万灯が、神秘な光を放ちながら小さく揺れていた。寛斎は、得も言われぬ光景に、思わず合掌した。

引き揚げの一番隊が帰途についたのは十月二十五日。最後まで引き取り手が来ず、残された患者六十人余りは四つに分けて護送することにした。二、三番隊に続いて、最後の四番隊が出立したのは二十九日。寛斎以下医師十二人、負傷者六十人、看病人五十二人、合計四百二十六人の大集団である。

性源寺を出立した四番隊の一行が、新川に架かる尼子橋を通過する時、平潟の人々は感謝の言葉を大声でかけながら見送った。思えば、この人たちも知らず知らずのうちに賊軍にされ、戦いを挑まれたとはいえ、勤皇の立場を崩したわけではない。望まぬ戦いだったのだ。だから寛斎ら医師団の献身的な動きに率直に快哉を叫んだといえる。

寛斎らが引き揚げ時に渡った長橋「尼子橋」（福島県いわき市）

橋のたもとに立つ「みちのくの……」の句碑（福島県いわき市）

寛斎は『私記』にこう記した。

長橋町関内ヨリ長橋行キ過キ一町斗《ばかり》見送リ呉候。人ニテ引続候。

一町は約九十メートルだから、沿道を埋めた見送り人たちの姿を想起することができる。

最後の野戦病院になった性源寺は、戊辰戦争後の一八七〇（明治三）年に発生した平町の大火で焼け、資料などもすべて焼失したが、その後、再建された。いわき市平字長橋町二三に現存する。本堂には戦闘を表す絵図や資料が掲示されており、境内には「奥羽出張病院跡」記念碑が建っているほか、戦死者、戦病死者の墓もある。寺の山門は、平城の裏門を落城後に移築したもの。分厚い扉に残る弾痕が激戦を偲ばせる。

尼子橋は杉の木で作られた大橋で、長さ百間余り（約百八十メートル）にも及ぶ。長橋の名で親しまれ、江戸から陸前浜街道をきた人は、内郷の小島村からこの橋を渡って平の長橋村に入った。

橋下を流れる新川は小さな流れで、尼子橋の九割が眼下に広がる水田を跨いで延びており、「みちのくの尼子の橋や稲の上」という句まである。一七八九（寛政元）年に描かれた「磐城平城下絵図」（いわき市平町、有賀行秀氏蔵）にも見える。一八七七（明治十）年に架け換えられ、いまは鉄筋コンクリート製に変わって少し短くなったが、名橋であることに変わりがない。

長橋を越えた一行は、常陸国土浦まで来て一泊した。翌朝、出立しようとすると、寛斎に駕籠が用意されていた。大名級の扱いである。寛斎は断ったが、町役人は応じず、やむなく乗った。すると駕籠かきが動きだすと「下にぃ、下にぃ」と声を出した。

寛斎は『病院日記』に照れながら記した。

不図《はからずも》下ニ、下ニト町同心ノ触立《ふれだち》ノ声アリ、恥入《はじいり》候。

土浦は霞ヶ浦西岸の町で、古くから土浦藩の城下町として栄えた。現在の茨城県南部の町で、湖上交通の要地としても知られる。

駕籠が辿ったこの町を歩きながら、寛斎の照れた表情を思い浮かべつつ、その一方で、官軍の野戦病院長まで手厚くもてなさねばならなかった、将軍家譜代の小藩の苦渋を察するのだった。

第六章　典医を辞し徳島で開業

1868–79

徳島藩の医学校長に

寛斎が船で東京（江戸を改称）の品川に着いたのは一八六八（明治元）年十一月八日。東京の大病院に傷病兵全員を引き渡し、十一日には大本営に赴き、大総督の有栖川宮に拝謁した。続いて大村益次郎に宛て辞職願いを提出した。すでに冬の季節になっていた。

ここで寛斎は思いがけない動きをする。会津藩に加担したとして逮捕された松本良順の釈放運動に動き出したのである。『家日誌抄二』の同年十二月八日の項に、次の文面が見える。

松本良順被召捕《めしとらえられ》候ニ付段々心配、緒方氏トモ相談シテ刑法局中島五位江懸合置《かけあいおく》

良順が逮捕され、心配して緒方という人物と相談し、刑法局の中島五位にも掛け合ったという内容である。緒方とは大坂の医師、緒方洪庵の息子惟準（旧名平三）で、良順の門弟という形でポンペに学んだ、寛斎と同学の人物である。惟準の妻は順天堂の初代、佐藤泰然の次女キワの娘、つまり孫娘に当たる。また中島五位とは、先に触れた足利将軍木像梟首事件で捕らえられ、徳島城内に長く閉じ込められていた中島錫胤で、後の男爵、貴族院議員である。偶然とはいえ、意外な巡り合わせを感ぜずにはいられない。

それはおいて、寛斎の行動は新政府を驚かせたはずである。退職などせずに黙っていれば、栄光のポストが転がり込んでくるはずなのに、それを捨てて逮捕者の釈放に乗り出したのである。寛斎が良順をいかに気にかけていたかを示すものだ。

暮れも迫った十二月十七日、寛斎は徳島へ戻るため品川からアメリカ所属の飛脚船に乗り、出帆した。だが逆風に叩かれ駿府の清水港に到着。風が収まるのを待って再び出帆し、徳島の小松島港に到着したのは二十日夕。妻子の待つわが家に戻ったのは同夜遅く。寛斎は、妻アイや、大きくなった子どもたちと抱き合い、無事を喜び合った。

帰郷した寛斎は阿波徳島藩主蜂須賀茂韶に対して、戦争になると蘭医が多数必要になるとして、戦争体験を踏まえた軍陣医学と医学教育に関わる意見書を提出した。内戦はまだ起きるという思いを捨てきれなかったのである。

ちょうどこの時期、旧幕臣の榎本武揚が軍勢を率いて蝦夷地に侵攻し、箱館・五稜郭を奪い、松前藩をも鎮定して、蝦夷島臨時政権を樹立していた。榎本の妻多津は先に触れたように佐藤泰然の孫娘で、父は医師林洞海である。この榎本の蝦夷島臨時政権には、緒方洪庵に学び、将軍慶喜の典医を務めた高松凌雲がいた。凌雲もまた薩長の新政府のやり方に怒りを募らせていたのである。

そんな中、新政府は新たに大学東校（後の東京大学医学部）を創立して、日本の医学をドイツ医学に大転換させたのである。これにより寛斎らが学んだ蘭医学は、時代遅れといわれるようになっていく。

慌ただしく一八六九（明治二）年を迎えた。寛斎四十歳。徳島藩内に西洋医学校を建設する話が持ち上がり、一月早々、後継藩主の茂韶は寛斎に対して医学校及び付属病院の設立に伴う準備を命じた。

同じころ、維新を成し遂げた薩摩、長州、土佐、肥前の四藩が、率先して版籍奉還を上表した。版とは版図、すなわち領土、籍とは戸籍、人民を指す。王政復古により、これまで藩主が預かっていた領土と人民を、朝廷に返上するとして差し出したのである。

これを見た諸藩は、雄藩を真似て競うように版籍を返上した。藩制が音をたてて崩れていくのを人々は呆然と見ていた。

徳島藩主の茂韶も、七月十一日付で「版籍返上ノ上　徳島藩知事被蒙仰旨付被仰出、其外品々有之候」と、版籍奉還を願い出た。

朝廷は上表が出そろったのを見計らって、版籍奉還の願意を聴許し、代わって旧藩主をその藩の知事に任命する沙汰書を出した。藩知事という名の経過措置で、政治を中央集権とする布石の第一歩である。

版籍奉還を行った日、藩主は大変革により自分が藩知事になったこと、そして藩士や医師の禄制が改められ、士族・卒の呼称が定められたとして、寛斎に対して、「今日ヨリ五人扶持、拾石ニ減禄ニ相成候」と伝えた。

寛斎の待遇がこれまでの二十五人扶持から、五人扶持十石に減らされたのである。その一方で藩主は、徳島藩に西洋医学病院を設置し、医学校を新設するとして、寛斎を院長兼二等教授に任命した。

寛斎は医学校建設をいかに進めるべきか、実地を視察、調査するため早速、大坂医学校を訪ねて、緒方惟準らに会い、実情を聞き、指導を受けた。

夏になり、太政官より戊辰戦争の功績を讃えて寛斎に百両が贈られてきた。思いがけない知遇に寛斎は感激した。そんな時、兵部大輔に任ぜられた大村益次郎が京都の旅籠で刺客に襲われ、亡くなったという悲報が伝わってきた。新政権誕生に絡む揺り戻しとでもいうべきか。薩長閥政治への不満が高まりだしていた。

関家の家庭内では五男の末八が誕生したと思ったら、次女のコトが病にかかり、わずか二歳で亡くなった。その反面、東京にいる長男の生三が東京医学校に入学した。後の東京大学医学部である。そのたびに関家内は喜びと悲しみが交錯した。

医師としての決意

一八七〇（明治三）年の元旦を、久しぶりに一家そろって迎えた。寛斎四十一歳、アイ三十六歳、長男生三は十七歳、長女スミ十三歳、次男大介十一歳、五男末八が二歳、の六人家族である。

寛斎は病院視察のため、家族を残して和歌山、大阪（大坂から改名）、名古屋、静岡などの病院や医学校を訪れた。これまでの視察の結果、緒方惟準が営む大阪の医学校に強く惹かれた。教授や医学生たちのひたむきさに、これぞ医師の道と感じたのだった。

このころ寛斎は自らの人生を振り返りながら、『家日誌抄三』にこんな文章を書いている。


医ハ仁術ニシテ人ノ性命ヲ司ル事実ニ軽カラサル業也。然ルニ近世繞薄《じょうはく》ニシテ病ヲ救フニ誠致ノ心乏《とぼしき》敷者往々有之候。自然人命ヲ重スル道ニ無キ慨嘆ニ堪サル事ニ候。依テ其職ニ居者、並ニ其業ヲ学ノ徒、至誠惻怛ニ本キ軽薄ノ風習ヲ去リ厳ニ学科ヲ立、平時ノ療用従軍ノ治術薬品器械ニ至ル迄精密講究シ、固陋狭隘《きょうあい》ノ弊ヲ除キ、日新開化ノ術ヲ勉励シ、人ヲ寿域ニ躋ス道此ト可相心得事

最近は医学が人命を救う重い道とも知らぬ軽薄な医師や医学生が多い。医師や医を学ぶ者は、平時はもとより、従軍の治術や薬品、器械まで厳しく学ぶべきだ、という内容である。

各地の病院や医学校を訪ね歩いて得た率直な感想でもあろうが、命がとかく軽んじられていたこの時代だった。人命こそ大切と説き、戦場で負傷者の命を守るために必死に働いた体験に基づいた、重い言葉といえまいか。

この病院視察の時と思われるが、寛斎は和歌山藩の権少参事になった浜口梧陵を訪ねている。梧陵の日記「庚午之記」に見える。この日記は一八七〇（明治三）年元旦から二十九日まで一カ月だ

けの記録で、梧陵が書いた唯一の日記とされるが、その中の十日の項に寛斎の訪問が記されている。この時、梧陵は、和歌山藩の権少参事のほか有田、名草両郡の民政局知事を兼務し、多忙を極めていた。

十日丁丑　朔風《さくふう》燐列《りんれつ》、（中略）十一字帰在。元吉久喜児付着。即刻出局、日高参事来。此日局務粗繁。夜に入大局。不在中竹内、板原、中村出府。山田治衛来。北村老婆凶信達す。関寛斎在所へ来。大雁一隻郷より達す。繁兵衛使、いよ、酒屋、霞峰父子書信及雲安潔占達す。

文中の元吉は書生の崎山。竹内、板原、中村は有田郡の役人。山田は村人か。いよは梧陵の義妹。酒屋は梧陵の生家である分家・七右衛門の通称、霞峰父子は垣内太七郎親子、雲安は出雲の画家の横山仲祥を指す。

「夜に入大局」は、夜になって大忙しいの意味だから、寛斎が「在所へ来」た時はその最中だったのであろう。ここで寛斎と梧陵は何を語り合ったのか。想像するほかない。

日記をめくっていて、梧陵の交際範囲がよほど広かったものと判断できた。例えば八日の項には「陸陽子へ贈春慶所を裁す」とあり、これは陸奥陽之助、後の宗光との交流を指すし、十一日の項には「世界国尽新著福沢より達。晩砂廊へ伺、公召に応ずる也」とあり、福沢諭吉から『世界国尽』を贈られ、和歌山城内砂の丸御殿へ赴いていることがわかる。想像を超えた広範な行動ぶりが読める。

六月になり、淡路島の洲本城下で騒動が起こった。洲本は阿波徳島藩の分藩で、洲本城は家老の稲田氏が代々治めていたが、戊辰戦争が勃発した時、本藩と別行動をとったため対立し、藩籍奉還による藩士の族制改革に絡んで、分藩独立運動事件に発展した。

これは本藩が藩主逝去などで動揺している時、分藩は積極的に官軍方について動き、本藩の名誉を保った。それなのに族制改革では分藩の洲本の俸禄は本藩の十分の一と伝えられ、本藩に対する暴動が起こったのである。「稲田騒動」と呼ばれる。

この事件で負傷者が多数出たため、寛斎は急遽、医師ら七人とともに洲本病院に赴いた。『家日誌抄三』には、

十九日、右七人傷人為手当、洲本ニ被指送《さしおくられ》、今日乗船可仕候。此度洲本江罷越候上ハ、総テ病院内御委任被、仰付旨主事ヨリ被達候、依テ夫々申聞且分科相定置
二十日、四ツ時着。藩庁ニ出勤、七ツ時是迄手当致モ候仁、懸合ニテ傷者一同診察
二十一日、伴参事江懸合ノ上、傷者請取、院内一洗シテ清浄ト為ス。布団浴衣等迄渡シ相成頗ル繁。二十二日迄ニ出来、二十五日出立ニテ帰着

とあり、以後も洲本病院主任として駐在している。そんな最中の二十五日の項には「斬罪人五人ヲ見ル」とあり、騒動を起こした責任者が処刑されたことを伝えている。

この「稲田騒動」により、淡路洲本は阿波徳島の本藩と分離されて兵庫県の管轄に移され、家老で洲本城主の稲田邦植は北海道静内郡移住と色丹島支配を命じられる。家臣団は一八七一、七二（明治四、五）年に分かれて北海道へ向かうが、移住の船が紀州沖で難破するなど苦難の道を辿ることになる。この経緯は映画『北の零年』に見える。

寛斎が長く用いた名を寛《ゆたか》と改めたのはこの直後で、文書類に「黒崎村士作人、関寛」と表現されている。文字通り、士作人になったのである。だが本書は、引き続き寛斎で通すのでご承知願いたい。

胴上げ事件で謹慎

版籍奉還に基づく改革の波紋は当然、阿波徳島の本藩にも及び、藩士の俸禄を大幅に削減し、その代わりに全員を官員とし、等級に応じて官禄が支給されることになった。ところが医官だけは差別され、官禄は支給されなくなった。

寛斎は医官の不満を代表して、県庁の伊吹小参事に対して同一待遇を要求した。だが伊吹は認めず、逆に「上司に強談判するとは不届きである」として、寛斎に七日間の謹慎を申し渡した。寛斎は黙って謹慎した。

一八七〇（明治三）年十一月一日、待望の医学校が落成し、式典は藩庁から小室信夫大参事と伊吹小参事が臨席して行われた。祝宴に移り、酒が少し回りだしたころ、寛斎が突然、立ち上がり叫んだ。

「諸君、これより祝意を表すため、伊吹小参事の胴上げを始めます」

その言葉に促されて、医学校の職員たちがいっせいに伊吹の側に駆け寄り、抱き上げて、わっしょい、わっしょいと叫びながら宙に上げ、最後に高く放り上げて、床にどすんと落とした。

怒った伊吹は寛斎を藩庁に呼び出し、叱責した。ところが寛斎は、

「胴上げは上官に対する祝意の表現で、他意はない」

と平然と言ってのけた。伊吹はますます怒り、寛斎を即時免職にし、謹慎百カ日の処分を命じた。

『家日誌抄三』の十一月二十八日の項にこう記されている。

　其方儀、去ル朔日ヨリ病院開局ノ節、官長ニ対シ不都合ノ及挙動候段、不心得ニ付職務指免、
　謹慎申付候事

朔日は月初めの一日を指すから、落成式の日の不都合な挙動に対する処分というわけだ。

ところが年明け早々の一八七一（明治四）年一月初め、兵部省から寛斎を出仕させるよう通達がきた。藩庁は慌てて「関寛斎差出ノ儀差支有之《さしつかえこれあり》」と回答した上で、急遽謹慎処分を解除して、一等教授、病院長に任命しようとした。だが寛斎は応じず、動こうとしない。これを知った医学校の

職員らは手を打って喜んだ。

家庭では妻アイが三女を出産した。五男の末八が生まれた時、「末」と名付けたのに、また生まれてくれたかと、寛斎は表情を緩めながら「トメ」と名付けた。

そんな喜びの中、養父俊輔が亡くなったと伝えられた。寛斎は愕然となった。なお養父の命日については「関素寿之碑」に「明治三年没」とあり、二説が存在する。

寛斎が重い腰を上げて、東京の兵部省に赴いたのはその年十二月五日。すぐに十一等出仕を申し付けられ、海軍病院の水兵本部出張医局勤務になった。野戦病院の院長経験者の処遇とは言い難いが、寛斎は何も言わなかった。

一八七二（明治五）年二月に、兵部省が廃止になり、陸軍、海軍の両省が置かれた。折しも軍医制度が整備され、死一等を減じられて民間病院の院長をしていた松本良順が、陸軍大輔の山縣有朋により採用され、軍医頭としてそのトップに立った。

良順は寛斎に対して、ぜひ協力してほしいと伝えてきたが、寛斎は首を縦に振ろうとしなかった。実は、寛斎には取り組まなければならない年来の大きなテーマがあった。全国的に蔓延し、亡国病とまで恐れられている花柳病を防ぐため、検梅法を実現させたい、その手始めに、兵士を対象に実施し、この病気から守ろうと考えていたのである。

ところが寛斎が海軍省に提出した検梅法実施に関する意見書を、同省幹部は時期尚早として拒否したのである。目標を挫かれた寛斎はその場で辞職を提出し、受理された。わずか四十日間の海軍省勤めだった。

なぜこんなに易々と辞めたのか。その原因に、薩摩、長州出身官吏たちの横柄な態度に、腹を立てたことが挙げられる。人命こそ大切であるという最も大事なことを見抜けず、ただ威張り散らすばかりの新政府官吏たち。良順には申し訳ないが、この際、見切りをつけ、別の方法で自分の主張を発表しようと考えたのである。

寛斎はすぐに雑誌『新聞雑誌』にその主張を掲載して、世論に訴えた。

先ヅ都下ニ於テ仮リニ左ノ通リ御開ニ相成
吉原、新宿、品川
右三ケ所ニ於テ有来ノ寺院病院ト為シ、且ツ娼妓ノ陰門検査所一局ヲ備ヘ、梅毒アルニ於テハ、直チニ病室ニ入レ、法ヲ設ケテ門外ニ出ルヲ禁ジ、親シク施療シ全癒ノ後、検査ヲ経テ初テ我家ニ帰ルコトヲ許ス。

この文章は多くの読者を驚かせ、震え上がらせた。事実、この病は防御する薬品もなく、死を待つばかりで、亡国病とまでいわれた。いや、世界各地でも同様の恐怖が広がっていたのである。

この時、思いがけなく、長崎時代の旧友、司馬凌海が現れた。『七新薬』を著した同志である。凌海は大学東校の教授をしており、「山梨病院長になって検梅法を実施してはどうか」と勧めた。

山梨病院長なら官への逆戻りになるが、折角の旧友の厚意を無駄にしたくない寛斎は、一年間の期限付きで了承した。

家族を徳島に残したまま、単身山梨に移った寛斎は、それまでの病院の建物を廃して、山の手役所跡に新しい病院を開設した。一般患者の診療をするかたわら、週に一回、検梅制度を用いて患者の診療、治療を施した。また上野原駅へ医院を移して梅毒検査を実施した。寛斎の患者に対する適切な治療により、多くの人が病から救われることになる。

寛斎はそれだけでなく、医学生の教育、村医師の指導を行い、産婆（助産婦）や針医、薬屋の指導・取り締まり制度を確立した。また出張所を十カ所余り設けて種痘を実施するなど、意欲的に働いた。

この最中に、恩師の佐藤泰然が亡くなったとの悲報が届いた。寛斎はありし日の姿を偲びつつ、熱い涙を流した。

在職中、思いがけない人物が訪れた。奥羽戦争の時、寛斎を助けて診療に従事した門下の医師の斎藤龍安である。龍安は、蝦夷地が北海道と名を変え、開拓使により石狩大府建設が始まった一八六九（明治二）年暮れから、医療活動に携わってきた。会話の中で、「稲田騒動」を引き起こした徳島藩淡路稲田家の家臣らが、開拓が始まったばかりの北海道日高の東静内に入植したという話を耳にした。

「北海道か――」

寛斎は思わずつぶやいた。胸に何かが弾けるような気がした。

約束の一年間の任期がきて寛斎は、後事を託して徳島へ戻った。世間的な栄達など求めない寛斎の潔さに舌を巻く思いだが、真の姿を見せるのは、これから先のことだ。

灌水法の教え

一八七三（明治六）年七月、徳島に帰った寛斎は、早速、斉裕が眠る万年山墓所を訪れ、墓石にとつとつと語りかけた。

「殿が逝かれてもうすぐ七回忌。わしはここで医者の道をまっとうしたいとは思うのだが――、それを通せるか否か」

以来、寛斎はことあるごとに墓前を訪れては、墓に語りかけたという。

この間に寛斎は「五人扶持支配十石」の家禄と士族籍を奉還した。いつまでも旧禄に頼ってはいられない、との思いからで、これにより元の百姓の身分に戻ったのである。阿波徳島藩内で、家禄、士族籍を奉還したのは寛斎とほかにもう一人だけ、という。

この時期、寛斎の恩人である浜口梧陵が、家業をしながら和歌山県大参事に就任した。後に同県会議長を務めることになる。

寛斎はほどなく城の鷲の門外の住吉島（村）百番地に家を借り、医院を開いた。東長屋と表記する書物もある。人々はかつての典医がやってきたと知って、目を疑った。

寛斎は翌一八七四年、城の東側に位置する徳島の裏ノ丁の南側の一角を買い求めた。東角の「士族長屋二十八番ノ二」とある。ここに移住して住宅兼医院として開業した。医院のほかに医学生を教育する家塾も設けた。

医院の玄関の右手に生垣が延び、左手に長屋が続いている。玄関に入ると直ぐ右手に入院患者の部屋があり、左手が広い診療室になっている。隣に薬局が置かれ、続いて寛斎の居間、奥にアイの居室。向こう側に広い居間と応接室、奥には書生たちの居間がある。廊下を隔てて半洋式の部屋と、子どもたちの勉強部屋、寝室が置かれていた。

診療室と寛斎の部屋の前は広い庭になっていて、クリの木やビワの木が茂り、池には魚が泳いでいた。裏手に炊事場、湯殿（浴場）が、少し隔てて味噌、醤油の納屋、米蔵などが並び、ニワトリ小屋、ナシの棚、それに野菜畑があった。

家族は、夫婦と長男生三、長女スミ、三男周助、三女トメと、一八七四（明治七）年に生まれた六男餘作がいたが、この間に次女コト、次男大介、五男末八の三人を幼くして亡くしており、いまは七人暮らし。生三は順天堂で学んだ後、佐藤尚中（舜海）が出向していた大学東校に学んでいたが、肺を患い、寛斎が山梨病院長だった時に父の元で療養。回復後、再び大学東校の後身である東京医学校に再入学していた。

古地図を見ると、寛斎の家は旧坪内家と旧井村家の二軒分を所有していたことがわかる。宅地の面積は二反五畝。坪に直すと七五〇坪。ざっと二五〇〇平方メートルになる。

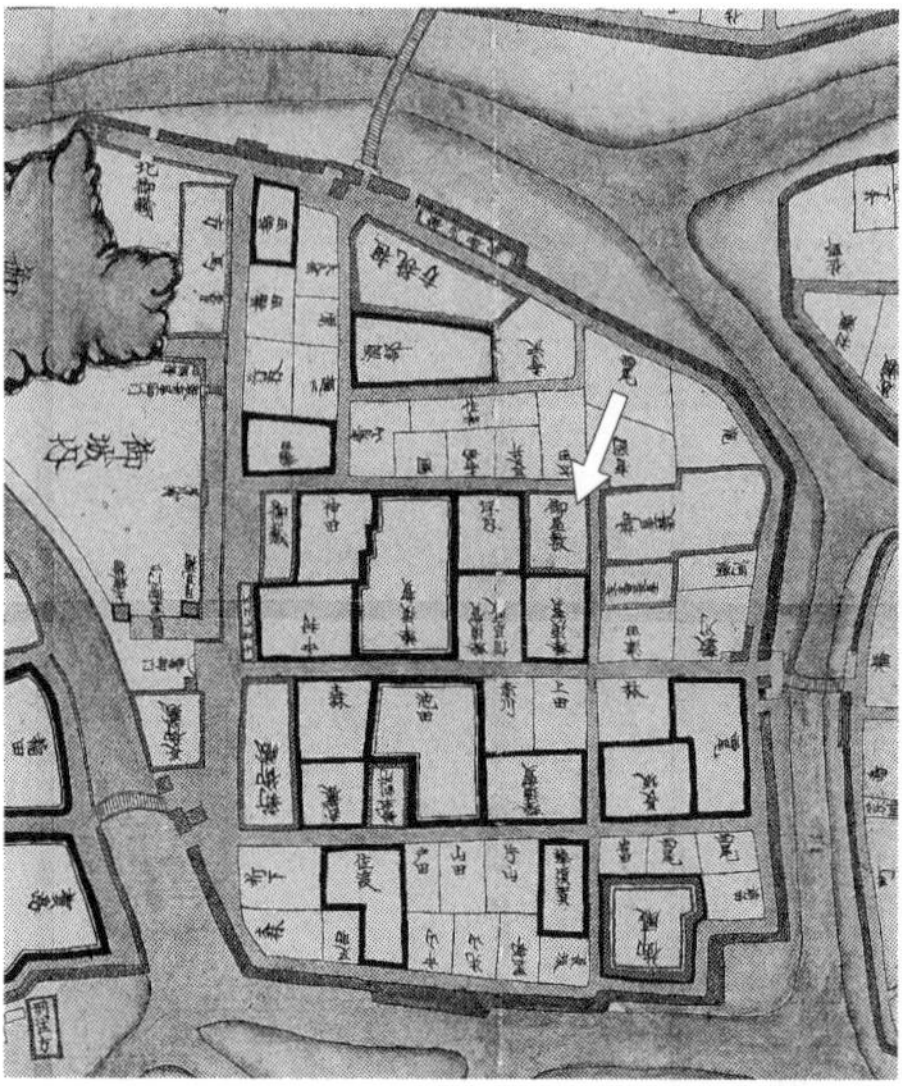

徳島城下の古地図。中央の矢印付近が寛斎家。
現在の徳島市中徳島町一丁目五の一

この広い敷地に建つ二軒の家をうまく繋いで、医院を経営しながら、農地を開き、できるだけ自給の暮らしをしていくのである。現在の徳島市中徳島町一丁目五の一で、徳島県立城東高校校地内に当たる。

医院の近くに馬術を指導する上田家があったので、通りの名を上田馬場と呼んだ。

この時期、明治新政府がもっとも頭を悩ませていたのが世禄の問題だった。士族（藩士）はもとより、華族（藩主）らを財政的にどのように処遇すべきか、解決策が見えないままに推移していたのである。

一八七二（明治五）年の統計によると、新政府の財源となる地租収入は二千五万円なのに対して、華族、士族の世禄は千六百七万円と八〇％も占め、にっちもさっちもいかない状態だった。

この世禄の問題は一八七三（明治六）年十二月の秩禄奉還法、一八七五（明治八）年九月の金禄公債証書発行条例を通じて、公債交付と引き換えにやっと解消されるが、同時に士族の籍も奉還され、新たな不満分子を生む結果となる。

話を戻して寛斎はこの地に腰を据え、いまこそ養父俊輔や順天堂の亡き佐藤泰然の教え、長崎留学で学んだポンペの思想を具体化させるとして、「医療は貧者のためのもの」という信念を実行に移した。

しかし四民平等の世の中になったとはいえ、士農工商の格差は厳然として残っており、貧しい者はなおも貧しかった。寛斎は「医をもって人を救い、世を救う」として、貧しい人こそ救うべき対象であると決意した。

寛斎の存在はすぐに知れ渡ったが、かつて藩主の典医というだけで、人々は近寄ろうとしない。だがそのうち寛斎の飾らない人柄を知って、いつしか医院を訪れる人が増えだした。

寛斎は患者を迎え、病状をくわしく聞いて診断し、治療を施した。そして貧しい人からはお金は貰わず、優しく励ましたので、たちまち評判になった。

寛斎は治療の最後に、決まって「養生の大切さ」を説いた。普段の暮らしの中で、自分の体を大事にするように。そのためには「灌水・浴潮」がもっとも効果があるとの持論を述べた。

灌水・浴潮とは、冷水浴びを指し、寛斎の著書『命の洗濯』に詳しい。内容は第一から第五までにわかれ、第一が「浴潮灌水に関する故事及び来歴」として、古代より禊《みそぎ》と祓《はらい》により心身の汚穢を払い浄めたこと、及び万世の衛生の道を説き、第二に「浴潮に関する諸大家の学説」、第三に「浴潮に関する余の経験及び私見」、第四に「灌水に関する諸大家の学説」、最後に「灌水に関する余の経験と私見」を述べている。

この中で灌水は、太古から中古まで盛んに行われ、今も神社には御洗井が、寺院には垢離場があり、これが「古人の体格健全にして長寿を得たる所以なり」とした。だが近世の人は「温飽に流れ、養生の道を講ぜず、万物の長たる貴き身を以て羸弱《るいじゃく》夭折に至らしむるは慨嘆に堪えざるなり」と嘆息し、「如何なる貧窮の家にても容易に実行し得らるゝの方法こそ貴けれ」と説いている。

そのうえで、簡単な日課を定めて、毎朝毎晩、手桶、手盆を用いて水を浴びること。旅行中は綺麗な小川で水を浴びる。最初はぬるま湯から始めるとよいとし、「梅雨の頃より初め、暑中に之を続け、秋冷の頃之が習慣を得て、極寒中と雖も忍耐して実行する事」として、次のように締めくくっている。

余壮年の頃より今日に到る迄、浴潮と灌水とを怠らず実行したる報酬として、身体の健全と精神の爽快を得たり。

水浴びを続けたお陰で、その報酬として健全な体と心を得たというもので、寛斎の灌水への心酔ぶりが見て取れる。

養生が第一

養生を第一にした寛斎のこの灌水法は、医院を訪れる人々の心を捉えたようで、多くの人々が競って冷水を浴びたという。

寛斎が『徳島新聞』に「養生心得草」と題して、養生の大切さを説いた論文を掲載したのはこの時期である。

一養生　二には運動　三薬
　揃うて　やまひ直るものなり
養生の仕方は人に依《よる》ものなれど
　心とむるは誰も替わらず
人皆の天寿の蔓《つる》の手入れ時
　嚏《くさみ》だにせぬうちの養生

養生を栄燿の様に思ふは世上一般の習慣《ならはし》なり。今余が言へる養生法は、いかなる貧人、いかなる賤業の人にても、日夜心を注げば出来る事なり。因て其大意を三首の峰腰に綴ること爾《しか》り。

明治八年四月　関寛　しるす

この文面に続いて、本文十カ条を書いた。第一は、毎朝六時に起き、寝衣を取り替え、布団の塵を払い、部屋を掃除し、体を安静にして朝食を食べること。第二は、食事は三度とし、分量を定めること。夜中に飲食をしないこと。第三は酒茶菓子などは食事時のほか、退屈の時に食べるのは害がある、といった具合に続く。

以下、午後一時頃に半時ほどの昼寝は体にいいが、その外は禁ず。立つ時と座る時は七対三くらいにし、坐ってばかりいないこと。毎日一度は冷水かぬるま湯で体を拭い、肌着を着替えよ。一カ月に五、六度は四、五里（十六キロから二十キロ）の道を歩くように、などこまかく指示している。

寛斎は医学生の教育にも意を注いだ。開業早々、寛斎を慕って医学を学ぼうという若者たちが、遠く山梨県下からの者も含めて六、七人もやってきた。門下生たちは寝泊まりして学んだので、家族七人と合わせて十三、四人の大家族になり、家計はやり繰り算段の連続、火の車だった。

実際の食生活をみると、主食は麦飯。味噌や醤油は浜口家から贈られてきたものを用いた。副食の野菜は屋敷内の畑で育てたものが中心。時々、患者から新鮮な肉類をもらうと、栄養たっぷりの肉入り味噌汁が出た。食べ物はすべて平等で、寛斎ら家族も、書生も、お手伝いの女性も、みんな広い食堂で同じものを食べた。

後に政友党総裁となる床次竹二郎が徳島県知事の時、関家を訪問してたまたま食事時にぶつかり、この独特な食事に参加してひどく感激した話が伝わっている。

こんな暮らしだが、寛斎は意に介さず、ひたすら医は仁術、病に階級はないとの信念を貫き通した。だから大金持ちで傲慢な患者には、今日は体の調子が悪いとか、そこへ行くには駕籠賃が高くつくなどと難癖をつけ、それでもいいと言わせてから悠然と出かけ、治療費を高く取った。反面、貧しい人たちが病に悩んでいると聞くと、すぐに出かけて治療を施し、お金を貰おうとしなかった。いつも綿入れの和服に前垂れをかけた姿で、足駄を鳴らして貧しい家々を回り歩く。人々は「下駄ばきの名医」と呼び、その後ろ姿に手を合わせて拝んだという。

上田馬場の通りを左折した先に寛斎の医院があるので、人々はそこへ至る道路を親しみを込めて「関の小路《しょうじ》」と呼んだ。

関大明神と崇められ

面白い話がある。ある日、寛斎が貧しい家の患者を往診すると、患者の枕上の壁に「関大明神」と書いた紙が貼ってあり、小さな供え物が供えられていた。数年前までは典医だった医師が手を取り、脈を計ってくれる、まさに「関大明神」だったのだ。

この話は『命の洗濯』(初版、一九一二年、明治四十五年刊)の序文に松村介石が書いている。松村は内村鑑三などと並ぶ「明治キリスト教の四村」と讃えられた人物である。

寛斎の三女トメは後に徳島町の大久保渓平に嫁ぐが、その息子で寛斎の外孫に当たる大久保玄一の文章『生きるよろこび』に、当時の寛斎家の様子が記されている。ちなみに渓平は、寛斎の影響で後に北海道に土地を所有することになる一人である。

晩は午後八時床につき、翌朝一せいに四時頃床を離れ、洗面の後、夫々の分担に従い、清掃、片付けを終わり朝食を終えて五時頃夫々の席につく。その頃祖父（寛斎）はうたいをうたい、次に羽織りの姿で下駄ばき、関の通り一体の貸家を一戸一戸起して歩く。早く起きて『働け、働け』と呼びながらの散歩である——関の通りの早起きは有名で、当時小学校では校長が引率し、見学に出かけ、早起き奨励につとめたのも有名だった。

一八七六（明治九）年、生三が慶應義塾医科学所に入学した。同じ年に、七男の又一が誕生した。一家は喜びに沸いた。この年、札幌農学校にクラーク博士が着任している。又一は寛斎の影響で後にこの学校に学び、さらに寛斎夫妻までが北海道に足を踏み入れることになるのである。

大家族の関家。その家庭の中心にいたのは妻のアイだった。アイは寛斎を助けて献身的に働いた。いつも金がない家計を、やり繰りして過ごした。子どもたちには厳しく躾け、夫が主張する身辺の整理整頓、衛生管理に目を光らせた。医学生を何人も抱えて、その世話にもあれこれ心を砕いた。

感心するのは、子どもをよく産んだことだ。一八七七（明治十）年には八男五郎、一八八一（明治十四）年に四女テルを出産している。最後のテルの出産時の年齢は四十七歳。

関の小路。現在は徳島城東高校の用地内

寛斎を讃える「慈愛進取の碑」（徳島市徳島町一・城東高校敷地内）

寛斎が口癖のように言ったのは「婆さんはわしより偉い」「婆さんにはかなわない」だった。さまざまな意味を込めた言葉だろうが、十二人の子ども（うち五人が幼少期に死去）を授かった妻への感謝の思いからがもっとも強かったと思える。

寛斎の医院があった現在の徳島市徳島町一丁目に、「関の小路」と呼ばれる道が延びている。寛斎が病人が出るたびに通った道である。

医院と並ぶ広い屋敷跡に県立城東高校が建っている。敷地内に寛斎の顕彰碑が見える。「慈愛進取の碑」に続いて「関寛斎のこと」として次のように刻まれている。

この地にゆかりの関寛斎の遺徳を偲び慈愛と進取のこころを学ぶべくこの碑を建立する

平成三年十一月十六日、創立九十周年記念事業実行委員会

万年山の樹木を伐採

話を少し戻して、一八七五（明治八）年夏、旧藩士の井上高格が主唱し、旧家老の池田昌豊が賛同する「万年山松杉伐採開発案」が徳島県宛てに提出された。前藩主の斉裕はもとより蜂須賀家代々の藩主らが眠る万年山の樹木を伐採するというのである。寛斎が肝をつぶしたのは言うまでもない。

以下『徳島新聞』（一九九五年十二月連載）の「蜂須賀斉裕　維新の迷妄」を基に記す。最初に井上の県庁に宛てた文面を掲げる。

蜂須賀家の霊廟には巨樹多くして参拝を妨ぐばかりでなく、鳥獣集まって廟を汚す。これを一払するには伐木する事であり、尚《な》ほ売却して七千円の金に換へ活用して高利を得るは両全の好策である。伐木を禁ずるは固陋《ころう》因循の愚者のみ――

主唱者の井上は、藩主斉裕の奥小姓から物頭を経て目付に登用された。奥羽戦争では軍監として白河口に出陣。廃藩置県後は徳島県大参事になった。一八七四（明治七）年九月、自由民権の自助社を結成して社長になり、立憲政治を説き、県政を厳しく指弾し、対立していた。

この開発案を読んだ寛斎は「霊廟を破壊するもの」として激怒し、井上と池田に対して強く抗議した。だが「時代遅れの議論」として退けられたため、「せめて旧藩主蜂須賀茂韶の命を得るまで伐採延期」を申し出た。この時期、茂韶はロンドンに留学中だった。

寛斎は知己に同調を呼びかけたが、権力者井上を恐れて誰も賛同しない。やむなく京都にいる伴《ばん》倫貫《ともつら》を通じて、ロンドンの茂韶に宛て次のような建白書を送った。伴は藩の京都留守役を勤め、版籍奉還後は京都の参事をしていた。

父祖を始め君主の墳墓を守り、生前と変る処なく仕ふる事は日本古来の美風であり、世界に誇る精神の現れである。（中略）これを伐採してどれだけの黄金に代え、どれだけの人間に益するかは我等今言ふまでもない。藩公が静かに眠らるる万年山は今や才子俗物の手に伐り払われんとし、危機一髪につながれて居る。これ等才子の謀略醜行は憎んでも余りあるところ、速やかに尊君英断を以て戴公の霊を守る松杉の命を救ひ給へ。

文面から寛斎の儒学思想を背景とした強い精神性を知ることができる。

建白書がロンドンに届いたのは一八七六（明治九）年一月十三日。三十一歳になった茂韶は半年後の七月五日、返書を京都にいる伴倫貫宛てに送った。伴が添え書きをつけて寛斎の元に届いたのは同月十四日。

（万年山の）樹木の有無が尊崇の高下に関わるものではない。樹木が禽獣の巣となり汚穢《おわい》を増す、伐木の後は必ず清潔となるだろう。樹木のあることを尊崇の一とするのは日本の習俗として神社は必ず樹間にあることが当然とされているので、少々汚穢になっても樹木のあることを尊ぶものと思う。――その厚意はかたじけなくは思うが、――伐木の儀は差し止め難い。

建白を拒否されて憤然となった寛斎は、旧藩主に論駁する「諌言状」を書き送った。諌言の一つは「徒《いたず》らに黄金に迷ひ、悔を後世に残さしめざらん事を」とし、二つは「井上等は霊廟の樹木を金に換え、代りに桜樹を植え茶店、割烹店を開き、市郷の遊楽地と為せばまた利を加ふと言ふ。詭弁もここに至って極まれり」とし、「ご英断を垂れ給わん事をこいねがふ」と迫った。

だが諫言状への返答はなかった。寛斎は肩を落とした。やがて万年山の樹木は次々に切り倒されていった。

一八七九（明治十二）年四月、寛斎は次のような文章を残している。

先年よりの精神を労するも一分の効なく、万年山を伐木す。今や御廟前後の立樹なし。――伐木を停止すること能はざるは蜂須賀家の好む所に基くとは雖も、斯く精霊の存するを覚ふるが如くに感ずるを顧る人もなく、廟地全く枯廃せんとす。歎ずるに余あり。独り予が微力を悔ひて自ら槇樹を扶助するに労力するのみ。

槇樹とは、寛斎が数年前から育ててきた幼い苗木だが、それさえも死滅していた。一面に点在する切り株を見て、わが身が切られるほどの思いになり、一人でなりとも樹木を守りたいと心に決めるのだった。

万年山へは現在遊歩道が設けられていて、容易に登ることができる。徳島市南佐古五番町の国道バス停先の駐車場の登り口から、曲がりくねった坂を二百メートルほど登ると、十三代藩主斉裕の墓に至る。近くに十二代斉昌の墓などがある。さらに登ると十一代治昭、右へ折れて百五十メートルほど行くと、八代宗鎭、十代重喜の墓がある。折れずに真っすぐ四百メートルほど登った六号目に「阿淡二州太守俗葬墓域」と刻まれた巨大な自然石の碑がそびえている。その二百五十メートル先に家祖正勝の墓がある。一巡するのに一時間はかかる。

逆に、眉山ロープウェイを使って山頂駅まで行き、そこから十五分歩いて家祖正勝の墓へ、というコースもある。

ここには六人の藩主と一族の墓六十五基が祭られているのが確認されており、興源寺墓所とともに徳島藩主蜂須賀家墓所として、国の史跡に指定されている。

1989年11月創立　1990年4月創刊

月刊
機
2020
5
No. 338

コロナウイルスが全世界で猖獗を極める今、後藤新平に刮目！

今、なぜ後藤新平か？

▲後藤新平（1857-1929）

コロナウイルス問題に揺れる日本で、後藤新平が本格的に刮目されてきている。後藤は一八九五年、日清戦争が終結し、コレラが蔓延する中国から二三万を超える兵士が帰国するにあたり、世界でも前例のない大規模な検疫の責任者に抜擢され、わずか数カ月で、国内三カ所に大規模な検疫所を建設し、コレラ上陸を水際で止めた。この成果に、世界は驚きと賞賛の声を上げた。

国民の「生を衛《まも》る＝衛生」を政治の最重要事項とした後藤新平から、今われわれは何を学べばよいのか。

編集部

発行所　株式会社　藤原書店©
〒一六二-〇〇四一　東京都新宿区早稲田鶴巻町五二三
電話　〇三・五二七二・〇三〇一（代）
FAX　〇三・五二七二・〇四五〇
◎本冊子表示の価格は消費税抜きの価格です。

編集兼発行人
藤原良雄
頒価　100円

●五月号目次●

〈特集〉今、なぜ後藤新平か？

石をくほます水滴《しだたり》も

社会学者 鶴見和子
（一九一八—二〇〇六）

わたしが五歳のとき、祖父後藤新平は「和子嬢もとめに」として、

正直あたまに神やとる
人は第一しんばふよ
石をくほます水滴《シダタリ》も

という書を書いてくれた。表装されたこの書が、わたしの勉強部屋にいつもかけてあった。正直であること、忍耐して困難を乗り切り志をつらぬくこと。これを、後藤新平は自分の生涯を通して実行し、それを自分の子孫にたたきこんでおきたいと考えたのであろう。

アジア経綸

後藤新平のアジア経綸は、一九〇七年九月、伊藤博文と厳島の宿で三晩にわたって語り合った「厳島夜話」に始まる。新大陸アメリカが今後、非常に強い国になることを見通していた後藤は、ドイツ人の書いた「新旧大陸対峙論」*から、日本が旧大陸の中国とロシア、さらにロシアを通じてヨーロッパと固く結び、アメリカに対峙することがアジアの平和につながると考えた。そこで伊藤に、日本とロシアを結ぶ仲介をしてほしいと説得したのである。熱意に動かされた伊藤は一九〇九年、ハルビンでロシア宰相ココフツォフと会見するが、そこで暗殺される。それに後藤は非常に強い責任を負ったことになる。一八年に寺内内閣が倒れると後藤も外相を辞して野に下るが、二三年には個人の資格でソ連の極東全権大使ヨッフェを自費で日本に招び、日ソ平和への段取りをつけようとした。亡くなる二年前の二七年にも、個人の資格でスターリンに会うためにモスクワに赴いた。既に二度も脳溢血に倒れていた後藤は周囲から強く引き止められたが、死を覚悟の上でモスクワに向かったのである。

＊ドイツ人の書いた「新旧大陸対峙論」
一九〇五年刊行のE・シャルクの著『諸民族の競争』で、米国の強大化が説かれ、仏独同盟を提唱。

「公共」と「自治」

もうひとつ、後藤が生涯を貫いて考えたのは「公共」と「自治」ということであっ

た。若き日に後藤が医学を学ぶことができたのは、横井小楠門下の四天王の一人、安場保和に見出されたおかげである。それまで日本において「公《おおやけ》」とは「大きい家」、つまり「天皇家」を指すと考えられていた。これに対して**小楠は、庶民と庶民がつながって国家に対して抵抗するための主体という意味での「公共《パブリック》」の概念を初めて見出した。**後藤は安場を通じて小楠の「公共」の概念をうけついだ。概念としてうけついだだけではない。**後藤は医学を学ぶなかで「衛生」ということを考えていた。**個人が病気にかかると、それは個人を超えて感染し、多くの人々に影響を与える。西南戦争や日清戦争後の兵士の検疫にも従事した後藤は、医学の実際の面から、人びとの生を衛《まも》ること（「衛生」）を考えていた。また**「衛生」は国を超える概念でもある。**たとえば現在、欧米でBSEが生じれば、またアフリカでエイズが生じれば、ただちに世界に波及する。**それを防ぐための主体として「公共」を考えた**のである。

アメリカ哲学を学んだわたしには、ジョン・デューイが *The Public and its Problems*（1927）（邦訳『現代政治の基礎——公衆とその諸問題』）で論じた「公共」が強く印象づけられていた。**デューイは**この本で、**人間同士が切り離された近代において、地域において顔の見える人と人とが結びつく**（「公共」）**ことで、上からの支配をはねのける「自治」を実現すること**を論じている。それで**わたしは「公共」とは欧米の考え方だと思っていたが、そうではなかった。**既に幕末の横井小楠が考えた「公共」を安場保和を通してうけつぎ、明治以後の日本の政治の中で実現しようとしたのが後藤だった。「衛生」にとりくみ、また晩年には「政治の倫理化」運動で国民の主体的な政治参加を説いた後藤は、「公共」と「自治」の実践を志していたのである。後藤の「石をくほます水滴」には、人間は一人では小さな水滴であっても、人と人とが結びつけば石に穴を穿つこともできるという思いも込められていたのかもしれない。

「石をくほます」二つの志

「アジア経綸」、「公共」と「自治」——後藤はこの二つの志を若い時代に抱き、一度は挫折したようではあるが、困難を乗り越えて最後までつらぬいた。それは後藤の「石をくほます水滴も」という処世訓につながっている。後藤のこの二つの志は、今こそ重要になっているとわたしは考える。

（二〇〇四年十二月）

（つるみ・かずこ／社会学者）

〈特集〉今、なぜ後藤新平か?

「生活」こそすべての基本

生命誌研究者 **中村桂子**（一九三六―）

公衆衛生と教育が社会づくりの基盤

一九八〇年代、たまたまアフリカで仕事をする機会を得た。「熱帯農業研究所」の理事として八年間、年に二回ナイジェリアを訪れたのである。

空腹の子どもには食べ物を送りたくなるが、自律性を尊重するなら農業技術の改善をするべきだと考えての活動である。とても困難だが楽しい仕事だった。しかし、アフリカの日常に接しているうちに、よりよい暮らしに向けてのお手伝いは、**公衆衛生**（public health）と**人を育てること**（education）に尽きると思うようになった。人間、食べるためにはなんとか努力するが、公衆衛生や教育にはなかなか眼が向かない。実はこの二つこそが社会づくりの基盤であり、ここに集中したお手伝いが生活改善の鍵だと強く思ったのである。

ここで後藤新平である。**後藤を象徴する言葉は「衛生」と「自治」**。まさに核心をついている。**衛生は生を衛《まも》ることであり生活の基本である。そしてすべての人が関わる公共である。自治は本能であり、共同体は本来自律的なものである。**これが後藤の考えだ。私はこれを「人間が生きものとしての生きる力によって自律的に生きていくこと」の重要性の指摘と受けとめる。このリレー連載でも、多くの方が「衛生」と「自治」を後藤新平の基本としてとりあげているが、その関心は主として、この考え方を基本に何をしたかに向けられている。医療・交通・通信・都市計画・外交……多くの分野の活躍の根っこに「衛生」、「自治」があると指摘しているのである。もちろんそれは重要である。

後藤の自治の思想とは?

しかし、「今、なぜ後藤新平か」を問うなら、本当に大事なのは行動以前の後藤の考え方そのものをもっとていねいに見ることなのではないだろうか。なぜそのように考えたのか、具体的には何を重視しているのかという問題である。後藤は、自分が生きた時代を「世界人類の歴史があって以来、今日のように、文明の急激な転換期に遭遇したことはない」と捉え、「**最も自然な最も健全な新しい文明を創ろう**」としたのだ。そして、そのためには「**何よりもまず、世界人類の生活的自覚が必要**」と言っているのである。転換期の文明創造という大きな課題を意識しながら、そのためには一人一人の人間がどのような自覚をもち、どう暮らすかが基本だと言っているのだ。

「自治」について語る文の標題は、「自治生活の新精神*」であり、どのページにも「生活」という言葉が頻出する。男性、しかも明治時代の日本男性で、生活に根を置いて考える人がいることにまず驚く。「生活」など女・子供の関わることとされていたであろう中での、この発想はすごい。私は現在を「文明の転換期」と考え、「自然で健全な文明を創りたい」と思っているので、そのために考えるべき個所に印をつけていったら印だらけになってしまった。

35歳頃の後藤新平

＊**「自治生活の新精神」** 一九一九年刊。自治は国家の有機的組織の根本原則で、国家憲政の建立は健全な自治生活を基礎とすべきと説く。

あたりまえを見つめ直す

後藤の考えを追おう。

人間は自己の生活を向上させる権利があるが、単独で生存できる人はいない。そこで、自己の利益と社会の利益とが一致するような組織をつくり、生活を公共的に広げるのが政治（含む地方自治）の役割である。

自治は人類の本能であるのに、現代は生活を官治に委ねる傾向があり、生活の向上に関して世界共通の煩悶に陥っている。更なる向上には、自治生活の新精神が必要である。

ここで言われているのはあたりまえのことばかりだが、実は、これほど難しいことはないとも言える。もう一度**あたりまえを見つめ直すことが今最も必要とされている**のだ。後藤は、「最も多くを期待するのは、一日の仕事を終えた夕方皆が集まって放論談笑の間に、各自の生活や気分を相互に理解し合うこと」と言っている。自律的生活を楽しむ個人が、お互いを尊重し合いながら暮らす社会こそ人間らしい社会ということだろう。（二〇一三年一二月）

（なかむら・けいこ／JT生命誌研究館名誉館長）

〈特集〉今、なぜ後藤新平か？

未来の日本の創造は、後藤新平論から始まる

元国土事務次官　下河辺　淳
（一九二三―二〇一六）

いつも後藤新平に尋ねる

後藤新平は私にとって偉大な人間として見えてきます。私は何かあるといつでも後藤新平に尋ねることにしています。こんなとき後藤新平ならどのように考えるのか、どのように受け取るのか、どのように行動するのかと考えます。

二十世紀の産業革命を受けて、人々は皆狭い分野の専門家になり、社会的貢献をしてきました。全人間的な思慮には欠けていました。

後藤新平には専門はありません。台湾や満洲で活動しても、台湾や満洲の専門家ではありません。まして鉄道、通信などの専門家でもありません。震災復興の専門家でもありません。そして、それらの課題に取り組んでも、政治家や行政官ではありません。

江戸から東京へ

明治維新で江戸が東京になりましたが、江戸と東京は水と油でしかありません。徳川時代に成立した江戸に、明治維新により新しい日本の首都が置かれ、京都から天皇及び公家一族全てが移り住みました。

東京を占居して新日本を創立したのは、薩長土肥のエリート達であり、彼らは徳川時代のエリートとは戦の仲でありました。

後藤新平はこのような江戸から東京への展開を受けて、ノマドなエリート達の活動とその意義を知っていました。

二十世紀から二十一世紀への新たな展開について考えなければならない我々にとって、十九世紀から二十世紀への展開について述べている後藤新平の発言から学ぶことがたくさんあります。後藤新平をあらためて研究してみる意義は極めて大きいと思います。

今の「東京」に後藤新平がいたら

民族も異なり、宗教も異なり、思想も異なる人々が居住する都市を考える時代になってきましたが、中でも東京とは何かを考えなければなりません。

東京は日本の首都であり、全国の中心的役割を果たしており、全国から青年たちが東京を目指して集合してきました。たまたま高進学率の時代に入り、高等教育を受ける若者が東京に集中してきました。

しかし今日では、首都移転から大学移転まで地方分散が課題となり、特に科学技術の研究実験は地方分散型になりました。

東京は首都でもなく、教育の場でもなく、大企業の本社機能のビジネスセンターでもなく、むしろ世界的な文化交流の都市として評価される時代が来たように思います。

このような時代に後藤新平がいたら、どのように評価し行動を起こしたでしょうか。

あらためて藤原書店の「後藤新平」の仕事に感動しています。未来の日本の創造は後藤新平論から始まるといってよいと思います。

（二〇〇七年四月）

（しもこうべ・あつし／元NIRA理事長）

●後藤新平（1857-1929）

1857年、水沢（現岩手県奥州市）の武家に生まれ、藩校をへて福島の須賀川医学校卒。1880年（明治13）、弱冠23歳で愛知病院長兼愛知医学校長に。板垣退助の岐阜遭難事件に駆けつけ名を馳せる。83年内務省衛生局に。90年春ドイツ留学。帰国後衛生局長。相馬事件に連座し衛生局を辞す。日清戦争帰還兵の検疫に手腕を発揮し、衛生局長に復す。98年、児玉源太郎総督の下、台湾民政局長（後に民政長官）に。台湾近代化に努める。1906年9月、初代満鉄総裁に就任、満鉄調査部を作り満洲経営の基礎を築く。08年夏より第二次・第三次桂太郎内閣の逓相。その後鉄道院総裁・拓殖局副総裁を兼ねた。16年秋、寺内内閣の内相、18年春外相に。20年暮東京市長となり、腐敗した市政の刷新、市民による自治の推進、東京の近代化を図る「八億円計画」を提唱。22年秋アメリカの歴史家ビーアドを招く。23年春、ソ連極東代表のヨッフェを私的に招き、日ソ国交回復に尽力する。23年の関東大震災直後、第二次山本権兵衛内閣の内相兼帝都復興院総裁となり、再びビーアドを緊急招聘、大規模な復興計画を立案。政界引退後は、東京放送局（現NHK）初代総裁、少年団（ボーイスカウト）初代総長を歴任、「政治の倫理化」を訴え、全国を遊説した。1929年遊説途上、京都で死去。

〈特集〉今、なぜ後藤新平か？

「放送開始！」あの気宇を

元ＮＨＫディレクター　吉田直哉
（一九三一—二〇〇八）

「放送とは何か」が問われている

今、なぜ後藤新平か？——私の答えは単純かつ明快で、「彼が初代東京放送局総裁*であったからだ」である。

ＮＨＫの番組制作現場に四十年ちかく在籍した身として、いまほどご高説を伺いたいときはない。

一九二五年三月二十二日、後藤新平総裁が、東京芝浦のスタジオで放送開始の、希望と熱意にみちた壮大な気宇のあいさつを電波にのせてから八十年。いま放送は数多の難問を抱え、その環境は最悪の状況に陥っているのだ。

それは、たてつづけの不祥事に端を発した受信料不払いが広がって、改革を迫られることになった、ＮＨＫだけの問題ではない。民放と、そのそれぞれの系列新聞社、広告業界、スポンサーとなる企業、さらに受け手としての視聴者ぜんたいに大きくからむ大問題なのだ。しかも、人のこころに深く関わる種類の事柄で、政局となった郵政など、その比ではないともいえる、緊急課題なのである。

***初代東京放送局総裁**　一九二四年、社団法人東京放送局（現ＮＨＫの前身）が設立。翌二五年三月二二日、仮放送開始で後藤は、放送の社会的役割を説いた。

「スウジが王様」の時代に

一九五三年、テレビ放送開始の年、入局したての新人だった日を思い出す。初代総裁のイメージにも、現在の状況にも大いに関わりがある話なので、昔話と敬遠せずにきいていただきたい。

とにかくはいりたてで、まごまごしていたら、摩尼《まに》さんという、名前ばかりでなく、じっさい高僧の雰囲気を漂わせた大先輩が、私を呼んだ。

「新人としての君にきくが、日本をアメリカナイズしようとしている占領政策のなかで、なにがいちばん効果をあげると思うか」

「……さあ、六三制の教育制度、旧制高校と大学をなくしたことでしょうか」

おそるおそる言うと、摩尼さんはきびしい表情と口調で断言した。

初のラジオ放送のマイクに向かう後藤新平

「教育制度もだけど、私は新しい放送制度だと断じて思う。民間放送ができて、商品の広告をするのはいい。しかしたちまち世の中は『消費は美徳』一辺倒になるだろう。スウジが王様になるだろう」
「スウジ?」
「聴取率だよ。テレビでは視聴率か。これが絶対君主になる。NHKは関係ないなんて思っちゃいかんよ。かならずこれに振りまわされて身を誤るだろう。……君ははいったばかり、私は入れ替わりに定年でやめて行くところだけど、君が私の年になったとき、きょう私がアメリカナイズといった意味にきっと気づくよ。もう別の国になっているだろうから」

大先輩の予言的中

摩尼さんはさらに、**番組を中断してコマーシャルを入れていくアメリカの流儀**だけでも将来、排除できればいいのだが――**あれは集中力を失わせる。とんでもない、怪物のような子どもが育つことになるだろう**、と予言した。

そして五十年。私はこの予言の的中していることに、ただ舌を巻くのみなのである。ただ思いもかけなかったことは、アメリカならまだよかった。アメリカですらない、**見も知らぬ別の国になってしまった**という事実である。

「公共放送」論議の再開を!

もうひとつ、思い出す言葉がある。その、アメリカナイズの本家のアメリカ人の同業者が、日本にきて言ったのだ。

「世界の七不思議というぐらい驚いたのが、日本の旅館とNHKの受信料制度だ。かたや客室にカギがない、かたや払わない人間はいない、という性善説。それが共にうまく運営されている!」

もう三十年ぐらい前の話だ。この七不思議も、いまは昔話。公共放送論議を本格的に再開しなければならない。

公共放送から官の影と「銅臭」、ゼニのにおいを徹底的に除け! が持論だった初代総裁に、いまこそ学ぶべきである。

(二〇〇六年二月)

(よしだ・なおや/文筆家・演出家)

「他の誰にも撮れなかったマタギの真実」——瀬戸内寂聴さん推薦

最後の湯田マタギ

写真・文 **黒田勝雄**

和賀川の対岸にそびえるオロセ倉(ライオン岩とも呼ぶ)(湯之沢/1996年2月)

『最後の湯田マタギ』の写真には、見た瞬間から強く感動しました。

半世紀ほどもつき合ってきて、ただの一度も不快な顔を見せたことのない黒田勝雄さんが、突如、隠していた情熱のすべてをかけて撮影してくれたマタギの世界!!

感動しない訳は無い。

他の誰にも撮れなかったマタギの真実が、ここに豊かに息づいている。

黒田勝雄さん、ありがとう!!

瀬戸内寂聴

銃の手入れをする仁右ェ門さん
見守る孫の慎二さん
（湯之沢／一九九〇年四月）

残雪のブナ林をゆく
（下糸沢／一九九二年四月）

湯田は奥羽山系に囲まれた東北地方有数の豪雪地帯。湯之沢は和賀川沿いにある。一九七二年、国の集落再編成事業で、長松、大水上地区の二十五戸が湯之沢に集団移転した。長松地区には、マタギと呼ばれる人たちが暮していた。マタギの頭領は「オシカリ」と呼ばれ、長松では世襲され、高橋仁右ェ門《にえもん》さんはその末裔であった。仁右ェ門さんたちは、十人ほどの隊を組んで、熊獲りに出かける。「巻狩り」と呼ばれる猟法である。銃を持たない「勢子《せこ》」は熊を追い立てる役割。（略）

（くろだ・かつお／写真家）

（構成・編集部／全文は本書所収）

「医をもって人を救い、世を救う」司馬遼太郎も絶賛した関寛斎伝の決定版！

極寒の地に一身を捧げた老医、関寛斎

合田一道

祖父と二重写しに

関寛斎《せきかんさい》の存在を知ったのは、北海道新聞社の記者になったばかりのころだから、もう半世紀以上も前になる。休日を利用して国鉄（後のJR）池北線（現在は廃止）の列車に乗り、池田、本別を経て陸別まで足を延ばした。そこで初めて寛斎という希有な開拓者がいたのを知った。その時、ふいに祖父の北海道入植に思いを馳せた。

祖父が香川県から入植したのは一八九五（明治二十八）年、二十一歳の時。寛斎が札幌農学校に入学した七男、又一の願いで石狩郡樽川（現石狩市樽川）に取得した農場を視察するため、初めて北海道に渡ったのは九六年だから、祖父の入植の翌年にあたる。

豪気な気性ながら寡黙な祖父は、幼い孫である私に、開拓期の苦労話など一言も話さなかった。北海道を開拓したのは、内地（当時は本州以西をこう呼んだ）からの移住者たちであり、私の周辺にいる大人はすべて〝内地人〟ばかりだった。だから開拓の苦労話など話してもしょうがないとの思いが強かったのであろう。

祖父が生前、ふと漏らした言葉がある。「二度でいいから、しょっぱい川を渡って故郷へ帰りたい」。しょっぱい川とは津軽海峡を指す。なぜ、そんなことを言うのかと、北海道生まれの私は子ども心に不思議に思ったのを覚えている。

後に北海道の歴史に興味を抱き、それに関わる著書を書き出したのは、故郷を偲ぶ言葉を一言だけ残した老境の祖父と、七十二歳にもなって開拓地に入った寛斎の姿が二重写しになったから、といってもいい。

名医の地位を捨てて開拓者に

しょっぱい川を渡って北海道に入植した開拓者たちは、ほとんどが名もない人たちで、想像を絶する大自然の猛威と闘いながら大地を切り拓き、何事もなかったように、黙然として逝った——。

▲関 寛斎（1830-1912）

だが寛斎は違う。戊辰戦争が起こると、徳島藩の典医の身から新政府軍の奥羽出張病院長になり、戦後は典医を辞して町医者になり、人々を病苦から救済しようと努力した。そのうえ高齢をものともせず、妻アイとともに北海道に渡り、もっとも気候が厳しいとされる十勝国の未開の原野に入植し、そこに理想郷を築こうとしたのである。

原野はリクンベツ、トマムと呼ばれ、この二つのほかに、上トシベツ、オリベ原野まで開拓は及んだ。この中のリクンベツが現在の「陸別」の町の名の起源になった。リクンベツとはアイヌ語で、高く・上っていく・川、の意。この地域を流れる利別川がここで険しくなり、上流に向かって高く上っていくように見えることによる。危ない、の意だとする説もある。トマムは湿地、トシベツは蛇の川、または縄の川。オリベはオルベとも呼ばれ、丘・処の意。広大な原野がどこまでも広がり、曲がりくねった川が流れていた地域と解釈したい。

栄誉も財産もすべて擲って挑んだ北海道開拓――。寛斎が目指した理想郷とはどんなものであったのか。現存する資料や文献などを用いながら、その足跡を辿ってみたい。それが北海道の大地を慈しみ、開墾していった多くの先人たちの心情にも繋がるのではないか、そんな思いで、筆を執ったのが本書である。

（ごうだ・いちどう／ジャーナリスト）

名著『資本論の世界』『作品としての社会科学』の著者内田義彦を解剖する!

内田義彦の学問

山田鋭夫

「学び問う」「学を問う」

「学問」という語ほど内田義彦に似つかわしいことばはない。「科学」というよりも「学問」なのだ。

「科学」というときの「科」は、区分けすること、そして区分けされた一つ一つを意味している。したがって科学とは「学を分ける」ことであり、また区分けされ専門化された個々の学なり法則的・体系的知識なりを指す。内科・外科……、経済学科・経営学科・会計学科などの用語を想起してほしい。これに対して「学問」の方は、細かい語源的詮索は措くとして、この語を素直に理解すれば「学び問う」「学を問う」とも読めるように、それは人びとの「問い」と不可分である。そこには区分けされた知識といった含意はあまりなく、むしろ「学芸を修める」(『広辞苑』)といったように、ある種全般的な、あるいは全人間的な知識や知恵といったニュアンスが含まれていよう。

西洋語で考えてみるならば、「科学」は science であり、それは知識を、とりわけ体系化された知識を意味するものであった。しかし学の専門分化とともに natural science や social science といった語が生まれ、さらには同じ社会科学のなかでも法学、経済学、社会学などへの細分化とともに、社会科学はしばしば social sciences と複数形で表されることが多くなった。他方「学問」の方は science と英訳されることもあるが、「問う」「探究する」というその重要な含意を生かすとすれば、すぐれて inquiry (少し意味を狭めて academic inquiry) の語に相当し、ドイツ語でいえば、内田義彦自身が言っているように Forschung がこれに該当しよう。

「学問」は人生と社会の問題

冒頭、「科学でなく学問だ」と言わんばかりの言辞をはいたが、もちろんこれは言いすぎだ。内田義彦は右にいう意味での「科学」を否定していないどころか、そのまっとうな発展を心底から希求している。と同時に、**科学がともすると陥りがちな部分的知識の絶対化**、科学者の部分人間化、科学的結論の受動的受容、それらによる人間精神と社会関係の貧困化を強く戒めているのだ。そして、**それを乗りこえるために「学問」の眼、すなわち市民一人ひとりによる主体的なForschungの必要を訴えているのである。**いわば科学を包みこむ学問、学問に裏打ちされた科学、要するに科学と学問の相乗的な好循環こそが、内田義彦が「学問」ということばで語ろうとしたことだった。

▲内田義彦（1913-89）

そういう含意において、内田義彦の思想は「学問の思想」なのである。**内田義彦は「学問の思想家」なのである。**こう言ったからといって、このことは、ほとんど内田の代名詞となっている「市民社会の思想家」内田義彦と矛盾しはしない。内田義彦の思想は「市民社会の思想」であり「学問の思想」なのである。そしてまさに、この「学問の思想」を把持している点で、内田義彦は他の多くの市民社会論者とは区別される。内田にとって「学問」とは倫理や人生の問題であると同時に、なによりも社会形成の問題でもあった。学問による市民社会形成こそが内田思想の根幹にある。内田義彦の市民社会は、すぐれて「学問する市民社会」なのである。

（やまだ・としお／名古屋大学名誉教授）

〈追悼〉木村汎さん

木村汎教授の遺著を読んで対ロ交渉を進めてほしい

京都大学名誉教授 市村真一

目をうるませた朝

昨年十一月十五日の朝は驚きました。郵便受から新聞を取上げた途端「木村汎教授死去」の大文字が目に飛込んだからです。一瞬目を疑い、再見三見して間違いないと知り、大声で家内に叫びました。

「オーイ、たいへんだ！　木村くんが亡くなった、かけがえのない学者を失った！」言いつゝ目が潤んできました。

「この間、産経新聞の正論大賞授与式で、奥様もご一緒にお話したあの人だ。彼と袴田が居るからと皆が頼みにしていた、あゝ国の宝だったのに！　愈々《いよいよ》これからが大事なのになあ！　残念！」

ソ連・ロシア研究六十年

木村さん、貴方は世界が注目するロシア研究者で、猪木正道先生門下の逸材で愛《まな》弟子でした。一九三六年法学者を父に朝鮮の京城（現ソウル）で生れられました。辺境生れには心の広い愛国者が多いと言いますが、貴方もそんなお一人でした。京大法学部に進学、六〇年卒業、学者を目指され、六二年修士、博士課程に進学、六六～六八年米国コロンビア大学に留学し、博士号を得て帰国。神戸学院大に就職されましたが、七〇～七二年は外務省の調査員を委嘱され、露都モスコーの真只中で二年間、日ソ外交官と交流しつゝ、じかにロシア社会とロシア語を勉強されました。同じアパート団地の隣人に、後の駐露公使や他国大使をされた河東哲夫《はるお》氏がおられて、炯眼よく「ソ連政府は怖い研究者が一人いるのを見落としている」と話されていたそうです。

七二年、北海道大学法学部に移られ、やがて、独立した今のスラブ・ユーラシア研究センターの看板教授として一九九一年まで研究を主導されました。同年ご両親がお住いの京都の国際日本文化研究センター（日文研）教授となり、二〇〇二年に退官された。北海道での二十一年間と京都での十一年こそは、良き同僚と優れた研究環境を得て貴方の黄金時代であったことでしょう。しかし〝生涯一研究者〟がモットーと承った貴方は、なお拓殖大学の客員教授をされながら研究を継続され、却って浩瀚な大著を次々と刊行して我々を驚嘆させました。

物凄い著書論文目録

実は日文研において「木村汎教授著書論文目録」が同僚戸部良一教授の手によって整理されており、貴殿退官時に出来ていた目録は、多分その後貴殿やご夫人の協力を得て完成し、この度同僚猪木武徳教授のお世話でその後の出版物を加えて、私に届けられました。その冊数は総計１５８。内：邦文単著21、共著9、編著5、邦文共編9（小計39）、英単著3、英単編1、英共編1、単著露訳1、単著中訳1（小計7）：また論文は、実に邦文１０１、英文6（小計１０７）です。

これは、単純にまず数として驚きです。貴論文の第一号は、一九六二年『法学論叢』に発表された「ウクライナのソヴェト化　一九一七～二〇年」で、それから今年まで約六〇年の間に、上記の如く、英文6を含め、論文は１０７本、年平均１・８論文であり、書物は、外国語の7を含め、邦文39と計46冊、六百頁を越える大著が五、六冊あることを度外視しても、六〇年間に47冊は多い。世界にそんな著者は数えるほどしか居ない。

木村学説の魅力

しかも貴方のロシア研究には敵も多い。言うまでもなく、ロシア研究は北方領土問題と不可分ですから。それを一例として言えば、鈴木宗男氏等の如く、二島返還プラスアルファで満足せよ、というでなく、貴見も私も、あくまで頑強に四島返還をと主張する。だから、ロシアが折れなければ、決裂やむなし、との立場です。現在よりも我が方に有利な時が来ると判断しており、それが正義にかなうと信じるのです。

私は、これからのロシアに、ソ連崩壊前のプラハの春の叛乱の時に、これを蹂躙したソ連が、ゴルバチョフ時代に態度を一変したのと同じ様な変化が起り得る、と考える。目下の石油価格暴落の如きはその一例である。同様の事態は、中国にも起り得る。ＩＴ革新の進行して行く近未来社会は、権威主義統治が難しい時代だと考える。

木村教授は、ロシア人のものの考え方や交渉の仕方について、他の先進国の実状と異なる点を色々事細かく追究しておられ、非常に参考になる。我等は、教授なくとも著述を参考に、愈々対ロ交渉に対処せねばならない。

（四月二十九日）

連載　今、日本は　13

コロナショックに想う

鎌田　慧

百年ぶりのパンデミック（世界的大流行）と言われる新型コロナウイルス感染症。死者はすでに世界で一六万人（四月二十日現在）を超えた。日本は四月同日で公表一万一千人、死者二六〇人。感染者は死者ともにまだまだふえそうだ。

忘れられていた「スペイン風邪」は、一九一八年からの三年間で二〜四五〇〇万人以上の死亡、日本でも四五万人といわれている。第一次世界大戦中だったので、その経験がよく伝わっていなかった。第一波より第二波の方が致死率が高かったから、これからが大変だ。おそらく、来年もオリンピックどころではなくなるだろう。戦後も、わたしたちは「忘れた頃にやってくる」（寺田寅彦）自然災害にはなんどか遭ってきた。が、今回のような巨大災害はすくなかった。阪神淡路大震災、東日本大震災、福島原発爆発事故（自然災害ではないが）などがあって、今回の感染症爆発。

自然の征服、繁栄、近代化文明などと傲《おご》り高ぶってきた鼻っ柱を、叩き折られるような打撃である。生産拡大によって二酸化炭素がふえて温暖化を招き、南極や北極の氷山を溶かし、アマゾンやオーストラリアなどで森林大火災が頻発。

四月下旬、国連機関の世界食糧計画（WFP）は、新型コロナウイルスの影響によって、貧困国や紛争地域を中心に、一億三千万人が今年末までに餓死する可能性がある、と報告している。人道的な支援をはじめようとする警告だ。

食糧危機は南北の経済格差であり、富めるものによる貧しき者からの食糧強奪でもある。アメリカ農業に依存させられる日米貿易協定が、日本の食糧自給率を低めてきた。これからさらに種苗法改悪で、農産物ばかりか、海外の種苗会社が販売するＦ１種（一代交配種）への依存が強まる。

コロナショックに遭遇して、安倍首相の無能、無力への不満が強まり、強い権力待望論が出てきた。が、農産物と種苗の自給ばかりか、市民意識の自立なくして、未来のいのちを守ることはできない。

（かまた・さとし／ルポライター）

リレー連載　近代日本を作った100人　74

田口卯吉——国家草創期のリバタリアン

河野有理

明治のリバタリアン

田口卯吉は、安政二（一八五五）年に生まれ、明治三十八（一九〇五）年に没した。安政二年と言えば日米和親条約締結の翌年。没年は日露戦争終結の年。近代日本が、「坂の上の雲」を目指して駆け上がるその軌跡と、田口の一生は大きく重なっている。自らの青春と「国家の青春」期を重ねる幸運を得た人には往々見られることだが、現在ではおよそ重ならないように見える様々な領域において、八面六臂の活躍を見せた。政治家であり、冒険家であり、実業家であり、学者であった。「近代日本」の国家形成に大きな役割を果たした人物。一見すると田口はそうした人物に見える。

だが、彼の代表作の一つであり、明治十一（一八七八）年、弱冠二十四歳で出版した『自由貿易経済論』に改めて目を通してみると、上記の印象は大きく修正を迫られることになる。少なくとも彼が近代日本「国家」形成の担い手だったと無邪気に言うことは難しい。というのも、この書はいわばリバタリアニズムの理論書だからである。大久保利通が主導した殖産興業政策に対する苛烈な批判者だった田口を支える政治哲学とはたとえば以下のようなものだ。

政事上の区分は経済社会に取りて重大の件ならざることを見るべし、故に苟も人間の皮を被むり此地上に立つものは宜しく活眼を開きて社会の眞状を考察し吾人の最も制馭を受くるものは政府に非らずして経済世界の衆需に在ることを尋思せよ……吾人は経済世界の自由民にして其支配を受ることは政府の支配を受くるより頻且つ切なることを見るへし　（『自由貿易経済論』）

需給関係の網の目が織りなす「養成の地」、つまり「市場」、この大きさと機能こそが問題なのであって、政府はそこに関与できないし、するべきでもない。後に屈辱的な「不平等」条約としてその改正が国家的目標となっていく関税障壁の不在と、それにともなう世界市場との半強制的常時接続状態という脈絡がかろうじて彼の理論の歴史的リアリティを支えていた。とはいえ、国家形成（state building）期のまさに真っただ中にあって、彼のこの「自由放任」主義はやはり奇矯であった。

徳川国家の崩壊感覚

　思い起こすべきは、彼が経験したのは明治国家の形成だけでなく、徳川国家の崩壊でもあったということだろう。徳川「瓦解」の年、彼は十四歳。すでに父を亡くしていた彼は、徳川家達《いえさと》に伴い静岡に移住し辛酸を嘗めたという。後の世代には自明だった社会的諸制度の安定感は、彼には無縁だった。

　国家崩壊の経験がもたらす、いわば本能的なリバタリアニズムの感覚は、彼のもう一つの主著『日本開化小史』にも横溢している。「保生避死」、生を保ち死を避けようとする人間の本能を軸に、「貨財」と「人心」の相互作用の展開として「開化」を把握するこの歴史書において、国家の地位はやはり高くない。刻々と変わりゆく「政府の組立」は、「貨財」や「人心」の交通の転轍機として重要な役割を果たすとはされるものの、そこで描かれるのは間違っても「悠久の国家の歴史」などではない。

　最初に見たように、彼自身もまた明治国家形成に尽力した功労者の一人たることは間違いない。人並以上の愛国心を持ち合わせてもいた。しかし、彼が愛した「国家」とはあくまで、個々人の生活の本能から積み立てられた手作りの「小さな国家」であった。国家の存在が「大いなる全体」として自明視されることの多いその後の近代日本思想史の流れのなかで、彼の政治思想は「あり得たかもしれない」もう一つの日本の姿を描いているのである。

（こうの・ゆうり／東京都立大学教授）

▲田口卯吉（1855-1905）
卯吉は通称、名は鉉、字は子玉、号は鼎軒。1855年徳川家の徒士である田口家の江戸目白台徒士屋敷に生まれる。1868（明治元）年、徳川家の静岡転封に伴い静岡移住。翌69年、沼津兵学校、1872年、共立学舎に入学。同年10月より大蔵省翻訳局上等生徒、1874年、大蔵省紙幣寮一一等出仕。1877年、『日本開化小史』刊行開始。1879年『東京経済雑誌』刊行開始。1880年、府会議員当選。1883年、東京株式取引所肝煎。1888年、小田原電鉄取締役。89年、東京市会議員、90年、士族授産金事業のため南洋渡航。1894年、衆議院議員。1905年没。この間、主著として他に『自由貿易日本経済論』、出版事業の成果として『史海』『大日本人名辞書』『群書類聚』『国史大系』『泰西政事類典』等。

■〈連載〉沖縄からの声［第Ⅷ期］3（最終回）

琉球処分一四〇年

高良 勉

昨（二〇一九）年は、明治の琉球処分から一四〇年目の記念すべき年であった。『沖縄タイムス』紙は、『琉球処分』一四〇年と沖縄」という企画を長期連載した。そこで、「琉球処分」をめぐる現在の議論を概括し、考察してみたい。

そも沖縄県の出現を、どう評価し何と表現するか。私たちが高校生の頃は、「廃藩置県によって沖縄県となった」と教えられていた。しかし、琉球王国の滅亡を廃藩置県一般で説明することはできない。何故なら、明治天皇は全国的な廃藩置県の翌年（一八七二）に最後の国王・尚泰王へ「琉球藩王と為し華族に列す」旨の冊封詔書を渡し、琉球王国を亡ぼして「琉球藩」を設置したのである。

そこで、現在の高校の教科書では「一八七九（明治十二）年には、日本政府は琉球藩および琉球王国の廃止と沖縄県の設置を強行した（琉球処分）」（『日本史B』山川出版社）と表現されている。

琉球藩設置から七年後の一八七九年三月二七日、琉球処分官松田道之は六〇〇余人の日本兵と警官に護衛されながら首里城に乗り込み、「琉球藩廃止、沖縄県設置」を宣言した。この時点を琉球処分と呼ぶことが多い。

しかし、**沖縄の歴史家は、一八七二年の琉球藩設置から七九年の沖縄県設置に至る期間の措置を琉球処分と呼んでいる。**そこで、西里喜行はこれらの過程を「廃琉置県処分」と称することを提唱している（『沖縄県の歴史』山川出版社）。

そして現在では、琉球処分より「**琉球併合**」と評価して表現する事例が増えている。波平恒男は『近代東アジア史のなかの琉球併合』（岩波書店）で強制併合を分析し、「二つの併合、琉球と朝鮮」を比較・検討している。

一方、琉球併合に対し琉球王国側は激しい抵抗運動を展開した。清国に救済を求めて嘆願をくり返した。これら抗日の思想と行動は、後田多《しいただ》敦『琉球救国運動』（Ｍｕｇｅｎ）で詳しく研究されている。

ところで、琉球併合翌年の一八八〇年に、日本政府は「琉球分割条約」問題を清国との間に引き起こしている。琉球併合の分析、評価はまだ定まっていない。

（たから・べん／詩人）

■連載・花満径　50

高橋虫麻呂の橋（七）

中西　進

ところで橋といえば、戦争を避けて通れない。城一つとっても、周りの堀割りは必須だし、大坂城冬の陣の結果が堀埋めだったことも、よく知られている。

すでに辞書ことばの一つに「橋合戦」がある。むしろ合戦がもっとも熾烈《しれつ》を極めるのは、橋合戦だったといえるだろう。

だからそれは、日本史においても古代最大の政権の争奪戦、壬申の乱の時も、例外ではなかった。『日本書紀』（天武天皇元年七月）は、大海人皇子の軍を東に、大友皇子の兵を西に配した瀬田の大橋を挟む決戦を、乱のクライマックスとして描写する。まず冒頭に大友方の大軍は「旗《は》幟《た》野を蔽《かく》し、埃塵《ちり》天に連なる。鉦鼓《かねつづみ》の声《おと》、数十里に聞ゆ。列《つらな》れる弩《ゆみ》乱れ発ちて、矢の下《くだ》ること雨の如し」だったと。

じつはこの部分は、そっくり中国の『後漢書』（光武帝紀）の引用であり、後のち日本に流行した合戦記は、ここから出発する。

さらに『万葉集』にも、持統朝に活躍した柿本人麻呂によって、時の将軍、高市皇子の死を悼む挽歌の中にこれが引用された（巻2一九九）。

ただ人麻呂は、これが「橋合戦」であることをすこしも匂わさない。むしろ大平原に展開された、雌雄を決する大合戦だったかのごとく歌うばかりだ。

さて、虫麻呂は歌の大先達、柿本人麻呂が『日本書紀』の橋合戦をすっぽり隠してしまったことを、知らないはずはないだろう。

同じく宮廷に奉仕し、歌を得意とした虫麻呂は、人麻呂の大傑作がじつは橋合戦の激戦だったことを、十分知りながらあえて正反対の、長閑たる白昼の橋を仕立て上げ、ドラマもどきの人影や空想の愛欲の構図を描いたのではないか。

虫麻呂に先立つ時代の、橋の風俗はすでに見た。虫麻呂の作品はもとよりこれらの風物詩の流れの中にあるが、傑出した叙事詩人としての虫麻呂を衝き動かしていたものは、むしろ激越な橋の風景だったはずである。

（なかにし・すすむ／国際日本文化研究センター名誉教授）

連載　歴史から中国を観る　5

儒教は漢字の教科書

宮脇淳子

かつて中国・韓国・日本をひとくくりにして「東アジア儒教文化圏」と呼んだ人がいたが、最近は聞かない。中国が世界中に広めた「孔子学院」で『論語』の精神を教えているわけではない。では、中国人にとって儒教とは何か。

前回述べたように、始皇帝による文字の統一は、「口頭で話される言語」の統一ではなく、「漢字の書体」と、その漢字に対する読み音を一つに決定したことだった。

それ以前の戦国七国では、国によって漢字の書体が違っており、読み音も異なっていたから、外交文書を取り交わそうとしても、相手の文書そのものが読めなかった。そのコミュニケーション・ギャップを埋める役割を果たしたのが、儒教集団だった。

当時すでに儒家は、『詩経』『春秋』『易経』といった古典を神聖視し、その読み方を厳密に定めていた。儒家が書いた文章をやりとりすれば、外交文書の行き違いが起きない。そこで諸国は競って儒家を雇い入れた。孔子の弟子たちが対立関係にある国に派遣されて行ったこと、孔子自身を含め、儒家に一国の宰相になった人がいないという事実は、かれらが、あくまで文書作成の技術者と認識されていたということを裏付ける。

漢字を使いこなすためには、一つずつの漢字が持つ意味がわからなければならないが、それを説明する文字は他にない。だから、古典の文章をまるごと暗記して、文脈を思い出しながら使うしかなかった。

六五三年、『五経正義《ごきょうせいぎ》』が科挙の国定教科書になり、宋代以後は「四書」が教科書になった。文章を綴るときには教科書の語彙を使うわけだから、漢字を学ぶ者は全員儒教徒に見えるだけである。漢字を知らない大多数の人々にとって、儒教は縁のない世界だった。

「名は実の賓《ひん》なり」(『荘子《そうじ》』「逍遥遊《しょうようゆう》」篇)という言葉があるが、言葉は真実にとってお客さんにすぎず、真実をコントロールしえないという意味である。今、中国人が、真実でないことを平気で言葉にできるのは、そのせいではないかと私は思う。

(みやわき・じゅんこ／東洋史学者)

■連載・アメリカから見た日本　5

銃器店だけが開いている

米谷ふみ子

『ボストン・グローブ』紙が「大統領の手に血痕が付いている。彼は気に入りの州にだけ足りない医療器具を送っている」と書いている。大統領の義務は国民の安全を守ることなのだが、トランプ大統領は医療器具が足りないのは彼の落度なのに、「文句を言っている知事たち（ＮＹ州、ＣＡ州のこと）は事前に用意していなかったのか」と、自分のことを棚に上げて叩いたり、記者会見でＣＮＮテレビの記者が質問すると、「君のテレビ局はフェイク・ニュースを流すから返事をしない」と皆の前でその記者を辱める姿が放映されていた。

今、救急処置をしている医者、看護師が、医療器具が足りないので自分たちをコロナウイルスから守れず、死んでいっている。それなのにトランプは何もしない。

そこで、ＣＡ州やＮＹ州他の知事たちは外出禁止命令を出した。スーパーと薬局を除いては買い物に出るな、家で蟄居せよという。戦争中を思い出す。殊に六十五歳以上の年寄りは外をうろうろするな、食堂は出前は良いが食事はできない、人と人との間は二米《メートル》隔てろ（喋って唾が届かない距離）、生命維持に関係のない他の店は全部閉じろという。学校も、小学校から大学まで閉じて来年度まで明けない。家でオンラインで勉強せよという。

町の商店は全部閉まり、開いているのは銃を売っている店だけで、人が行列を作っている。物騒な話である。どこにも行けないので、鬱憤を晴らすために、何かを撃つ？　アメリカ人はもちろん銃器規制をする気は毛頭ない。憲法で銃を持つことを認められている。それでも、銃のなかった日本で戦後育った私は、こういうことを聞くと、身の毛がよだつ。

あるコメディアンが「ほとんどの店が閉まっているのに、銃を売っている店が大繁盛とは、一体この人たちは銃を買ってどうするのだ？　コロナ・ウイルスを撃つつもりなのかなあ」と言って笑っていたが、笑い事ではない。

トランプを初め共和党の政治家がライフル協会から選挙資金を貰っているので、店を閉じよと言えないのだ。

（こめたに・ふみこ／作家、カリフォルニア在住）

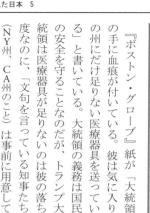

Le Monde

■連載・『ル・モンド』から世界を読む［第Ⅱ期］45

コロナと『ペスト』

加藤晴久

中国がコロナ・ロードなる新シルク・ロードを世界中に開通させた。習近平が唱えるチャイナ・ドリーム（世界制覇の夢）が成就した！　国家主席を囲む、全員が白の人民服の一大集団が犠牲者を悼むと称する光景はまるで勝利の祝賀式典であるかのようだった。対するに、後進国日本は米欧先進諸国に追いつけ追い越せとばかりに精を出している。

四月一〇日（五月号原稿締め切り日）現在の状況である。これでは、どんな話題も関心を寄せて貰えそうもない。

三月三日付（電子版）にアルベール・カミュの『ペスト』に関する記事が載っていた。日本や韓国でなく、イタリアの話である。

コロナウイルスが猖獗《しょうけつ》をきわめているイタリアで『ペスト』が驚異的な売れ行きを見せている。「二月二七日付『ラ・レプブリカ』紙によると、ネット通販で七一位から三位に躍り出た」

フランスではその気配はない。発行元ガリマール社によると、もともとこの作品はコンスタントに売れており、感染症の影響は感じられない。

その理由は、フランスでは『ペスト』はナチズムのアレゴリーであることがはじめからよく知られているからでもある。一九五五年、ロラン・バルトへの書簡の中で、作者自身がそう述べている。この物語は「ナチズムに対するヨーロッパのレジスタンスの闘いを記述したものです。その証拠に、名指しされていませんが、ヨーロッパのすべての国で、すべての人がこの敵をそれと認識しました。『ペスト』はある意味でレジスタンスの記録《クロニック》以上のものです。しかし、間違いなく、それ以下のものではありません」

すぐれた文学作品は作者の意図を超えた、多様な読み方をされるものであるということの例証であろう。

四月九日のNHK・TVニュースによると、邦訳は増刷に次ぐ増刷で、これまでの総部数は百万部を超えたという。

新訳が進行中という話も聞こえてくる。よりよい翻訳により、よりよく賞味されることを期待したい。

（かとう・はるひさ／東京大学名誉教授）

四月新刊

心性史を継承するアナール派の到達点！

感情の歴史 全3巻

A・コルバン／J-J・クルティーヌ／G・ヴィガレロ 監修

I 古代から啓蒙の時代まで

G・ヴィガレロ編

片木智年監訳

発刊

感情生活に関する物質的、感覚的な系譜学という観点から、かつて心性史によって拓かれた道を継承する、アナール派の歴史学による鮮やかな達成。『身体の歴史』『男らしさの歴史』に続く三部作完結編、遂に刊行開始。

カラー口絵24頁

A5上製 七六〇頁 八八〇〇円

各地の「原風景」を訪ね価値観の根源を問う

日本の「原風景」を読む

危機の時代に

原 剛　写真＝佐藤充男

海、山、川、野鳥、里山……生活全体の産業化・科学技術化が高度に進展する一方、多くの自然災害の到来により我々の存在の基盤が揺さぶられている今、「環境日本学」の提唱者が、ナショナリズムを超えた第四の「風景」論に挑む。

カラー口絵8頁

四六判 三二八頁 二七〇〇円

「在日」と「日本」を全身で問う

金時鐘コレクション 全12巻

10 真の連帯への問いかけ ［第6回配本］

「朝鮮人の人間としての復元」ほか 講演集I

在日朝鮮人と日本人の関係を問い直し、〝連帯〟と詩を追求する、七〇年代～九〇年代半の講演を集成。

〈解説〉中村一成

月報＝金正郁／川瀬俊治／丁海玉／吉田有香子

口絵2頁

四六変上製 三九二頁 三六〇〇円

＊五月刊になりました

17歳とともに「生きる」を考える

中村桂子コレクション いのち愛づる生命誌 全8巻

6 生きる 17歳の生命誌

経済優先・効率優先の現代社会を生んだ機械論的世界観を脱し、「生きること」を中心にする社会をめざして。

［第5回配本］〈解説〉伊東豊雄

口絵2頁

四六変上製 三六〇頁 二八〇〇円

昭和の名優、最後の文人の集大成

全著作〈森繁久彌コレクション〉全5巻

内容見本呈

4 愛――人生訓

「自由のハキ違いが、『らしさ』を失わしめた」――人生のさまざまな場面で、だれの心にもしみる一言。

［第4回配本］〈解説〉佐々木愛

口絵2頁

四六上製 三六〇頁 二八〇〇円

読者の声

全著作〈森繁久彌コレクション〉③

情――世相■

▼遠い昔、演劇青年だった私にとって、森繁コレクションの刊行は、嬉しくてなりません。

斯界の至宝ともいうべき氏の功績を活字等で振り返ることができるとは、至福の時間です。不世出の俳優の姿が、目蓋によみがえります。ありがとうございます。

（愛知　**鈴木庸規**　70歳）

いのちを刻む■

▼『毎日新聞』に「学校とわたし」の欄で木下晋さんが出ていて、すぐ切りぬいて、本屋に持っていって注文する。今か今かとまっていると、書店よりTELですぐに購入してむさぼるように読みつづけました。一行一行心を打つ。第四章、荒川修作氏との出会い、おくすることなく自分の心をしめていた心のシコリを一気にしゃべって、それへの荒川氏の答えがすばらしい。本当に感動。それを素直に受けとり、私の人生が逆転した瞬間、といただく木下晋さんの素直な心、本当にこの世の中に阿弥陀様の化身がいるんだと思いました。

（大分　浄土真宗本願寺派光樹山西方寺前住職　**北條祐熙**　78歳）

ベルク「風土学」とは何か■

▼日本の哲学がベルクの哲学に大きく影響を与えていることを知り、驚きました。また、川勝知事の興味の広さにも驚きました。非常に楽しく読むことができました。

（秋田　高等学校教員　**小松田信之**　56歳）

〝フランスかぶれ〟ニッポン■

▼経済学のイメージしかなかった橘木氏による〝日仏文化交流（輸入）史〟のような内容を興味深く拝読させて頂きました。私はフランスに行ったことも行くこともないのですが、現在のフランスにはテロ、失業、移民難民問題、ストといったマイナスイメージしかありません。それでも、もし彼の地に滞在することがあれば、やはり「かぶれてしまうのかな」などと考えてしまいました。真剣に……。

（神奈川　会社員　**松岡敬介**　56歳）

いのちの森づくり■

▼仕事の関係で横浜国大を訪ねた際、学生の新聞で紹介されており購入。読書は苦手な私ですが、一気に読み終え、大変に感動しました。

宮脇氏の著作をぜひ今後も出してほしいと思います。

（電気修理業　**三木拓也**　42歳）

国難来■

▼『産経新聞』の新保祐司さんのオピニオン欄を見て、後藤新平について、断片的には知って居りましたが、本人について論じられたものを読んで居りませんので、本当に理解することができました。有益な書物、読物でした。

（熊本　元自衛官　**古澤万亀生**　91歳）

金時鐘コレクション⑦

在日二世にむけて■

▼在日朝鮮人として生きる金時鐘の魂の軌跡が強烈に心に響く。

植民地にされたということの精神内部への無限の圧力のすさまじさを知る。

朝鮮人を押し殺し、日本人として生き、日本語、日本の思想を日本人として受けとめ尊重して育ってきたことをすべて振り払って朝鮮人をとり戻す。植民地の日本語を在日朝鮮人の日本語として、自分のことばとして書いていく葛藤。在日朝鮮人という存在を一人の人間として、一人の詩人として生きていくということの強烈な覚悟。

　しかし、このことこそが、金時鐘という詩人を世界に一人の詩人として屹立させている。

（東京　介護職　**福地秀子**　72歳）

「大正」を読み直す■

▼私は大正期の思想史をカンブリア爆発の頃と同じようなものだと考えていました。覇者アノマロカリスがロシア革命の影響を受けたボルシェビズム、目が五つのオパビニアがその息子たるサンジカリズム、なんだか上下さえもわからないハルキゲニアが、まだ未分化な国家社会主義の諸勢力、あれこれ突然のように出現する楽しみに耽っておりましたが、子安さんのようなまじめな「読み直し」を全くやってこなかったことを深く恥じ入りました。
（奈良　学習塾経営　**杉浦功**　55歳）

※みなさまのご感想・お便りをお待ちしています。お気軽に小社「読者の声」係まで、お送り下さい。掲載の方には粗品を進呈いたします。

書評日誌（二月号〜三・二一）

(書)書評　(紹)紹介　(記)関連記事
(イ)インタビュー　(TV)テレビ　(ラ)ラジオ

二月号　(書)島嶼研究「日本ネシア論」（宮内久光）
三・二　(記)東京新聞「三島由紀夫 vs 東大全共闘」（「大波小波」／「三島由紀夫の真実を見る」）
　(記)日本経済新聞（夕刊）［石牟礼道子さん三回忌の集い］（「夕刊文化」／「石牟礼道子没後2年」／「広く深い「海の声」再評価」／郷原信之）
三・三　(記)産経新聞「日本を襲ったスペイン・インフルエンザ」（「産経抄」）
三・四　(記)東京新聞［石牟礼道子さん三回忌の集い］（「文化」／「石牟礼文学　尽きぬ思い」／「都内など　三回忌に作家ら集う」／鈴木久美子）
三・六　(書)週刊読書人「いのちを刻む」（「読物文化」／「残酷な作業、慈しみ、懸命に生きる姿を刻む作業」／歌代幸子）
三・七　(記)読売新聞「日本を襲ったスペイン・インフルエンザ」（「仁王立ちで立ち向かえ」／橋本五郎）
三・八　(書)中国新聞「いのちの森づくり」（「雑草の人　緑の防潮堤へ」／佐田尾信作）
三・八〜　(紹)サンデー毎日（特大号）「いのちを刻む」
　(書)共同配信「いのちを刻む」（「深い孤独、尊厳との共振」／鎌田慧）
三・一四　(書)図書新聞「資本主義の政治経済学」（「特集　メディア・資本主義・歴史」／「商業社会と現代経済、政治と美学、哲学を新たに読む四冊」／「レギュラシオン理論の到達点と展望」／「経済学や現代資本主義分析のテキスト」／横田宏樹）
三・一五　(書)毎日新聞「いのちを刻む」（「孤独の闇の底　光持つ鉛筆画」／堀江敏幸）
三・一六　(書)毎日新聞（大阪・市内版）「全著作〈森繁久彌コレクション〉」（「森繁久彌さんの遺筆集める」／「全5巻の「コレクション」」／「藤原書店刊行　自伝、芸談など」／戸田栄）
三・一九　(書)聖教新聞「いのちを刻む」（「文化」／「鉛筆画が開く世界」／「自伝「いのちを刻む」の著者　木下晋氏に聞く」）
三・二一　(記)新美術新聞「いのちを刻む」（「美・友・人」／「56年目の自分との再会」／木下晋）
　(記)朝日新聞「世界の悲惨」（「情報フォルダー」）

六月新刊予定

＊タイトルは仮題

個人に留まらぬ歴史的社会的日記！

J・ミシュレ
日記 I 全2巻
一八三〇〜一八四八年

本邦初訳

大野一道 編
大野一道・翠川博之 訳

「ミシュレの日記はフランスの告白文学において最も驚嘆すべきものの一つ」（『ル・モンド』一九五〇）。浩瀚な『フランス史』全六巻を著した大歴史家の日記。Iは七月革命（一八三〇）から二月革命（一八四八）への移行期。妻や父との死別を経て、個と、人類という普遍との運命を思い見る全体史家の姿が浮き彫りに。

銀幕の名優による名文の集大成！

全著作
〈森繁久彌コレクション〉 全5巻
内容見本呈

5 海——ロマン
完結

〈解説〉片山杜秀

森繁久彌

「船には私の大好きな名前をつけた。ＭＡＹ・ＫＩＳＳ。五月の薫風が帆一杯に接吻する時、私を乗せたこの四畳半は一切のわずらわしさから私を断って、縹渺とした大洋の上を私の意のままに漂い流れ走ることであろう」。人と文化をつなぐ〝海〟を愛し、七十八歳で日本一周をなしとげた森繁さん。［最終配本］

「日本には二つの中心がある」

楕円の日本
日本国家の構造

山折哲雄
川勝平太

「日本」における芸術・文化・宗教の二千年史を、グローバリゼーションの今、どう捉え直すのか？ 国家と国土、権力と権威、聖と俗、芸術と宗教などの「二つの中心」によって織り成される日本の知と文化が、今どうあるべきか、宗教学者・山折哲雄と、経済史家・川勝平太が徹底討論！

書評とは、本の中に「人間」を見つけること

虚心に読む
書評の仕事 2011-2020

橋本五郎

「書物の数だけ思想があり、思想の数だけ人間が居る」（小林秀雄）——長年にわたって読売新聞の書評委員を務めてきた著者が、小林秀雄の読書論を導きに、「人間」を見出す書評に取り組んだ書評集、第二弾。長短の書評に加え、単行本解説、書物論、そして書物を通じた小泉信三論を収録。

5月の新刊

タイトルは仮題、定価は予価。

黒田勝雄写真集
最後の湯田マタギ ＊
黒田勝雄　推薦＝瀬戸内寂聴
B5上製　一四四頁　二八〇〇円

評伝 関寛斎 1830-1912 ＊
極寒の地に一身を捧げた老医
合田一道
四六上製　三二八頁　二八〇〇円

内田義彦の学問 ＊
山田鋭夫
四六上製　三八四頁　三三〇〇円

金時鐘コレクション（全12巻）
10 真の連帯への問いかけ ＊
「朝鮮人の人間としての復元」ほか　講演集Ⅰ
〈解説〉中村一成　口絵2頁
月報＝金正郁／川瀬俊治／丁海玉／吉田有香子／
四六変上製　三九二頁　三六〇〇円

6月以降新刊予定

J・ミシュレ 日記 Ⅰ（全2巻） ＊
一八三〇〜一八四八年
大野一道編　大野一道・翠川博之訳

好評既刊書

全著作〈森繁久彌コレクション〉（全5巻）
5 海――ロマン ＊
〈解説〉片山杜秀　内容見本呈

虚心に読む ＊
橋本五郎

楕円の日本 ＊
日本国家の構造
山折哲雄　川勝平太

別冊『環』㉕
高群逸枝 1894-1964
芹沢俊介・服藤早苗・山下悦子編

生きているを見つめ、生きるを考える
中村桂子

感情の歴史（全3巻）
A・コルバン／J-J・クルティーヌ／G・ヴィガレロ監修
Ⅰ 古代から啓蒙の時代まで ＊
G・ヴィガレロ編　片木智年監訳
A5上製　七六〇頁　八八〇〇円　カラー口絵24頁

全著作〈森繁久彌コレクション〉（全5巻）
4 愛――人生訓 ＊
〈解説〉佐々木愛　内容見本呈
月報＝池辺晋一郎／本條秀太郎／林家正蔵／原荘介
四六上製　三六〇頁　二八〇〇円　口絵2頁

中村桂子コレクション いのち愛づる生命誌（全8巻）
6 生きる ＊
17歳の生命誌　〈解説〉伊東豊雄
月報＝関野吉晴／黒川創／塚谷裕一／津田一郎
四六変上製　三六〇頁　二八〇〇円　口絵2頁

日本の「原風景」を読む ＊
原 剛　写真＝佐藤充男
四六判　三二八頁　二七〇〇円　カラー口絵8頁

世界像の大転換
リアリティを超える「リアリティ」
北沢方邦
四六上製　三〇四頁　三〇〇〇円

生き続ける水俣病
漁村の社会学・医学的実証研究
井上ゆかり
A5上製　三五二頁　三六〇〇円

中国人が読み解く**歎異抄**〈中国語訳付〉
張鑫鳳 編
四六上製　二〇〇頁　二八〇〇円

高橋和巳論
宗教と文学の格闘的契り
清 眞人
A5上製　五七六頁　六二〇〇円

世界の悲惨 ⅠⅡⅢ（全三分冊）
P・ブルデュー編
監訳＝荒井文雄・櫻本陽一　完結
A5判　五〇〇頁平均　各四八〇〇円

＊の商品は今号に紹介記事を掲載しております。併せてご覧戴ければ幸いです。

書店様へ

▼石田紀郎さん著『**消えゆくアラル海 再生に向けて**』が4／11(土)『日経』読書面「この一冊」にて山根一眞さんが絶賛書評。琵琶湖のほとりで育ち、農学の道に進んだ著者がアラル海消滅の危機にあるカザフスタンに通いつめ、その真実を描き出した画期作。在庫のご確認を！▼**全著作〈森繁久彌コレクション〉第3巻『情――世相』**が4／15(水)『朝日』「折々のことば」にて鷲田清一さんが紹介。「理屈をつけたものは、みんな滅んだり衰えたりする。理屈がないことが何よりだ。」既刊分とともに在庫のご確認を！▼『**いのちを刻む 鉛筆画の鬼才、木下晋自伝**』が4／18(土)『産経』読書面「産経書房 本ナビ＋1」にて俳優の寺田農さんが絶賛紹介。在庫のご確認を！▼『**日本を襲ったスペイン・インフルエンザ**』が大増刷。『文藝春秋』5月号や『週刊文春』4／30号緊急対談「感染症が世界史を変えてきた」ほかにて取り上げられております。パンデミック研究の圧倒的金字塔、大きくご展開を！　（営業部）

出版随想

▼今月は、戦後、ようやく本格的に光が当たり出してきた後藤新平を特集してみた。小社が、後藤新平に着目し、プロジェクトを起ち上げて二〇年になる。まず、各巻千頁は優に超える鶴見祐輔著『後藤新平』全四巻（後藤新平伯伝記編纂会編）を素読するところから始まった。この大冊は、鶴見も序文で書いているように、自分がやったことは、後藤伯の一次資料をつないだだけである、と。この伝記編纂の仕事は、新渡戸稲造を中核に、当時一級の歴史学者などが協力して、集め、編集され、アンカーとして鶴見がまとめたものである。一九三七〜三八年の出版というから、後藤の死後十年足らずで出版に至ったとは驚くべき速さである。しかも、現在においても、この本を超える後藤新平の全体像を捉える本はない。「集中力恐るべし！」だ。

▼後藤新平の命日は、一九二九年四月一三日である。その三ヵ月後に、四〇〇頁近い『吾等の知れる後藤新平伯』が出版されている。徳富蘇峰、大川周明、石黒忠悳、新渡戸稲造、下村海南、白鳥庫吉、松岡洋右、星一、藤原銀次郎、辜顕栄、岩永裕吉ら錚々たる名士56人が長文の追悼文を寄せている。その後も、幾多の人が折りに触れ、後藤新平を語り描いている。一国の宰相には成れなかったものの、真の政治というものを後藤ほど知り抜いていた人間はいないのではないか。関東大震災が起きて一ヶ月後の文章だ。

「国家は一人のための国家ではなく、政府は一人のための政府ではない。したがって、責任を国家に負うものは必ず無私の心で奉仕し、常に国民とともに、国民のために貢献しようと目指さなければならない。」

▼後藤新平は、有事の男である。平時にあっては、誰が政事《まつりごと》をしてもそう変わらないだろうが、事、有事に至っては、誰が舵《かじ》を取るかで全く変わってくる。今政府は、「国難」という言葉を使うようになったが、後藤が、関東大震災半年後に使った「国難」の言葉の意味を、今わが国民はしかと味わう時ではないか。

「国難を国難として気づかず、漫然と太平楽を歌っている国民的神経衰弱こそ、もっとも恐るべき国難である」

（後藤新平『国難来』より）（亮）

第七章　北海道に新天地を求めて

1879－1902

梧陵がニューヨークで客死

一八七七（明治十）年、西南戦争が西郷隆盛の死により終焉し、その翌年、大久保利通が暗殺されて、士族による騒乱はようやく鎮まった。だが新たに自由民権の動きが芽生えだしていた。一八七九（明治十二）年、寛斎はコレラに関わる研究成果として「虎列刺《コレラ》私考」発表した。わが国でコレラ菌が発見されるのは一八八四（明治十七）年だから、これより五年も早い時期になる。

このころ、医師の道を歩みだした長男の生三が結婚した。父寛斎の望まぬ結婚であり、金銭的なトラブルも重なって、寛斎は苦渋の末に廃嫡とし、六男餘作を相続人に定めた。家族制度が重要視されていた時代の廃嫡である。以後、父と子の間に冷たい関係が生まれる。

寛斎はこう書いている。

生三を目前にて思ふ儘に処置して十分に思を晴さんと欲すれとも、亦自ら顧み独り怒を鎮めるを得たり。予は生三が不孝を重ぬるを――必定《ひつじょう》天より予を罰すると覚悟するの外あらず。

最後に、予、必ず天から罰を受けるのを覚悟する、と記すあたり、激情を辛くも抑えた文章ともとれる。だが生三が本当に不肖の子であったのかというと、そうは言い難い。生三は寛斎が歩んだ医師の道を継ぎ、徳島に留まり続けたのである。むしろもっとも父に近い生活をしたともいえる。

世間は、自由民権運動が急激に高まりだし、北海道開拓使官有物払い下げ事件に端を発した「明治十四年の政変」が起こった。これを機に天皇は、国会開設を約束した。政党が乱立して対立する中、自由党の板垣退助が襲撃され、自由民権を叫ぶ群馬事件、加波山事件、秩父事件などの反政府運動が起こった。隣国の朝鮮では甲申事件が突発した。

一八八五（明治十八）年、薩摩、長州を中心にした初の内閣制度が誕生した。世の中が激しく動く中で、その年の四月二十一日、アメリカ・ニューヨークに赴いていた浜口梧陵が突然亡くなった。梧陵は紀州藩に登用され、権大参事として藩政改革に当たり、維新後は和歌山県会の初代議長になり、国会開設に備えて議会制度調査のためアメリカに渡り、丸一年間滞在していた。その最中の死だった。

悲報を受けた寛斎は、驚きで声も出なかった。梧陵の援助で長崎に向かった遠いあの日――、そして戊辰戦争を経て維新後の徳島の暮らしにまで、何かと心を寄せてもらい、毎年、生産する味噌、醬油を送ってくれた。もし梧陵に出会っていなかったら、自分はどんな生涯を送っていたか。人生を振り返るだけで、涙が溢れた。

後年の自著『目さまし草』（一九一〇年、明治四十三年刊）の「自序」で、梧陵の清廉潔白な生き方を讃え、本文の「梧陵翁小伝」で以下のように記述した。

実践躬行《じっせんきゅうこう》を主とし、新知識を世上に広布せむ事を怠らず。洋医書研究所を初めて江戸に創設するの際には率先して寄付者たり。みづから節倹を取るも而《し》かも、博愛にして生徒殊に篤志の貧生に学資を補給せり。勝安芳翁もこれを受けし其一人也と云へり。迂翁《うおう》は特に厚き愛護を受け得し也。

要約すると、梧陵翁は幕府が初めて洋医書研究所を創設する時、率先して寄付し、貧しい学生には学資を出した。勝海舟もその一人だった。迂翁、つまり疎《うと》い老人の私も深い恩義を受けた、という内容である。「特に厚き愛護を受け」た梧陵への、万感の思いが滲む。

反政府運動は少しも収まらず、三大事件建白運動にまで進展し、内閣による弾圧が起こった。そんな最中の一八八七（明治二十）年、寛斎は妻アイとともに大和・日光旅行に出かけた。和歌山県内に建てられた梧陵の墓参りと、養父俊輔の十七回忌の墓参が主な目的の旅である。以後、寛斎は毎年、梧陵の墓参も続けることになる。

寛斎が大和・日光旅行に出かけた前年の一八八六（明治二十）年に「北海道土地払下規則」が施行され、華族、官僚、政商、豪農などに限り、一人当たり三十三町歩（約三十三ヘクタール、約十万坪）の土地の払い下げが許可された。一八八九（明治二十二）年には、旧徳島藩主の蜂須賀茂韶が華族の立場で、三条実美と共同で申請した雨竜原野の五億町歩（約五億ヘクタール）の土地が譲渡許可になった。ケタ違いの面積である。それを知った寛斎は、旧藩主までが北海道開拓に足を踏み入れたことに、感嘆の声を上げた。

一八九一（明治二十四）年、大日本帝国憲法が発布された。この年、六十一歳の寛斎は「遺書」を書いた。しかもなぜか「遺書の一」としている。冒頭の「寛」は寛斎の改名後の名なのは前述の通り。

寛が墓石は現在に存する処の両親の三分の一を過ぐる可《べ》からず。（台石は決して用ゆべからず）なるべく小にすべし。左の一語を墓石の側面に刻みて子孫たるものへ示す。

人以苦楽為本（人は苦楽をもって本となす）

墓碑中に寛が生涯を記すは汚辱なり。これ後日まで醜態を残存することなり。決して誌す事なかれ。葬式は現時の弊に倣う事なかれ。子たるの精神あれば足れり。寛が望む所は予が一身を裸体にして、早く本の土に化せん事也。

人は苦楽をもって本《もと》となす、とは、寛斎の処世訓を如実に表した文面だが、それにしても遺書に「一」と記した意味をどう考えればいいのか。まだ言い残すことがあるとの含みを持たせたものか。

又一、札幌農学校に入学

この年から寛斎は貧しい家庭の子どもたちを救うため、猛然と動きだした。恐ろしい天然痘から幼児を救うため無料で種痘を施した。薬品など費用はすべて寛斎が負担した。注射を嫌がる子どももいたが、「病気にならないようにするんだ」というと、みんな素直に応じた。

この種痘は一八九七(明治三十)年まで七年間にわたり実施され、合計五千七百人にも達した。家計が苦しいのはわかっているが、そうしなければ己の気持ちがおさまらないのだ。

寛斎の根底に流れる、人間に差異があってはならない、という平等の思想である。だから恵まれない人を救う、ことに子どもを救うことに全力を尽くす。反対に大金持ちからはできるだけ金を出させる、というわけだ。

しかし、寛斎がいくら平等を唱え、医は仁術と主張したところで、現実にわが家には大勢の家族や書生がいるのだから、毎日の食べ物を用意するだけでも大変である。妻のアイは、三度の食事は一汁一菜と決めたので、極端な耐乏暮らしの毎日になった。

だが寛斎は、それで十分、平和なら贅沢などいらぬ、という考えに徹している。いずれこの貧富の格差をなくし、誰もが平等に生きられる理想郷を作るのだ、という思いが高まっていた。

寛斎はそれを北海道に求めようとした。一つは門下生である医師の斎藤龍安が明治維新後、北海道の開拓使に入り、札幌で暮らした後、いまは平潟に戻って医院を開業しているが、その龍安から未開の北海道の将来性を知らされたこと。もう一つ、真っさらな未開の地こそ、理想郷を作るにふさわしいと判断したことによる。

この時期、徳島からも多くの人物が北海道開拓に乗り出していた。前述のように、稲田騒動の煽りで淡路洲本の稲田家が故郷を追われるように北海道日高の東静内に開拓地を求めたのに続いて、阿波の藍作農民らが藍染料の輸入不振から石狩国の余市に集団移住していた。『徳島日日新聞』明治三十三年一月一日に「北海道に於る本県人の開墾事業」として次のような記事が見える。(□は読めず)

茲《ここ》に我徳島人士が大地積の貸下を受け、農場を設けたるものの概況を記せば

石狩国	貸下面積	八百五十町歩	株式会社興産社
同国	貸下面積	六千四百町歩	侯爵蜂須賀茂韶
同国	同	五百町歩	坂東勘五郎外一名
十勝国	同	千町歩	坂東勘五郎
石狩国	同	八百町歩	友成士寿太郎
胆振国	同	六百三十町歩	近藤庫平
			阿部興人

石狩国	同	百廿町歩	宇野鶴太外一名
同	同	二百卅町歩	□内文伴外一名
同	同	千百町歩	滝本五郎外三名
胆振国	同	百五十町歩	小田□太郎外二名
石狩国	同	二百町歩	宮本虎五郎外五名
同	同	百五十町歩	井上兵次郎
後志国	同	二百七十町歩	橋本伸太郎
北見国	同	二百町歩	井内□一郎外四名

冒頭の興産社は、滝本五郎と滝本の実弟の阿部興人、それに近藤庫平、原文吉（文右衛門）が発議し、親戚や朋友に呼びかけて設立した移民会社で、一八八二（明治十五）年に石狩国篠路村（現在の札幌市東区篠路）に入植し、藍の栽培に着手している。個人名でも別に土地を取得しているのがわかる。

二番目が元徳島藩主の蜂須賀茂韶による開拓である。これは前述のように共同申請者の三条実美とともに、早くから動きだしていたが、三条が亡くなったため新たに一八九〇（明治二十三）年、土地貸付を受け、移住者とともに石狩国の雨竜郡雨竜村に入り、蜂須賀農場を開き、開拓に務めた。華族組合農場といわれ、最初の数字には及ばないものの「貸下面積六千四百町歩」は、他とは比較にならない規模である。この開拓はその後、さまざまな紛争を招くのだが、この段階では画期的な農場建設とされた。

これを知った寛斎は、心を強く揺さぶられる思いがした。

世の中は天皇の政治に変わったというのに、薩摩と長州主体の藩閥政治が続いており、多くの国民は、以前と何ら変わらぬ貧しい暮らしをしていた。また樺太・千島交換条約が締結したのに、ロシアの政治姿勢は少しも変わらず、国防面からも北海道の開発は急がれていた。いまこそこの国をよくするには、自らの理想郷を作らねばならないとの思いが強まった。寛斎のフロンティア・スピリット、開拓者精神、進取の気性に揺さぶりがかかったというべきか。

寛斎は、期待を寄せる十七歳の七男、又一に、北海道が近い将来、重要な役割を果たす土地になるとして開拓構想を述べ、全国から注目を集める札幌農学校への入学を勧めた。又一は父の意見に大きな夢を抱き、入学の手続きをとった。

一八九二(明治二十五)年一月、三男の周助がアメリカの大学で経済学を学ぼうと、一足先に、海を渡った。寛斎は二人のわが子が、いま果てなき夢に挑戦しようとしていることに、膝を叩いて喜んだ。

又一の札幌農学校への入学が決まった。寛斎は徳島の町に住む片山八重蔵夫妻に事情を話し、一足早く北海道へ赴き、又一の入学から学生生活まで面倒をみて欲しいと頼み込んだ。このあたり寛斎の必死さが窺えるが、実際に又一だけをひどく可愛がっていた。長男の生三との折り合いが悪かったのも一因だったのかもしれない。

このころ撮影した家族写真がある。前列に妻、娘、孫たち、後列の中央に寛斎、左右に又一と生三が写っているが、寛斎は生三そっちのけで、又一の肩に手をかけ、寄り添っている。親馬鹿そのものにも見える。いずれにしろこの一石が、寛斎と又一の具体的な行動の第一歩となったのである。

寛斎の頼みを了解した片山夫妻は、すぐ出発準備に取りかかり、三月、北海道へ向け旅立った。ほどなく又一も徳島を出立した。船旅を重ねて小樽へ。ここから徒歩で札幌へ赴き、片山夫婦に促されて札幌農学校の寄宿舎に入った。片山はすでに北海道炭鉱鉄道会社に就職して、北海道の様子を見ながら又一の暮らしを支える体制を整えていた。

季節がめぐり、家督相続人に決まっていた六男の餘作が、分家して札幌に籍を移すと言いだした。又一の学生生活を伝える便りの中に、北海道開拓への壮大な夢が書かれており、それに心を動かされたのだった。「寛斎年譜」の一八九三（明治二十六）年二月四日に「餘作分家（札幌南二条西五丁目七）」とあり、札幌に住宅を用意したことがわかる。

寛斎はうむうむと頷きながら、まだ見ぬ北海道に心を弾ませた。

北海道樽川に土地取得

入学したばかりの又一から寛斎に宛てて「北海道樽川の原野三十町歩貸し下し出願した」という便りが届いた。三十町歩は約三十ヘクタール、ほぼ十万坪に相当する。

北海道の土地は「北海道土地払下規則」(一八八六年=明治十九年制定)により、一人当たり三十三町歩(約三十三ヘクタール、約十万坪)が、華族や資本家に実質ただで払い下げられていたが、それが改定されて一般の希望者にも門戸が解放されたのである。

だがすぐに許可は出ない。寛斎は順天堂の師、佐藤泰然の子息で林家を継いだ林董や開拓使に籍を置く知人の山内堤雲に頼み込み、協力を願った。

一八九四(明治二十七)年、日清戦争が勃発した。大勢の兵士が歓呼の声に送られて、戦線に向かった。戦いは熾烈を極め、戦死者や戦傷者が続出し、戦傷者は帰国して国内の病院へ移されていた。だが病院への民間人の出入りは禁じていた。

寛斎は出征兵士の留守宅三百戸余りを回って慰問し、家族から手紙と慰問品を預かると、それにハンカチ、手拭いを添えて、収容されている広島、松山、丸亀の病院を訪ね、傷病兵たち一人一人に手渡した。この寛斎の心温まる行為に、留守家族も傷病兵たちも感激した。

一八九六(明治二十九)年春、又一の名義で申し込んでいた願いが許可され、北海道石狩郡樽川植民地原野第七線の原野三十町歩（約三十ヘクタール、約十万坪）が貸与された。現在の石狩市樽川である。又一から、片山夫妻が早速、現地に入って開拓に着手したこと、小作人六戸が移住したことなどを知らせる便りが届いた。

北海道開拓の構想がようやく実践に移ったのである。寛斎が快哉を叫んだのはいうまでもない。そんな時、四女のテルがわずか十五歳で亡くなり、続いて浜家に嫁いでいた長女のスミが働き盛りの三十九歳で忽然と亡くなった。無常は世の習いとはいえ、肉親との別れは辛く、悲しい。寛斎はアイの肩を抱いて、ともに泣き崩れた。

寛斎が北海道へ赴いたのは同じ年の七月、長い船旅を続けて初めて踏みしめた北海道の大地は、着実に開拓が進んでおり、清新な空気が漂っていた。

札幌に着いた寛斎は、又一や片山の案内で早速、樽川農場へ赴いた。ここは石狩湾にほど近く、土地も肥えており、片山らによる開墾が始まっていた。周囲を歩く高齢の寛斎の姿を見て、小作人たちは感嘆の声をあげた。

その夕、札幌の餘作宅に又一や片山らが集まり、農場開設の喜びを分かち合った。ほどなく寛斎の意見もあって、この地に神社が建立された。

喜びがもう一つ重なった。浜口梧陵の孫の梧洞（慶次）が、寛斎を訪ねて樽川にやってきたのだ。寛斎は感激し、その手を強く握りしめた。梧洞は後に則重作の短刀を寛斎に贈っている。

「石狩国樽川開拓」と題する絵が現存する（一六九頁）。大地に挑む人たち、小屋掛けをする人たち

樽川農場跡地に立つ碑(石狩市樽川)

や、赤子を背負って煮炊きする女性、薪をくべる男児の姿も見える。片山家と入植した六戸の人たちを描いたものであろう。

北海道訪問を終えて徳島に戻った寛斎は、改めて家督を三男の周助に譲った。すでに六十六歳の高齢だから、当然のことなのだが、本人はまだまだという気持ちが強い。それは新たに構築された北海道開拓への歩みだった。

ところで、石狩国樽川とは現在の石狩市樽川を指す。石狩湾を望む広大な地域で、もともとは樽川村と呼ばれたが、一九〇二(明治三十五)年に隣接する花畔《ばんなぐろ》村と合併して、両村の地名を一文字ずつ採って花川村になり、同村字樽川になった。一九〇七(明治四十)年には石狩町と合併して同町樽川になり、後に市制が敷かれて現在名になった。樽川に接続して花川地域が南北に広がる。

途中、石狩と小樽の境界線を変更するなどしたほか、石狩新港の建設に伴い、札幌市、小樽市との海岸線の境界が複雑に入り組む形になっている。

だが樽川地域そのものは整然とした町並みに生まれ変わった。公園なども整備されていて、自然環境に恵まれた住宅街を形成している。寛斎と又一が開いた樽川農場跡地には記念碑が立っており、近くに寛斎が建てた樽川神社もあり、往時を偲ぶことができる。

十勝のトマムに開拓地

一八九七（明治三十）年三月、「北海道国有未開地処分法」の改正が公布された。一般人を対象に、といっても「富民」や「資本家」に限られるが、開墾、牧畜、植樹などに供する土地、一人当たり八千町歩（八千ヘクタール）を貸し付ける、成功したら無償給付するというものだった。いわばただで土地が貰えるというわけである。北海道はこの時期、人口七十八万六千二百十一人。まだまだ開拓途上にあった。

明治日本における唯一のフロンティア、北海道。その存在が人々の胸を揺すったのは間違いなかろう。

寛斎の北海道移住の決意が固まった。いままで生きてきたことに感謝し、「国恩の万分の一を報いる」と考える寛斎が、全資産を投入してでもやり遂げようとしたもの。それが新しい天地の創造なのであった。

それにしても「人生五十年」といわれた時代の六十七歳である。いかに健康とはいえ、その精神力に驚かされる。

この年、寛斎は妻とともに京都周辺をくまなく旅し、養父である俊輔を慰霊する「関素寿之碑」を建立したうえ、『西京土産』を著した。若いころから歩くのに慣れているとはいえ、この健脚ぶりと筆マメさには舌を巻くばかりだ。

関家の家督を相続した三男の周助がこの年、結婚した。三十五歳。新しい旅立ちを前に何の憂いもなくなったといえる。

意外なことに寛斎が「遺書の二」を書いたのはこの時期である。前段に「貧者の子弟に学資を与え」などと記した後、「葬儀の際は子孫たる者のうちにて提灯を携え、棺《ひつぎ》を担ぐ人四名のほかは同行すべからず」として、以下のように続けた。

予は肉体の生活は仮の事とせり。故に今や死するを悲しまず、依って死に臨んで、醜悪に傾くわが子にも見せしむるを忌《に》む。ゆえに独り終焉に帰するこそ最も好む所なり。いわゆる寂滅《じゃくめつ》こそよけれ。依って死後の肉体は予が欲するまま以てせば、溶解して植物の肥料たらしむことを希望するも、子たる者の忍びざる所ならん。然れども、然れども、霊魂たるや永く為楽の地与えられん事を、愛《いとしい》子孫に希望するや最も切なり。

私の肉体の生活は仮のことだから、死んでも悲しまない。独りで死んでいくのが望ましい。肉体は溶解して肥料になるのを希望する。しかしながら霊魂は長くこの地にある、という意味である。

寛斎が又一に請われるままに、北海道の樽川農場を再び訪れたのは一八九八（明治三十一）年夏。片山夫妻らの尽力で農場はしだいに開拓され、さらに貸し付けられた原野も含めて面積は急速に増えていった。

「白里研究資料」によると一九〇〇年初頭（明治三十年代半ば）には小作人二十三戸、耕地は百四町歩（百四ヘクタール、三十二万坪余）と記されている。

東京の上野公園の面積が三十六万坪だから、樽川農場の広さはそれに匹敵する。寛斎がその膨張ぶりに目を見張ったのも当然であろう。

だがこの時の寛斎の視線は、さらに遥かに遠くを見据えていた。国が未開地処分法として解放して、まだ手つかずの北海道十勝のリクンベツ・トマム原野（オリベ原野、上利別原野を含む）千十一町歩（千十一ヘクタール）の貸与を、三男周助、六男餘作、七男又一の名義で申請したのである。樽川のおよそ十倍の広さに匹敵する。

ちなみに餘作と又一のこの時点での住所は、札幌の山鼻村番外地になっている。周助は渡米して帰国後は、徳島に住んでいた。八男の五郎についても触れておく。五郎は体が弱かったが、後にト

開拓される樽川農場（想像図）

十七人の大家族の写真。後列左から二番目が寛斎、その右が妻アイ

マムに入植し、陸別の隣町の足寄郵便局の局長代理（局長は又一）を務めることになる。

寛斎が安定した徳島の暮らしを捨てて、一家を挙げる形で未開の地へ向かおうとしたのは、明らかに自分自身の力で新しい社会を建設しようとしたことに尽きるが、その先に見据えたのは、格差のない、自由で平和な社会であった。これまで体験してきた社会は、四民平等を唱え、武士も農民もすべて平等になったとしながら、現実は上下関係が根強く残り、金持ちはより金持ちになり、貧乏人はますます貧乏になっている。

誰もが健やかに生きられる永遠の理想郷を現出させるには、いまこそすべてを打ち砕き、白紙から作り直さねばならない。そのための舞台こそ、まっさらな未開の地でなければならなかった。言葉を変えて言うなら、寛斎の芸術的な衝動による建設――、といっていいかもしれない。

事実、寛斎はその後、入植した農民たちすべてが、農家として独立できる体制を整えている。土地を持つことのできない農民（小作人）が多かった時代の、夢のような計画である。だが寛斎のこの経営理論が、後に又一との対立を生むことになろうとは。

この時期に撮影した関一家の写真がある。十七人もの大家族の写真で、前列に孫たち、中列から後列にかけて息子夫妻、娘夫妻ら。後列左端に寛斎とアイが見える。「本年七十ノ春ヲ迎ヘ子孫ノ集マリタルヲ幸トシテ之ヲ領ツ　明治三十二年一月」と記されている。

夫唱婦和の旅

寛斎はこの時期から何かに突き動かされるように、妻アイを伴い、旅行を重ねた。大阪、京都から若狭、越前、加賀、能登、越中、飛驒、信州などをめぐる夫唱婦和の旅は、一九〇〇（明治三十三）年まで続いた。夫妻とも六十代後半から七十代、その健脚ぶりに驚かされる。

これほど長期に及ぶ旅行をした理由は何だったのか。新たな目標を前にしての見納め、と思えてならない。

寛斎は旅先から、友人知己に便りを送っているが、そのうち実家である千葉県山辺郡中村（現在の東金市東中）の吉井家当主の徳一に宛てた飛驒国白河村の温泉宿からの便りを掲げる。心境の一端が窺える。

本年モ例ノ遊癖《あそびぐせ》ニテ、大阪、京都、若狭、越前、加賀、能登、越中ヲ往テ、本日ハ表記ニ泊セリ。（中略）貴家御満足多ク、且ツ予ガ妹トシテ誇ルベキ勤倹ヲ取リ、家ヲ豊ニスルノ事ハ最モ大ニ感激スル処ニシテ、御先祖様初《はじめ》各霊位ニ於テ定メテ満足ナラント、実ニウレシク存候

冒頭にこの旅行を、己の「遊び癖」とし、わが妹、つまり吉井家と親戚に当たる君塚家より嫁い

だ妻アイの存在に感激し、先祖への感謝の念を記している。この便りは吉井家に現存する。
間もなく夫婦旅行を終えて自宅に戻った寛斎は、すかさず『山陰旅行日記』を著した。その時に詠んだ和歌一首。

ふり積もる　しげき埃をかきわけて　神のむかしの奇き跡を見む

その後の同年十二月二十五日、再び吉井家当主徳一に出した便りも紹介したい。

一、瞬間モ実家ノ事ヲ忘ルヽコト無キハ予カ性タリ。（中略）明春ハ夫婦揃フテ墓拝トシテ其御地ニ向フベシ故ニ、夫迄《それまで》ニ尚御精励アレ。（中略）
一、当方何レモ無事ノ内、二男周助嘗《かつ》テ三井物産会社ニアリ、此度ロンドン詰ニ栄転シテ本月廿九日、独乙《ドイツ》郵便ニテ渡英ス。
一、四男又一モ北海道農学校ニ在リ、明年ハ卒業タルベシ傍ラニ開墾地ヲ在シテ、今年ニ至リ所有権ヲ得、且ツ豊作ナリ、更ニ数千丁（町）ノ牧業地ヲ出願中ナリ。

前段に来年、夫婦で墓参に行きたいと記し、後段で二男周助のロンドン行き、四男又一の北海道開拓への具体的な動きを述べている。実際はそれぞれが三男、七男なのにこう書いたのは、二男、

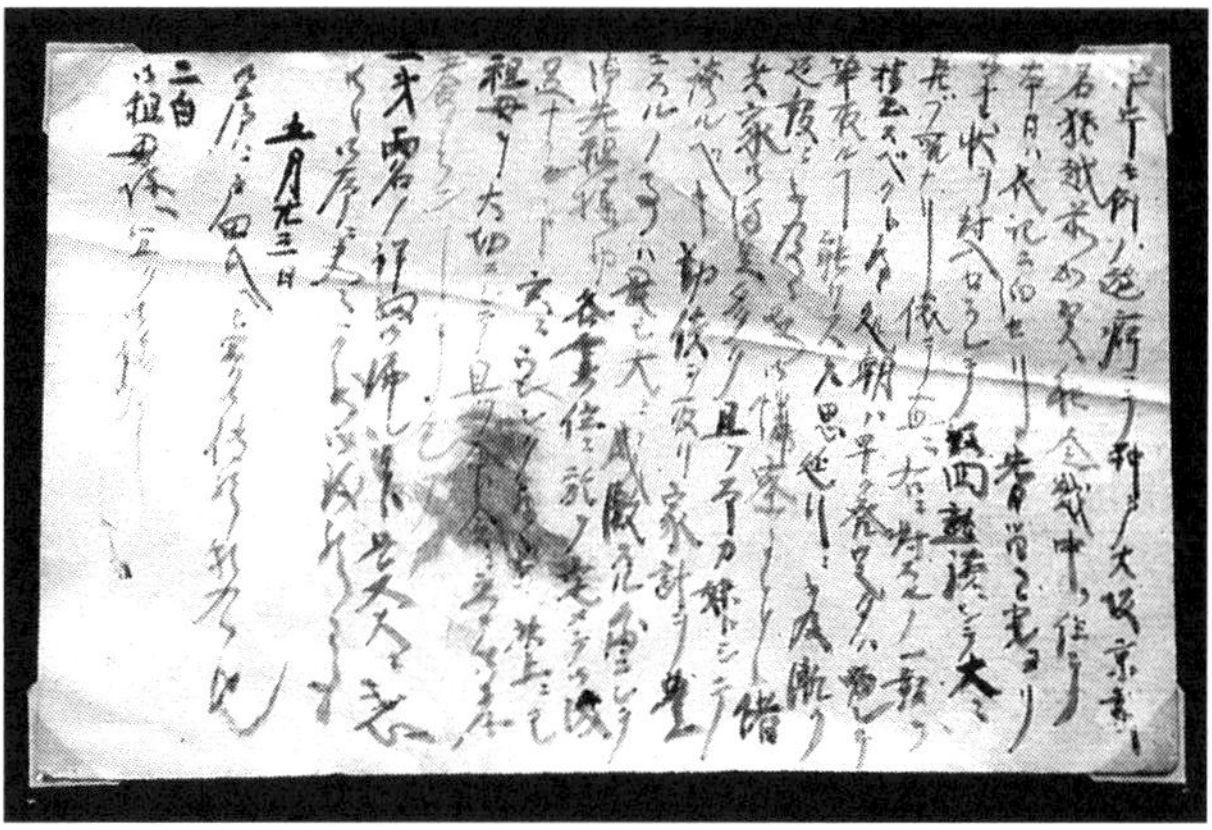

寛斎が旅先から実家の吉井家に宛てた便り（東金市・吉井家蔵）

寛斎愛用の鼓

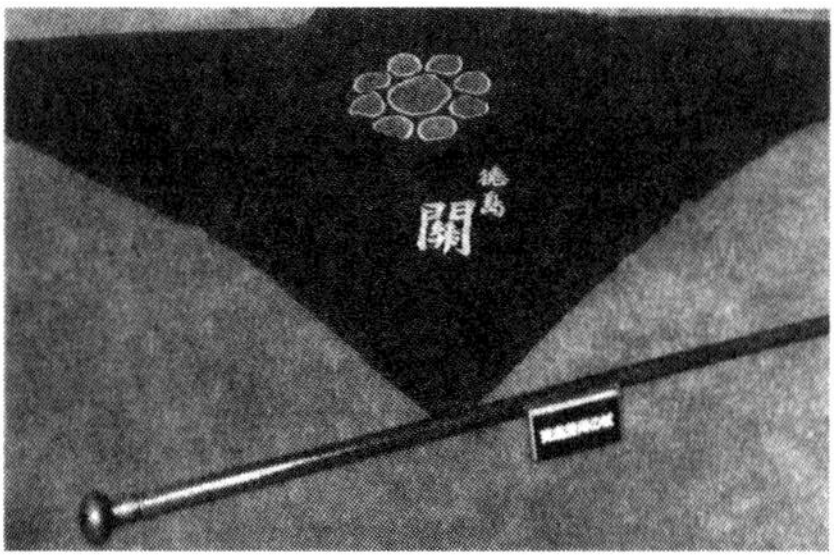

徳島時代の関家の遺品

三男、四男を幼くして亡くしたため、現存する男子を繰り上げてこう呼んでいたことがわかる。（本書一〇頁、関寛斎関連系図参照）

いずれにしても寛斎の又一への期待は、相当大きなものであったのを知ることができる。

このころのことだが、寛斎は毎年浜口家から送られてくる醬油の味が僅かに変化しているのを感じた。急ぎ和歌山の亡き梧陵の実家に赴くと、経営がずさんで不振に陥っていた。寛斎は驚き、不要な家財を売却し、贅沢品の購入を禁止し、勤倹節約の励行などを指摘し、再建三年計画を立てて実行に移した。お陰で数カ月を経て見事に立ち直り、破産の危機は免れた。浜口家とのつながりはいっそう強靭なものになった。

一九〇一（明治三十四）年一月、寛斎夫妻はそれまで住んだ医院兼住宅を出て、同じ徳島の長男、生三宅に身を寄せた。生三は父といさかいを起こしたものの、父と同じ医師の道を歩き、いまは地元の徳島で開業していた。

後に町内の寺院の境内に招魂碑を建立したほか、徳島孤児院を設立し、石井十次院長とともに孤児の保護養育に尽くすなど慈善事業にも携わっている。

この年は寛斎夫妻が結婚して五十年になるので、子どもや孫たちが集まり、祝いの会を開いた。夫妻にとってこれほどの喜びはなかったに違いない。席上、寛斎は次の和歌を詠んだ。

相老の　松は常葉の色かへず　ちぎる五十の春ぞうれしき　七十二歳　白里　関寛

白里は雅号。故郷の九十九里浜、つまり百から一を省いて白里というわけである。寛斎はこのころからよくこの号を用いて、和歌を詠んでいる。

金婚祝として著書『命の洗濯』を執筆、出版して、知己に記念に配った。すでに述べたようにこの書物こそ、寛斎が医療実践の総括として「灌水浴潮」の効能を人々に説いたもの。同書は小杉榲邨を介して明治天皇、皇后に献上されている。

同書はこの後、喜寿の年に再版し、北海道入植後に三版を出版することになる。

寛斎が突然、鼓の稽古を始めたのに家人は耳を疑った。理由は判然としないが、北海道への移住の意志を固めたのと何か関係があるのかもしれない。

鼓は後に、三女トメが嫁いだ門弟で医師の大久保渓平家に贈られ、その長男の玄一の元に長く保管されていた。鼓の蓋の内側に「明治卅一年四月　心廣躰寛　大久保玄一」と書かれており、この時期に符合する。

又一が卒論「十勝国牧場設計」

五月に、願書を提出していたリクンベツ・トマム原野と上利別原野一〇一一町歩（一〇一一ヘクタール）の貸付許可が下りた。リクンベツ・トマム原野と上利別原野、オリベ原野を含む広大な地域である。
札幌農学校に学ぶ又一が六月、卒業論文「斗満牧場設計」を発表した。寛斎の構想が又一により具体的に描かれたのである。寛斎が身を震わせて喜んだのは想像に難くない。

同卒論は北海道大学農学部に保存されている。表紙に「明治三十四年六月　卒業論文　十勝国牧場設計　札幌農学校本科第四年　関又一」と筆字で書かれている。そこには斗満一帯の開拓計画が論述され、気象、立地条件を記したうえ、馬、牛の牧畜に適した土地であると指摘しており、広大な農業経営の設計図といえる。その一文を掲げる。


大資本ヲヲロシ、農具等一切米国ヨリ買入レ、何レモ驚クベキ仕事ニテ……畑ハ一望坦々、向端ハ殆ンド見ル事能ハズ

又一はこの時点で、すでに大資本による大規模農場経営へ軸足を定めていたのである。

八月、又一は、徳島県人の石原六郎とともに釧路から入植地のリクンベツ・トマム原野を実地調査した。リクンベツ・トマム原野は十勝国と釧路国の境界線を覆って広がっていて、どちらにもその呼び名があった。又一名義のトマム原野は釧路国ではなく、十勝国本別村戸長役場の管轄内にあった。

又一の札幌農学校同期生たち

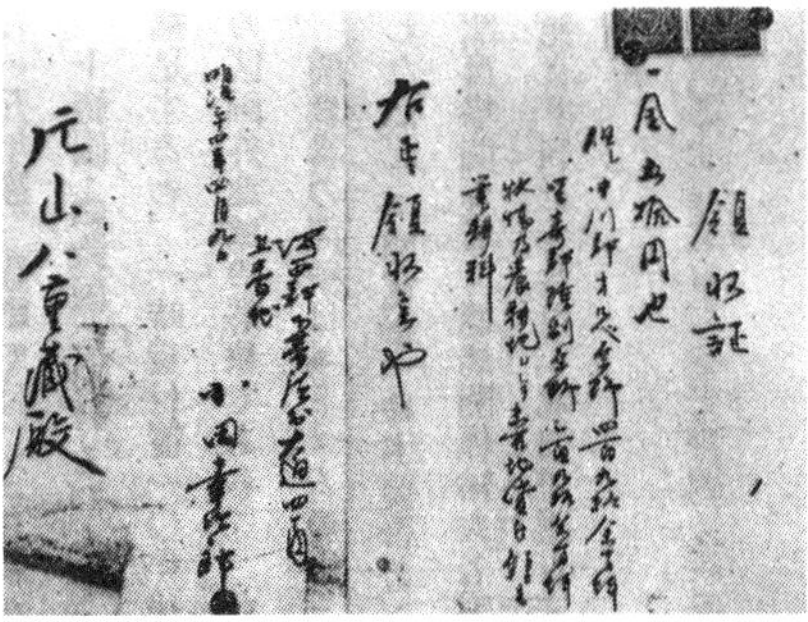

領収証
一金五拾円也
右正ニ領収候也
片山八重蔵殿

片山八重蔵宛ての借金の領収書

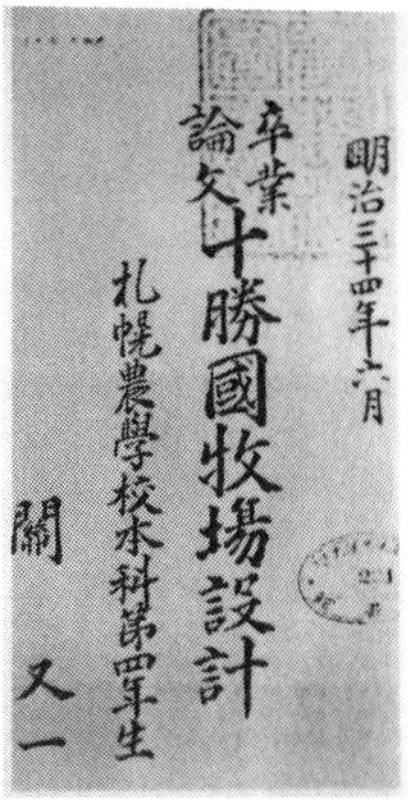

明治三十四年六月
卒業論文 十勝國牧場設計
札幌農學校本科第四年生
關 又一

又一の札幌農学校卒業論文「十勝国牧場設計」の表紙（北海道大学蔵）

又一が描いた「関農場用地区画図」は、地図上に計画線が縦横にくっきり引かれており、そこに「釧路トマム」の文字や、「十勝トマム」「清水沢」「神崎」「仁田」などの文字が見える。大がかりな計画図だが、この表現から、トマム原野が、釧路国にも十勝国内にも、存在していたことがわかる。

ちなみに逵別ほか一村戸長役場が設置されるのが一九一九（大正八）年で、釧路国管内に含まれていた。村名が逵別《りくんべつ》になるのは二級町村制が施行される一九二三（大正十二）年。釧路支庁から十勝支庁所属に移行するのは戦後の一九四八（昭和二十三）年。その翌年、現在の陸別に改名された。町制の施行は一九五三（昭和二十八）年である。

「トマム」を「斗満」と初めて書き表したのは又一である。従って本書はこれ以降、トマムは斗満と統一して表記する。

又一、卒業、斗満へ入植

又一は貸与地の斗満原野へ入植するため、片山八重蔵に命じて、樽川農場から種馬四頭を列車で斗満原野に向けて搬送させた。続いて藤森弥吾吉らが牛八頭、馬十一頭を列車で搬送した。

といっても北海道内の鉄道は、小樽の手宮を拠点に、札幌から岩見沢、そして旭川、富良野を経て落合駅までしか延びていなかった。一行は落合から徒歩で山越えし、何日もかかってアイカップに到着した。アイカップとは現在の足寄町愛冠を指す。ここで片山と藤森のグループが合流して小屋を掛け、雪融けを待った。

この時期に、片山八重蔵名義で帯広の代書業、小田幸次郎に未開地貸付願出筆耕料として五十円を支払った領収書が現存する。リクンベツ原野千三百町歩（千三百ヘクタール）及びオリベ原野千六百三十三町歩（千六百三十三ヘクタール）の出願書類の費用で、片山が入植当初から、寛斎や又一に代わって責任者として具体的に行動していたことを示す資料である。

ここでひと冬を過ごして一九〇二（明治三十五）年春、雪解けを待って出立した。『関牧場創業記事』にその模様が記されている。


五月二十四日早朝発にて斗満に向ふ。愛冠には我小屋のみにて夫《それ》より斗満迄十二里間はさらに人家なく――、其困難たるや言語筆紙の及ぶべからざるものなり。片山夫婦、藤森弥吾吉夫婦、西村仁三郎、谷利太郎、土人一名、合せて七名、同夜九時、淕別第五十四号にある測量出張員の仮りに用ゐたるの小屋ありて此れに着す。


この淕別第五十四号が現在の陸別町薫別付近である。文中の土人はアイヌ民族を指す当時の用語で、名をイカイランという。

翌日からこの小屋を改良して住居にし、付近の平坦な土地を選んで開墾の鍬を入れた。一行七人、誰もが目を輝かし、汗まみれになって働いた。『創業記事』は続く。

開墾して六月十八日迄に一反半を開き、燕麦《えんばく》牧草を蒔付たり。廿七日、仮馬舎に着手して、七月一日出来あがりたり。

七月一日、又一着場せり。

入植して三週間そこそこで、一反半（一・五アール、四百五十坪）を耕して、燕麦や牧草の種を蒔き、馬小屋まで作るとは、大変な頑張りようだ。しかも馬小屋が完成したその日に、又一がメンバーを追って、斗満原野に入ったのである。六月に卒業して農学士になったばかりの若い指導者、又一の入植に、開拓地は喜びに沸き立った。

理想郷建設を目指して

寛斎の動きに目を転じると、妻アイとともに徳島から故郷の千葉県内を訪れて、両親の墓参をした後、銚子にまで足を伸ばし、親戚縁者や知己に囲まれて金婚祝賀会を開催した。そして、出席者に自著『命の洗濯』を贈呈した。

この金婚祝賀会の席で寛斎は、次の漢詩を詠んだ。

寛斎が書いた「人生期百歳」の書

人生期百歳　人生百歳を期す
七十是中途　七十これ中途なり
老健且休怪　老健しばらく怪しむをやめよ
天真保我軀　天真我が軀を保つ

人生は百歳、七十歳はまだ道半ば、と詠んだその決意に、凄味のようなものさえ感じる。そしてこの漢詩は紛れもなく、北海道へ向かうに際する決別を意味していた。

近くの薫陶小学校を訪れて寄附金を贈った寛斎は、アイとともに徳島の長男宅に戻ると、出立を前にして本宅裏の穀物納屋に移り、耐乏生活の実験を開始した。荒筵を敷いた上に七輪を置いて火を起こし、鍋をかけて物を煮る。碗は二つ。食事はそれだけですべてを済ませるのである。

長男家族が心配して、料理を持参するのだが、絶対に受け取らずに追い返した。これが噂になり、「関先生は発狂した」などと騒ぎ立てた。だが本人は意に介せず、丸二カ月にわたり実験を貫いた。そして次の和歌を詠んだ。

身を思ふ心は身をば苦しむる　身をば思はぬ身こそやすけれ

この年七月一日、寛斎は実家の吉井家に北海道地図を同封した便りを出した。又一の十勝入植を示すもので、寛斎夫婦も北海道移住を伝える内容である。文中の「両家ノ分家」とは、吉井家と君塚家を指している。この便りも同家に現存する。

此レハ此度出願許可相成候参百・参万弐千九百七拾坪ノ地積ヲ記載セル北海道地図ニシテ、尚詳記シタルノ付図アリ。且我等夫婦カ決意ヲ其許一家及ヒ君塚覚蔵殿一家ニ向フテ懇篤ニ示スノ情ヲ御熟読下《くだされ》候上《そうろううえ》ニテ、両家ノ分家ヲ創立スルノ事ヲ御喜ビ被下度《くだされたく》、実ニ此大地積ハ容易ニ永遠ノ維持迄ハ又一カ労苦耐忍ヲ以テ両名ヲ支役スルノ事ニアラズンハ難シ。且又一ハ先《まず》無事ニ農学士タルヲ得タルヲ以テ少シモ安ハス。尚困難ニ勇進シテ十勝釧路ノ国境ヘ向ヘリ。

一九〇二（明治三十五）年の新年、寛斎は万年山の旧藩主蜂須賀斉裕の墓に詣でて別れを告げ、三月二十四日、アイを伴い徳島を出発した。寛斎七十三歳、アイ六十八歳。

寛斎の三女トメの長男、大久保玄一は『原野を拓く　関寛　開拓の理想とその背景』でこう書いている。

翁の心は既に遠く斗満に在り、あたかも小学生が明日の遠足を楽しみとするが如く、北海道への出発を楽しみとし、其日の到来を、一日千秋の思いでまちこがれているようであった。祖父母は徳島に於ける総ての縁を、弊履の如く捨て去り、只只北海道に新天地の開発と其の発展に希望をもやし続け（中略）、知人、友人の送別の行事もすべて謝絶し、淡々として出発してしまった。

寛斎が船で鳴門海峡を渡った時に詠んだ和歌が、『関牧場創業記事』の端書（前文）に記されている。

世の中をわたりくらべて今ぞ知る　阿波の鳴門は浪風ぞなき

世間を歩いてみて、初めて風当たりを感じる。激しい阿波の鳴門の波風もそれと比べたら、ないようなもの、とでも解釈しておこう。

この時、寛斎夫妻と一緒に北海道へ渡ったのが、札幌農学校農芸科に入学が決まった若い君塚貢、アイの甥である。小学四年生の時、故郷の千葉県東金から伯母の住む徳島の寛斎家に移り、養子になったが、寛斎の北海道開拓に心を動かされて、農学校を目指したのである。

港から港へ。長い船旅を経て北海道に着いた一行は、五月十八日、小樽から列車で札幌に着いた。この鉄道は空知の幌内炭鉱から掘り出された石炭を、小樽の手宮まで運ぶために建設されたもので、全国三番目の鉄道である。石炭を運ぶのを主目的に建設された。全線が開通したのは一八八三(明治十六)年だから、まだ二十年も経っていない。

寛斎とアイが最初に住んだのは、六男の餘作が買い求めた札幌の南四条西五丁目七番地の家だった。現在の「ススキノ」に当たる地域である。ほどなく南四条西十二丁目一二九五番地に転居した。寛斎夫妻のほか君塚貢と八男の五郎が同居した。貢はこの家から札幌農学校に通い、農学を学びだす。

第八章　理想と現実の狭間で

1902–05

関牧場に群れる牛馬

一九〇二（明治三十五）年八月五日、寛斎は、妻アイと五郎、貢を残し、餘作とともに又一らが待つ斗満へ向け、出立した。アイもいずれ斗満へ連れていく、それがいつになるか。たとえ遅くなっても家には五郎と貢が同居しているので心配はなかった。

斗満は北海道内の開拓地の中で、札幌からもっとも遠く離れていて、交通の便もきわめて悪い。入地しやすいところから競って入植したのだから、当然のことといえる。だが寛斎は、手つかずの場所こそ理想郷つくりに相応しい、と考えていたので不満はない。

札幌駅から列車に乗り込み、旭川まで北上し、そこから南下して富良野、金山を経て落合に着く。鉄道はここまでしか通じておらず、この先は自分の足だけが頼りだ。途中、野宿しながら、石狩と十勝の国境、狩勝峠の険しいけもの道を越えてやっと清水に到着して宿泊。そこから帯広に出て、来合わせた又一と会い、宿泊。所用のある又一と別れて池田の高島農場、利別、足寄と宿泊を重ねながら進んだ。ここまでくれば目的地はもうすぐだ。

翌十日朝早く、アイヌ人を案内に立て、馬に乗って出立した。『創業記事』にはこう記されている。

山間の屈曲せる処を通る。（中略）数回川を渡り、峻坂を登り、オヨチに至る。此処は最も密樹の繁茂せるの間をくぐるには、鞍にかじりつきても尚危く、或は帽を脱せんとする事あり、或は袖を枝にからまれて既に一身は落ちんとする事数回なり。

且つ大樹の為に昼尚暗く、漸く案内者の跡を慕ふのみ。

文中のオヨチは現在の足寄町大誉地である。寛斎を背にした馬は原野を進んだ。クンネベッ（陸別町勲祢別）あたりの密林を行く。倒れた大樹を飛び越えたり迂回したりしながら前進する。同文を続ける。

迚《とて》も言語を以て語り筆紙を以て尽すべからざるあり。亦一《またひとつ》の驚きたるあり。オヨチにては蝮多くして、倒れ木の上に丸くなりて一処に六、七個あるあり。処方にて多く見たり。其度毎にゾッとして全身粟起するを覚えたり。

さらに直径六、七尺（一・八〜二・一メートル）、高さ一丈余（三メートル余り）もある巨大な蕗《ふき》を見ながら進む。馬の腹まで浸かる湿地帯を抜けて、少し高低のある広く大きい原野に出た。無人境に幅の広い道路が十字形をなして東西、南北に延びていた。不審に思い案内のアイヌの若者に問うと、

「これは関牧場のものなのです」

と答えた。

爰《ここ》に至りては予は実にうれしくして、一種言ふべからざるの感にうたれて、知らず識らず震慄して且つ一身は萎靡《なへ》るが如きを覚えたり。

寛斎の喜びがどれほど大きかったかを示す文面である。

ここで関牧場の呼び名だが、本来は敷地内に「農場」も「牧場」もあり、正しくは「関農牧場」とすべきだが、本書は統一して「牧場」と書くので、ご了承いただきたい。

斗満原野に、馬や牛の姿が見えた。関牧場の牛馬である。遥かに遠くキトウスの山が望まれた。斗満川を渡り、少し登るとユクエピラチャシコツという名の小高い丘が見えた。かつてのアイヌ民族の砦で、自然の城壁が備えられていた。このあたり千五百人ものアイヌ民族が住んでいたといわれる。

この丘は後に寛斎が「青龍山」と名付けることになる象徴的な山で、現在この史跡は国指定文化財に指定されている。

八月十日午後三時、ついに到着した。札幌を発って六日目。丘の麓に関牧場の二十四坪（七十九平方メートル）ほどの小さな木造の建物が建っていた。片山八重蔵夫妻と藤森弥吾吉夫妻、西村仁

開拓地のシンボル、ユクエピラチャシコツ、後の青龍山

寛斎が灌水した斗満川

三郎、谷利太郎、それにアイヌ人のイカイランの七人が、虫避けのマスクをしたまま、声を張り上げながら飛び出してきた。寛斎らを迎えて喜びが炸裂し、歓声が夏空にこだました。

関牧場の拠点となるこのあたりは平坦地が広がり、ゆるやかな坂が幾重にも延びている。近くに清らかな斗満川が流れていた。その向こうに利別川という大きな流れが見える。寛斎はそれらを満足そうに眺めた。

入植してすぐ、身近に意外な問題があるのを知らされた。小さな虫が寛斎の身にまとわりつき、払っても払っても離れないのだ。外に設けられた便所も小虫が群れていた。大自然に立ち向かう開拓は、獣との戦いになると思っていただけに、想像もできない現実に寛斎は唸った。

マスクだけでは防御できず、まだ陽があるのに、松明《たいまつ》を掲げて小虫を追った。

寛斎は深呼吸すると、小走りに斗満川に向かった。裸になるなり、清冽な流れの中に身を入れた。日課になっている灌水である。清々しさが全身を覆い尽くした。

その夜、寛斎は真っ暗な原野に立つ小さな家の中で、灯火を頼りに『創業記事』に一文を書いた。

ここが新天地の拠点となるのである。万感の思いだった。


臥して青草を握り、且つ星をながむるなり。

このころから寛斎は、文章に自分を指して「老夫」と書くのが目立ちだす。

熊一頭に五円の懸賞金

十二日、寛斎は藤森らとともに、背後に広がる高台の牧場を回った。このあたりはノフノヤウシと呼ばれ、アイヌ語で「蓬・生ずる処」の意、後に坊主山と名付けられる。

遠くに数十頭の馬が駆けているのが見えた。その雄大な光景に寛斎は「大快楽を覚えた」のだが、そこに一頭の子馬が傷つき、うずくまっているのを見つけた。熊に襲われて傷つけられ、逃げてきたようだ。寛斎はその場に駆け寄ると、手早く薬箱を開けて治療を施した。

十七日、寛斎は餘作とともに、又一を先導にウエンベツ山に登った。ウエンはアイヌ語で、「悪い、険しい」の意。眼下に斗満川の流れが、その先に利別川が見え、斗満、リクンベツ（淕別）から眼を転じると遠くキトウスの山並みが、さらに遥かに阿寒岳が望まれた。

帰路、誰も住んでいないアイヌ人の家の前に、木の先に刺して晒した熊の頭骸骨が数個見えた。熊送りに用いられたものといい、余りの珍しさに寛斎は見ほれて、一個、持ち帰った。

熊送りとはアイヌ民族に伝わる祭事で、イヨマンテという。熊はキムンカムイと呼ばれ、捕らえた子熊はわが家で育て、成長すると花で飾った弓矢で射て、魂を天に返し、肉は神からの贈り物として食べ、頭は木に刺して家の前に祭るのである。

この日も子馬が一頭、熊に襲われて斃れた。「放牧の牛馬は予を慕ふが如きを覚えたり」と記す寛斎には、胸の痛くなる事態だった。だがここには熊や狼、鹿が群れをなして駆け抜け、貂《いたち》、リス、野兎、野鼠、野狐などもひっきりなしに現れる、いわば動物の世界なのだ。せめて命を守るために熊害だけはなくさねばならなかった。

寛斎は近くに住むアイヌの人々に、

「熊を一頭捕ったら臨時賞金五円を与える」

と告げた。白米十キログラム一円五十銭の時代だから、現在の価格に直すと数万円にもなる。それを聞いてみんなは、おーっ、と歓声を上げた。

アイヌの人々は、風貌は猛々しいが、気は優しい。嬉しいことがあると互いに喜び合い、困ったことが起きると親身になって助け合う。寛斎はその行為に心を動かされた。

寛斎は高齢にもかかわらず、毎日牧場を歩き回り、先頭になって働いた。人々はその精力的な動きに驚きながら、

「あまり無理しないように」

と声をかける。寛斎は寛斎で、

「わしを老人扱いするな」

と笑って応じる。のどかな牧場の日々の営みである。

だが開拓地の労働は、寛斎にはよほど堪えた。『創業記事』にこう見える。

叺《かます》に（収穫物を）入れて、その重さ六七貫目（二十四〜二十八キログラム）以上に至る時は、其重さに耐ふる事能はざるを以て、帰るとするも、然れども小屋を離るゝ僅《わずか》に六七丁（六、七百メートル）なるも、然れども予が肩に負ふ事は旅行の際には二貫目ばかりの重さを以てするのみ

——（中略）

日々に終日労するには予が老体には最も労苦なり。午後には火をたき湯をわかすには、炎熱中には随分大なる困苦たり。故に日中には労に当り自らも大なる困苦を覚ゆる人、少しも屈せずして実行するは、恰も地獄の苦しみもかくやあらんと思ふのみ。

叺に収穫物を二十数キログラム入れたら担げない。小屋まで六、七百メートルなのに、無理に担ぐと、両肩が痛む。まるで地獄の苦しみのようだ、というわけである。

寛斎の日常の食事はどんなものだったのだろうか。入植した前年はほとんど収穫がなかったので、自生の蕨や川魚のマス、ヤマベなどを食べた。『創業記事』にはこんな文章が見える。

蕨《わらび》のみならず、蓬《よもぎ》も多く採りたり。其時直に用ふる時は、黍《きび》と共に蓬を以て草餅として喰する時は、珍く味あるを何れも喜んで喰するによりて、大いに経済上に於て益あり。予は別《わけ》て草餅を好むを以て日々の喰料とせり。

亦《また》久しく貯へて長く用ゆるには、煮て干し上げて貯ふる時は、何日《いつ》も草餅を喰せんと欲する時

に臨《のぞ》んで草餅と為す事を得るなり。（中略）此れ苦中の一楽なり。

蕨でも蓬でも、黍を混ぜて草餅にして食べた。餅類は寛斎の好物の一つなのである。

極寒を避け札幌で冬過ごす

寛斎は自分の住む建物を少し改造して、私設の「斗満駅逓所」とした。管理人の名義は息子の又一とした。駅逓所とは昔の宿場の中継場で、飛脚、荷駄の斡旋、旅人の休憩や宿泊に用いる、つまり郵便物を扱う郵便局と、旅行者などを宿泊させる旅館を兼ねた建物である。開設するのを待ちかねたように、北海道庁の役人や内陸の国境を越える旅人が何人も宿泊した。誰もが、ここに宿ができたのを喜んだ。

慌ただしく時は過ぎていく。開墾はしだいに進み、収穫期を終えた十一月七日、又一は志願兵として騎兵の軍役に一カ年間就くため、斗満を出発した。又一も、そして寛斎も、国家に尽くすよう強く望んだ兵役だった。

この時期、卒業生たちの間で、期間を決めて兵役に志願する者が多かった。それが明治という時代を生きる日本人の常識的な生き方だったと言ったら、驚くかもしれない。だが寛斎も、又一も、それを当然のように受け止め、実行した。

この年の関牧場の開墾地は農地が一ヘクタールに達し、飼育の馬は五頭、牛は七頭になった。まずは順調なスタートといえた。だが樽川の開墾地は風害や霜害で収穫がままならなかった。

ここにきて驚いたのが季節の変わりようの凄さだった。夏が近づくと気温が急激に上昇しだし、摂氏三〇度を超える炎天下の中で、農作業をしなければならない。だが夕方になると涼風が吹き抜ける。その爽快さは体験した者でなければわかるまい。

収穫の秋がきて喜びに浸っていると、すぐに冬の季節に早変わりする。気温がみるみる下がって、枯れ野の山は白一色に変貌するのだ。連日氷点下が続き、空気までが凍る零下三〇度を記録することもしばしばである。

これでは老体の寛斎には厳しすぎるというので、冬期間は妻アイがいる札幌に戻って過ごすことにした。だが食糧にひどく苦労した。寛斎は『創業記事』にこう記す。

一日に責めては我等夫婦の喰料たる白米を五勺《しやく》宛にても減ずる時は、一カ月には何程か費用を減じて、其金員を貯へて又一が手許にて牧場の資本たらしめん事を日夜怠らず。（中略）夕食には干菜を粉として雑炊とし、或は製粉処にて粗末にて安価なるものを求めて団子として喰する等は、実に恥づべきの生活を為したるも、却って健康なるを以て――。

札幌に於ける寛斎夫妻の夕食は、「干菜を粉にした雑炊」か「製粉所から求めた（粉の）団子」だっ

寛斎が晩年用いた自宅兼駅逓所

馬小屋を改修して再現した建物（関牧場跡地）と、
その内部。天井に当時の木材が見える

たのである。

北海道は春と夏がいっぺんに訪れる。気温がぐんぐん上がり、雪があっという間に融けると、待ってましたとばかりに、野山は新緑と花で溢れる。その変貌ぶりは、息を呑むほどの美しさといえた。札幌でひと冬を過ごした寛斎は一九〇三（明治三十六）年五月、妻を残して再び出立し、二十六日、斗満の関牧場に着いた。背負い袋には妻アイと一緒に札幌の町を歩いて採取した牧草の種が入っていた。片山夫妻をはじめ入植者たちは、日焼けした顔をほころばせて出迎えた。

住民二百五十人に無料で種痘

寛斎はここで再び、凄まじい虫害に襲われた。早々に普段着のままで近くの山に蕨《わらび》採りに出かけたところ、小虫が襲来して「煙の内に在るが如く」となり、顔や頸、手足などに付着して「糠を散布したるが如くにして、皮膚も見ざるに至れり」となったのだ。

それでも強情を張って作業を続け、蕨を大量に採ったものの、瞼は腫れ、口や鼻、耳には小虫が入って、息が詰まりそうになった。そのうえ耳鳴り、頭痛の果て、目眩まで起こしてしまった。

片山夫妻に「防御が大事」と説諭された寛斎は、「わびして服従せり。依て片山夫婦に大いに笑はれたり」となった。

以来、野良に出る時は、眼だけ開けた厚い木綿布を二重巻きにし、腕は木綿布の筒袖に、足は紋平と呼ばれる上は袴、下は股引きのようなものを付けて防御した。

これで害虫対策は万全となったが、暑い日の開墾や畑作業は、とてもではないがやりきれない。全身汗だくになり、そのため「自ら臭気を発して、一種の不快を覚ゆる」ほどになった。

しかも害虫を追い払うために、畑の傍らに朽木を集めて焼くので、「尚炎熱に苦しむなり」というありさまだった。

野兎や野鼠の出没にも手を焼いた。昼間、群れをなして現れ、芽が出たばかりの豆類や甘藍（キャベツ）などを食い荒らすのだ。『創業記事』には害虫や野兎、野鼠に悩まされる様子が何頁にもわたり記されている。

ここで寛斎は、アイヌ民族が野生のトリカブトを採取し、根に含まれている毒性の汁を槍や弓矢の先に塗り、獣を退治しているのを知った。

開拓地はこうした獣害や虫害だけでなく、危険があたりに溢れていた。樹木を伐採して根株を抜き取り、畑を開くのだが、すべて人間の力だけが頼り。だから作業中、木株に足を奪われて転倒するなど思わぬ事故が起こた。そのたびに寛斎は、医療箱を抱いて現場へ赴き、治療を施した。

牧場で働いている者の家族が熱を出したら、病状を聞いて必要な薬を与えた。近くに住むアイヌ民族の家で病人が出たら、「連れてこい」と言い、それが無理とわかるとすかさず駆けつけた。アイヌ民族は病気になると神に祈り、山野に自生する薬用植物のセンブリ、ゲンノショウコ、コケモ

関牧場

寛斎が用いた薬の保管箱（右）と薬箱（関寛斎資料館）

モなどを摘んで用いた。

アイヌ民族といわず、このころの人々の医療に対する知識はまだ低く、衛生観念などまったくない。ことに目に見えない細菌の恐ろしさなど理解できない人が多かった。

寛斎は病人の治療をするかたわら、家人に対して「手を洗え」「清潔が大事」と力を込めて語った。

医療費のことを心配する人には、

「お金はいらぬ。わしの言うことを守ればいい」

と言ってなだめた。そのたびに人々はひたすら感謝した。

寛斎は開拓地こそ医術が必要と痛感して、徳島に置いたままの医籍を、急いで北海道に移した。そのうえで地域に住むアイヌ民族も含めて二百五十人を対象に天然痘予防の種痘を施した。すべて無料。

お金を取らずに診療してくれるお医者さんがいると知って、遠くからも患者がやってきて、診療者は僅かの間に五十人を数えた。この中にはアイヌ民族もいた。開拓地の老医師の存在は、地域に住む多くの人々に安心と勇気を与えた。

寛斎が用いた薬箱が現存する。木製の四角い箱で、瓶詰の薬品が十三個、並んでいる。病人が出るたびに抱えて走ったのであろう、命の薬箱である。もう一つ、薬の保管箱も残されている。縦横を小さく間仕切りしたもので、一段に六個ずつ、八段に分かれている（最下段のみ三個）。これも寛斎の手放せない大事なものであったのだろう。

関牧場は作業員たちの努力で、少しずつ拓けていった。寛斎は汗まみれになって働く人々の姿を見ながら、実りの時期を想起して、こんな和歌を詠んだ。

出《い》で見よ　野は花盛り今日よりは　実の栄ゆく時は来ぬらん

白糠村役場まで馬で二日がかり

牧場の近くを十勝から釧路・北見へ抜ける道が一本延びている。ここから北へ向かえば北見国、東へ折れれば釧路国へ達する。三つの国の境界が微妙に交わる位置である。帯広と釧路（標茶《しべちゃ》）に設けられた二つの集治監（監獄）の受刑者やタコと蔑まされる労働者たちが、夜昼となく働きづめに働かされ、多くの犠牲者を出しながら開削した道路である。

その道を伝って人々が往来する。大事な生命線なのだが、どこへ行くにも遠過ぎた。何かと呼び出しがくる十勝国中川郡本別村役場までざっと十里（四十キロメートル）。釧路国の白糠村役場へは二十五里（百キロメートル）もある。馬を用いなければならないが、片道だけで二日かかるので、暗くなったら馬と一緒に野宿しなければならない。

そんな不便な土地に、集治監を脱獄した受刑者が、救いを求めてやってくる。捕まったら最後、殴り殺される危険を冒してまで逃げてきた者を、ここに住む人々は何も聞かずに温かい食べ物を与え、手厚く保護し、夜明けになると逃がしてやるのである。だがその先、逃げおおせる保証はない。
この受刑者たちを真に救う道はないのか、と寛斎はしきりに考えていた。

この頃、寛斎の勧めで、長男の生三はじめ周助、餘作、又一の兄弟たちや三女トメの夫で寛斎の門下生である医師の大久保渓平、又一の妻となる美都子の父の帯広刑務所初代典獄の黒木鯤太郎、さらに寛斎の知人ら多数が国有未開地処分法による未開地貸下願を相次いで提出し、許可を受けている。貸下地はリクンベツ・斗満原野、上利別原野、オリベ原野の合計四千七百三十町歩（四千七百三十ヘクタール）に及ぶ。最終的に国に返還した土地が千五百六十四町歩（千五百六十四ヘクタール）あるので、差し引き三千百六十六町歩（三千百六十六ヘクタール）が開墾地として貸し下げられた計算になる。

換算すると二千九百万平方メートル（九百五十万坪強）に及ぶ。どれほどの規模なのか。例えば東京都の新宿、渋谷、港の三区にまたがる明治神宮外苑が三十万平方メートルというから、この百倍近くにもなる膨大な広さになる。

土地取得は名目だけで、実際に手つかずのものも含まれているが、取得者名を掲げておく。上利別原野の藤森武左衛門を除いて、いずれも徳島在住の人ばかりである。

〈オリベ原野〉石原六郎、日根三郎、鈴木安民、谷崎金、名川儔
〈上利別原野〉関又一、藤森武左衛門、神河康蔵、蜂須賀千早、浜口養庵
〈リクンベツ原野〉関生三、大久保渓平、松浦徳次郎、谷崎金、高畠槇三郎、神河康蔵、黒木鯤太郎
〈トマム原野〉関周助、関餘作、関又一、大久保渓平、藤森武左衛門、三谷順造、三木與吉郎、手島粂蔵、清水源二郎、勝藤寅太郎

八月に初雪が降る

六月二十七日、アイヌ民族のイカイランが熊の子を二頭、馬の背に乗せて帰ってきた。親熊を仕留めた時、子熊だけは残される。その子熊を我が家で大事に育てて、翌年の熊送りの日に弓矢で射殺し、昇天させるのである。この不思議な風習をイカイランが語るのを、寛斎は穏やかな表情で聞いていた。

七月三日、伴と名乗る官吏がやってきて、

「伴鉄太郎を知っているか」

と訊ねた。寛斎が長崎に留学中に咸臨丸の医官に任ぜられた時の艦長代理で、懐かしい人物であると答えると、官吏は、

「私はその鉄太郎の次男である」

と述べた。寛斎は思いがけない出会いに驚き、その夜は思い出話で盛り上がった。

八月二十七日、収穫期を迎えたばかりなのに、初雪が降った。陽が昇って、明かりに照らされた雪がまばゆい。だがあまりにも早い北海道の季節の巡りに、寛斎は目を丸くして驚いた。しかし根菜類の育ちはとてもよく、大量に収穫できた。

この初雪のことだが、北海道内の気象台・測候所の記録には見られない。個人の観測であり、記録に残らなかったということであろう。最速の記録は旭川の一八九八（明治三十一）年十月二日とある。

だが近年は少しずつ変わっているようで、平年の初雪は、山岳地帯で九月下旬から十月下旬まで、平地では十月下旬から十一月上旬とされる。


九月十六日、寛斎は病人の往診のため愛冠へ赴く途中、アイヌ人の子どもが素っ裸で魚を捕り、林の中を駆けているのを目撃した。寛斎は目を見張り、「実に言ふべからざるの感ありて、恰も太古はかくやあらんと思はれたり」と書いた。

この愛冠の地名は足寄町の愛冠を指すが、ほかに北海道内の厚岸町、石狩市浜益などにもある。アイヌ語のアイカップから音訳したもので、意味は「できない」。安政年間に蝦夷地を歩いた松浦武四郎は『西蝦夷日誌』に、昔し、此処の土人此岩の上より矢を放ち、寄手もまた下より矢を放ちしが、互いに当らざりし故に号しなり。アイカップとは出来ざると云事を云也。

と書いており、どこも険しい断崖が続く地形である。しかし現代はその語音から、恋人や新婚同士の「愛のメッカ」になっているそうだ。

話を戻して、この年も関牧場による開墾は着実に進み、畑四町歩（四ヘクタール）、牧場は二十町歩（二十ヘクタール）に広がり、種まきは一町歩（一ヘクタール）に及び、馬九十五頭、牛十頭を所有するほどになった。だが霜害にたたかれて、蕎麦、馬鈴薯、大根、黍は全滅した。

寛斎は、悔しがる牧場の人々の肩を叩いて慰めた。

日本一寒い町

収穫の季節が済むと、二度目の冬がやってきた。寛斎は再び斗満を離れ、妻アイが暮らす札幌へ移動して過ごした。

北国の人々はこの凍りつく寒さを「しばれる」と表現する。濡れたタオルや雑巾がばりばりに凍りつくのを指す表現にも用いられる。しかも寒さに風がつくと、凍りついた空気が風で捲くられて飛び交い、外出などとてもできない。こうなったら家に閉じこもったまま過ごす。『陸別町史　通史篇』によると、陸別町の夏場の気温は十勝の平均よりやや高く、最高気温が摂氏二五度以上の夏日は三十三日、三〇度以上の真夏日は五・四日。暑い日といっても一カ月半経ったら秋風に変わる。

反対に寒さは、最低気温が摂氏〇度以下の冬日が九月中旬から始まり、翌年六月中旬まで観測される年もある。ならして百七十二日間だから、一年のほぼ半分は零下の日というわけだ。一日中、気温が〇度未満の真冬日は、八十二日間。つまり三カ月近くにも及ぶ。

花房龍男監修・北海道新聞社編『北の気象』（北海道新聞社）に「陸別町の気温の時間変化」が示されている。一九八四（昭和五十九）年二月七日、氷点下三三・一度を記録した日のグラフによると、正午は零下九度だったのが、日没とともに一時間ごとに二、三度ずつ下がり、翌日午前三時頃に零下三〇度を下回り、日の出の午前七時には零下三三度に達する。

濡れタオルは零下一〇度でしばれ、酒瓶は零下一五度で凍り、三〇度で酒瓶が割れるのである。

筆者の先輩記者に当たる森川勇作（陸別町出身）は、その著書『北国の椅子』（凍原社）に次の一文を残している。子ども時代が明治四十年代だから、寛斎の最晩年の時期に相当する。

子どもの頃の思い出は、冬が長く切なかった。釧北国境の小利別（陸別町字）が私の生まれたところ、日本一寒いところとあとで知る。零下三〇度という日は普通で、朝目を覚ますと、布団の襟は白い霜になっていた。夜中にはみしみしと言う音がして、土台がしばれ上がる音だと、母がいくら説明してくれても、判らなかった。私は敷居がゆがんで、戸、障子がスキ間をつくったガタガタの家で長い間育った。

北海道生まれの筆者の少年時代は、これよりさらに三十年ほど後の昭和戦前だが、夜、浴場帰りの子ども同士が、タオルを外気に当てて凍らせる遊びをした思い出がある。

長じて新聞社に入社し、帯広支社に勤務していた駆け出し期の一九五五（昭和三十）年、陸別町小利別が零下三八度近くになった時、編集部長から「日本一寒い町を訪ねて」のルポルタージュを書けと命じられ、カメラを担いで帯広駅から列車に乗った。池田、本別、足寄を経て陸別駅へ。さらに分線駅、川上駅と、数えて二十一番目の小利別駅に降り立ち、震えながら取材に駆け回った思い出がある。

陸別だけでなく十勝一帯、さらに上川、北見など北海道の内陸地帯の冷え込みは想像を絶した。同じ北海道で暮らしていても、内陸地帯の寒さは格段に厳しく、まるで冷凍庫に閉じ込められたようになる。札幌などでは体験できない極寒である。

その後一九七八（昭和五十三）年二月に氷点下三八度の日本最低気温を記録、二〇一九（平成三十一）年二月九日には零下四〇・五度を記録している。だからここは、夏と冬で寒暖差が七〇度もある、想像もできない特殊地帯なのである。

しかし近年はすっかり様変わりして、もっとも寒い二月上旬に、その寒さを逆手に取った「しばれフェスティバル」が催される。会場に続く沿道にアイスキャンドルが並び、雪原を舞台に「人間耐寒テスト」などユニークなイベントが開かれている。

だが寛斎らが入植した開拓当時は、そんな悠長な遊びなど当然あるはずもない。開拓地は開墾と牧畜の飼育を同時に進める中で、獣害や虫害に悩まされ、気象の変化にも気を配らなければならなかった。まさに生きるための日々の戦いが続いていたのだ。

妻アイの死

一九〇四（明治三十七）年二月七日、札幌で二度目の冬を過ごしている寛斎夫妻のもとに、一年間の軍役を果たして又一が戻ってきた。夫妻はわが子の元気な姿に目を細めて迎えた。

だがこの時期、わが国はロシアと緊迫した状況にあり、又一が帰郷してほどない十日、日露戦争が始まった。それを尻目に又一は、家にいるのももどかしげに、急ぎ斗満の関牧場へ向かった。

このころ寛斎が親友の順天堂二代当主、佐藤舜海に送った便りがある。札幌にいて書いたものだが、牧場を愛でる文面に胸の高鳴りが伝わってくる。

乗馬にて独行するに、我牧場に入り小屋に至る迄（中略）路傍には福寿草は黄金色を呈して粧《よそおい》

寛斎とアイ

を満て、款冬花《かんとうか》（蕗の薹）馥郁《ふくいく》たる香気を放ち、河畔の楊柳は緑芽を充《みたし》て風になびきて迎ふるが如く、河を隔てるの山頂には、薄雲棚引きて模糊たるの内に愛を含む等、一として迂者を寿せざるは無く（中略）牛馬は心無きも、迂老を迎ふるが如くにして斯けり。

後段を「此《この》快楽は亦《また》筆舌の処にあらずして都人の夢にだも知るべからず」と結んでいる。

うららかな日和とは裏腹に、札幌に残った寛斎に、斗満から悲しい知らせが届いた。この冬、大雪に襲われ、大事な馬四十頭が死滅したというのだ。寛斎は愕然となり、「此れ我家の不注意と預り人の怠とに由《よ》るなり」と、唇を噛んで記した。

しかも入植三年目を迎えて、妻アイの体調がこのところ優れない。そのアイが寛斎に向かい、自らの死後について話をしたうえ、

「又一に会いたい」

と言いだした。寛斎は知己の医師倉次謙に事情を述べて往診してもらい、様子が落ちついたのを見計らって五月二十六日、札幌を出発し、斗満の牧場に向かった。到着した牧場では人々が相変わらず、全力で開墾に立ち向かっていた。

寛斎から事情を聞いた又一は、うなずいた。このころ詠んだ寛斎の和歌が『斗満漫吟』に見える。

「我が夫婦が自ら牧草の種採りて新に斗満牧場に蒔ける時、地霊に祈りて」の前書きに続いて

――、

千代八千代　鎮め玉ひしかんなびに　この草種を　受け収めてよ

「かんなび」とは、神が鎮座する山。夫婦で採った草の種が育つように地の神に祈る――、そんな寛斎、アイの姿が目に浮かぶような一首である。

六月十日、又一は大急ぎで札幌へ向かった。寛斎は、アイが又一と会って話をすれば、少しは元気を取り戻すだろうと考えていた。

ところが相前後して医師の倉次から、

「アイさんがひどく衰弱している」

と知らせてきた。寛斎は驚き、すぐにも札幌へと思い、出発準備をしている時、アイの死を知らせる電報が届いた。

「女房が、死んだ!?」

あまりのことに寛斎は、そう言った切り崩れ落ちた。享年七十。咽《むせ》ぶような嗚咽が漏れた。

アイの甥で、同居していた君塚貢の当日の「日記」を見よう。

朝飲ヲ食シツツアルトキ、五郎君ガ驚キノ声ニテ、「貢々大変」ト余ヲヨビ給イタレバ、余ハソレヲ気付カズ、食中バニシテアヤシミナガラ行キ見レバ、ギョット胸ヲツキ何トモ云イ難キ。驚キ且ツ不シント思イ、近ヨリテ見ルニ、御老母様ニハ息モカスカニ、御体ハ冷タリ感ヲセラル如ク、余ノ驚キハ何ニカタトエン様モナシ。

『創業記事』によると、アイは前年から心臓病にかかって貧血になり、発作を起こしていたが、日々の仕事を少しも休もうとしなかった。だがこのたびは覚悟したのか、アイは「又一に会いたい」と述べ、そのうえ寛斎に対して以下の「死後の希望」を乞うたのだった。

一、葬式は決して此地にて執行すべからず。牧場（斗満）に於て、卿が死するの時に、一同に牧場に於て埋めるの際に同時に執行すべし。

一、死体は焼きて能く骨を洗ひ、牧場に送り貯へて、卿が死するの時に同穴に埋め、草木を養ひ、牛馬の腹を肥せ。

一、諸家より香料を送らるゝあらば、海陸両軍費に寄付すべし。

文面の内容は、葬儀は、寛斎が亡くなった時に一緒にしてほしい、それまで牧場に置いて、寛斎と同じ穴に埋めてほしい、というものである。寛斎は『創業記事』に悲痛な思いを書き連ね、和歌を添えた。

肉体無きも、無形の霊たるや予が傍らに添ふて苦楽を共に為すを覚えたり。早晩予も形体は無きに至るも、一双の霊魂は長く斗満の地上に在て、其盛なるを見て楽しまん事を祈る。

亡き魂よ　こゝに来りて諸共に　幾千代かけて駒を守らん
秋の夜の　俤《おもかげ》うつる夢さめて　ねやにただきく川風の音

二宮農場を訪ねる

アイの葬儀は本人の遺言に従い、仮葬式として死の一週間後の十八日に行われた。札幌にいた八男の五郎、甥の君塚貢をはじめ、七男又一や、岡山から岡山医学専門学校に在学中の六男餘作、東京から三男周助夫人が、それに親戚縁者などが集まった。

妻を失った寛斎の落胆ぶりは目を覆うほどで、

「一度でいいから、斗満を見せてやりたかった」

と悔やみ言を呟いていた。結婚して五十三年間、二人三脚でここまできただけに、その思いを断ち切ることができなかったのである。

アイの遺骨を抱いて斗満の牧場に戻った後も、喪失感と虚脱感が入り交じった状態が続いた。本人の文章である『創業記事』にも、その模様が次のように書かれている。

忘れんと欲すも如何せん、精神上に於ける言ふべからざるの鬱《うつ》を以てし、且つ全身は次第に衰弱して喰料を減じ、動作困難にして耳鳴眩暈して、読書するにも更に何の感も無く、又喰物に味無く、只恍惚たるのみ。

耳鳴り、眩暈がして食欲もなく、食べ物の味もなく、恍惚、つまり、ぼーっとしている状態という。心配した六男の餘作が父に話しかけ、毎年夏に行っている海水浴を、今年は釧路に近い温別で行う。釧路にはいまだに一度も足を延ばしていないので、好意の便りを寄せる釧路支庁長に会うなどの計画を決めた。ここでいう温別とは現在の音別町で、白糠町を挟んで釧路市と飛び地合併したことにより、現在は釧路市音別町である。

もう一つ、同じ十勝の藻岩村（後の豊頃町）に入植した二宮尊徳の孫、二宮尊親宅へ赴き、寛斎がかねて崇拝する尊徳の霊位を拝謁することにした。

七月五日、寛斎は餘作と同行して出立。途中で別れ、一人で宿泊を重ねながら、釧路まで行くが、支庁長は不在だった。やむなく書状を置き、白糠に宿泊後、温別に赴き、海水を浴びた。

浦幌に宿泊して藻岩村へ。生憎の風雨に叩かれながら十勝川を渡船で渡り、川向かいに着く。案内に雇ったアイヌ民族の若者に手を引かれ、胸まで泥水に浸りながら、三時間もかかって二宮宅に着いた。朝から満足に食事を摂っておらずふらふらだった。だが尊親は不在で、家人も泥まみれの寛斎を見て不審を抱いた。

ほどなく帰宅した尊親は、初めて会う寛斎の汚れた姿に驚き、風呂を沸かし、着替えを用意したうえ、鶏卵を添えた粥を差し出した。これを食べてようやく寛斎の心身に落ちつきが戻った。

寛斎は二宮家に宿泊させてもらい、毎日、尊徳の霊位を拝し、遺訓や遺書を書き写すなどして一週間過ごした。その間に、尊徳の教えである「報徳」を心に深く刻み込んだ。報徳とは、年々歳々積み上げた努力は必ず報われる。いまの苦労は来年の実りを迎えるため、というもの。孫の尊親はその教えに従い、牛首別《うしゅべつ》報徳会「興復社」を組織し、たがいに助け合い、励まし合いながら開墾に精を出していた。ちなみに牛首別はアイヌ語のウシシ・ペッ、かつて鹿の足跡多し、の意。

寛斎は、これぞ理想の開墾組織である、と確信した。お陰で「体力復し、精神上の快活を得たり。為に鬱を忘れ、喰気は追々増加して、一層の快を覚えた」のだった。

危機を脱した寛斎が同宅を去り、斗満の牧場に戻ったのは二十五日。片山夫妻らが安堵したのは言うまでもない。

八月に入ってすぐの三日、牧場の馬が熊に襲われた。アイヌの人たちが熊害を防ごうと、斗満川の橋畔に見張り小屋を建てた。

十五日、日露戦争の開戦から半年を経て、又一に召集通知が届いた。大国を相手に我が軍は敢然と戦っており、いつでも出征できるようにと伝えてきたのだった。寛斎は、餅をついて祝うとともに、札幌に赴いて又一と会い、決意を伝えた。
『創業記事』の文面を、紹介する。

又一が出征せば、予は残りて牧場を保護すべきなり。依って又一が出征は実に我家の名誉なり。予が大満足なり。故に又一には牧場の事は一切精神上に置かずして勇んで戦地に出づべき事、死を決すべきを示すのみにて、ほかは決するの必要なし。又一が名誉の戦死あらば、第二の又一を以て素願を貫くべきとして、更に将来を議せざるなりと決して、勇みて別れたり。

この文面を読んで読者諸氏はどんな感想を抱いたであろうか。明治時代から大正、昭和戦前にかけて、天皇の存在は絶対であり、わが子が召されると、親たちは当家の名誉とするのが通例だった。寛斎とても例外ではなかったのである。だが「第二の又一を以て素願を貫く」の文面に、追い詰められた心情が覗く。

馬が相次いで斃れる

十月二日、寛斎が牧場に戻ると、片山夫妻が悲壮な表情で伝えた。三年目のこの年も馬六十七頭、牛十四頭を生産、育成し、種馬「瑞暲号」は品評会で十勝一を受賞した。しかし先月二十日頃から原因不明の疫病が発生して、有望な馬が病で二十余頭もばたばたと斃れ、さらに病馬が出ている。獣医によると原因がわからず治療もできない状態で、苦慮しているという。作業員の中には「もう仕事を止めたい」と言う者まで現れた。

寛斎は憤然となった。何としても馬の病気の蔓延を食い止めたい。それなのに牧場の作業員が音を上げてしまってどうなるのか。この間にも病馬は増えて五十六頭が死んだ。暗澹たる空気が漂う中、寛斎は全員を集めて激しく大声で怒鳴った。『創業記事』に見える。

我牧場の現状を恐るゝ者あらば、直に我牧場を立退け。予は生活する間は決して此牧場を退かざるなり。假令《たとえ》一人にても止まりて牛馬の全斃を待つ。全斃の後に至り斃馬を弔はんと欲するなり。若し幸にして一頭にても残るあらば後栄の方法を設くべし。我等夫婦が素願を貫くの道なりと信じて動かざるなり。幸にして種馬二頭は無事なり。依て此上に病馬あらば、十分に加療を施して死に至らしむるこそ、馬匹に対するの大義務たるべきなり。(中略)官馬は斃るゝも我牧場と共に予も死する迄として実行すべきと決したり。

この段階で、数頭の馬とともに「瑞暲号」など種馬二頭が生き残っていた。この種馬をより大切に活用し、繁殖させていくしか道はなかったのだった。

寛斎の決意の言葉に作業員たちは腹をくくった。立ち去るも地獄、残るも地獄、ならばこの地で、という思いだったのだろう。作業員全員で必死に病馬の治療をするなどしたお陰で、わずかの期間に、すべての馬が何とか立ち直ることができた。
寛斎は喜び、内祝いの餅をつき、詩歌を詠んだ。
西風吹送野望清　西風吹き送り望む野清し
万樹紅黄色更明　万樹紅黄色更に明らかなり
扶杖草鞋移歩処　杖に扶り草鞋を移すの処
只聞山鳥与渓声　只聞く山鳥と山渓の声と
十月十五日、寛斎は再び、藻岩村の二宮宅を訪れた。尊親に会い、尊徳の霊前にぬかづき合掌すると、心が洗われる気がした。
尊親の営農方針にも改めて目を奪われた。自然現象を支配する法則を天道といい、善も悪もない。社会生活を律する規範を人道といい、役立つものを善、害のあるものを悪として、はっきり区別する。
そのうえで牛首別報徳会を設置して、全戸を自作農民として育てる、開拓した土地十町歩は全部自分のものにする、という方針である。キリスト教を背景としたこの経営方針に、寛斎は、これだ、と確信した。寛斎がキリスト教の教義を意識しだしたのはこの時からと思われる。

結局、この年は牛十四頭、馬六十七頭を育てながら、前述のように馬五十六頭を失う結果となった。だが尊親の営農の実態を見て、前途に光明を見る思いがした。

寛斎は暮れが近づいても札幌には行かず、初めて牧場で年を越した。妻を失った喪失感は少しも薄らぐことがなく、日を追って寂しさが募った。

寛斎はそれを紛らわすように、和歌を二首を詠んだ。

憂きことの来る度毎におもふかな　つくりし罪はいまだへらなく
露の身の消えても消えぬ斗満原　祈る心に千代を楽しむ

寛斎の牧場経営に影響を与えた二宮農場は現在、十勝総合振興局管内の中川郡豊頃町茂岩に集落として存在する。一九〇六（明治三十九）年、豊頃村が二級町村になり、その二年後、二宮尊親は家族とともに郷里の福島県中村町（現相馬市）に帰郷した。一九二二（大正十一）年、逝く。享年六十八。尊親を慕う住民らは遺骨を分骨して、開墾地に「二宮尊親先生之墓」を建立した。現在も祭礼が行われている。豊頃村は、一九六五（昭和四十）年に町制施行され、豊頃町役場前に尊親像と尊親の歌碑がある。

積善社を創設

一九〇五（明治三十八）年、新年を初めて斗満の関牧場で迎えた寛斎は、七十六歳になり、新たな決意を固めた。昨年は大厄難の年だったが、今年は、何事にも正直に、より勤勉に励もう。牧場の作業員にはもっと便宜を与え、近くに住む人々やアイヌ民族に対しても、より幸せを分け与えようと誓った。『創業記事』を見よう。

本年は初めて牧場の越年たるを以て、如何なる事あらんかと一同配慮するも、寒さに耐えて、氷結の初めより暁夕毎に堅氷を砕き、或《あるい》は雪を踏んで一日二回は習慣たる冷水灌漑を実行して止まざるとうれし。又一は入営兵の留守中たるも、先ず牧場の無事に維持あるを謝する――。

春三月、札幌にいた八男の五郎が、分家して本別村上利別原野基線二七六に居宅を持った。牧場を手伝っていた餘作が、札幌病院に医師として勤務が決まった。餘作は後に望まれて網走病院に移ることになる。寛斎を巡る人々が、それぞれの道を歩きだしていた。

だが、灌水を続ける寛斎の体調が、このところ不安定になってきた。妻を亡くしたせいもあるが、食事の摂り方ひとつ変えただけで体調を崩してしまい、精神面にまで影響を与えてしまうのである。

『創業記事』には、

昨年迄は硬き喰料黍飯等食するに好んで用いたりしに、其後は少《すこし》く硬きもの黍飯等を用ふる時は、必ず胃痛下痢等を発する事となりたり。然るに一月三ケ日間は、祝として黍餅を雑煮として喰したりしに、三日の夜大に胃痛にて苦めり。依《よっ》て四日間は粥汁のみを喰して復常するを得たり。

以来、食事に注意したが、思うように体が動かなくなり、「一身は平均を失ふて起居動作は頗る困難を覚ゆるのみならず、記憶力及び考慮の上に於ても、大に減乏を覚ふるの外に、消化器の機能も衰へて――」という有り様になった。

寛斎はさらにこう書いた。

アヽ老境は実にアワレなり。依って世上の壮年者に忠告す。人たる者は必ずや盛衰の範囲を脱する事能《あた》はず。夫れ発育期を経て成熟期に至れば、続いて老衰期の来るを能《よ》く銘記せよ。

世間はいまだに悪疫が流行していた。大人の男性は花柳病に悩み、子どもたちは麻疹に罹り、それが時として爆発的に蔓延する。放っておいたら国家が壊滅するほどの恐ろしさが潜んでいた。寛斎は『創業記事』に、種痘のため諸方《あちこち》へ行く。

と書いており、体が本調子でないのに、毎日のように出かけていたことが窺える。

六月のこの日も、帯広にほど近い伏古村（幕別町伏古）まで足を延ばして、アイヌ民族の子どもたちを対象に種痘を施した。最近は少しずつ理解が深まってきたのか、子どもたちが集まってきて、顔をしかめながらも接種に応じた。

ところが種痘を終えて帰宅の途中、乗っていた馬が暴れ出し、振り落とされてしまった。体調はかなり戻ったのに、寄る年波というべきか。反射神経が鈍ってしまい、咄嗟に対応できなかったのだった。幸い怪我はなかったが、大事を取って以後は乗馬を止めた。

乗馬は止めたが、山歩きは欠かさない。その数日後、蓬や蕨を採ろうと思い、一人で出かけた。山を歩いてから、畑も見て回ったが、あれほど凄まじかった小虫がすっかり減っている。寛斎は「一昨年に比すれば半《なかば》を減《げん》じたり」と書いた。

札幌農学校を卒業した君塚貢が七月十四日、関牧場に入所することになった。札幌を発つ前日、足寄のパンケトブシ（斗伏）に宿泊し、翌朝十時に出発した。ところが道に迷って方向がわからなくなってしまい、午後二時にやっと関牧場に着いた。

貢は自分の「日記」に、こう記した。

川ヲ渡リ馬道ニ迷イ、二時無事着場ス。
本流雪花咲カシテ去ル。清水玉ノ如ク斗満川ニ満ツ。嗚呼是レ恋シ地

最後の部分の「ああ、これ、恋し地」と記すほど、貢もまた寛斎の気持ちに同調し、我が身を北海道開拓に賭けたのである。文面は以下のように続く。

余ハ全ク関家ノ厚恩ヲ受ケ今日ヲ得タリ。(中略) 厚恩ヲ報スベク、義務ニ従ガイ、極力関家ノ為メ尽スベシ。余ノ境遇ハ実ニ人ト恥ズベキノ境遇ナリ。噫《ああ》人ニ独立ノ精神ナキ程悲ムベキハナシ。余ハ或ル年限ノ後、独立ノ位置ヲ得ンコトヲ祈ル。

以後、貢は、関牧場に身を置いて、「日記」を書き続けた。
七月二十六日、寛斎は牧場を片山夫妻らに任せて釧路、白糠方面へ出かけ、海水浴を楽しんだ。この日の貢の「日記」には、

大人《たいじん》海水浴ヲ兼ネ旅行ニ出発サラル。余ハ見送リシテ、フシコノタン(足寄町伏古)宮崎(竹二郎)へ行ケリ。

とある。大人とは寛斎を指す表現である。八月に入ると貢の労働は増えていく。「日記」を辿るとこうである。なお原文には「日」が入っていないので補足した。

一日　畜牛届書類等認ム。馬ハニオトマム（新斗満）江追イ行キタリ。
二日　牛ヲニオトマムへ追エリ。牧草上草刈ル。
三日　片山氏ト共ニニオトマムへ視察。監督ノタメ出張ス。
四日　ニオトマムヨリ帰宅ス。
八日　燕麦除草。
九日　同上。当日一二時、大人（寛斎）ハ学生二名ヲ同道シテ帰場セラレタリ。
一二日　片山氏ト共ニニオトマムへ。母ニ分レタル仔馬ヲ追フ為メニ行ク、失フ。
二九日　関又一氏出征スル由ナルヲ以テ、片山氏ハ旭川・札幌へ向ケ出発セリ。

最後に出てくる又一の出征は、召集予告の知らせにより準備を整えていたもので、通知を受けてほぼ一年後だった。

この時期、すでに日露戦争は講和へ動きだしており、九月五日にアメリカのポーツマスで開かれた日露講和会議で、日本の勝利と講和の条件が決まった。だが批准を前にして、条約の内容を巡って国内の世論が反対へ傾き、その挙げ句、東京日比谷焼打事件にまで発展することになる。

それは置いて、又一出征の報に接した寛斎は、祝いの餅をつき、人々に振る舞った。そして新たな構想のもとに「積善社趣意書」を発表した。関牧場の経営方針の大胆な転換である。二宮農場を訪れて尊徳の遺訓に触れ、尊親の興復社に誘発されたのはいうまでもない。内容を述べると――。

北海道の斗満の僻地に牧場を設け、農家を入れて「仁・愛・人」を特色とした、勤倹で平和な社会、家庭をつくりたい。貧しい家庭に生まれた私は、長じて医学を学び、浜口梧陵の愛護を受け、一家を成すことができたが、世の救済には何ら貢献していない。

牧場内で僅かな善を積み上げるのを続けたなら、いずれの日か必ず成ると信じている。これを「積善社」と名付ける。労苦を甘んじ、費用を節約し、日々お金を貯えて共同の救済金とし、永遠なる幸福の基礎を定める、というもの。最後に、「明治三十八年　積善社発起　七十六老　白里　関寛」と書いた。

これが実現すれば世の中は大きく変わっていく、と寛斎は確信していた。だが体調は依然として思わしくない。その後に、こんな文字が見える。

此際亦《また》胃痛あり。

だが、志を高く掲げる寛斎は、決然としてひるまない。

第九章　平等均一の思想

1905–12

「仁・愛・人」の積善社を設置

寛斎が定めた「積善社趣意書」は、牧場を一つの小世界とみなし、そこにアイヌ民族も含めて多くの人々を誘い込み、「仁・愛・人」を尊ぶ平和な社会、家庭をつくる。日々、僅かな善行金を積みながら、救済金として貯える。病気になったり不幸が起こった時など、万一の場合、そのお金で対応するという仕組み。人間平等を高々と掲げた画期的な計画といえた。

寛斎は小作契約を定めて、自作農創設へ一歩踏み出すべく、わかりやすく次の四項目を掲げた。

一、倹約貯蓄をすること。
二、将来、一戸十町歩以上の地積を所有し、牛馬四頭を飼育する。
三、各自、平和に助け合うこと。
四、各自の創業を助けんため、期限を定め、二分の一を譲与し、次いで六割の年賦を支払い、全部を譲与し、独立自営せしむ。

だが「平等均一」を目指す寛斎の思いはなかなか届かない。牧場で働く人に説明しても、すんなり理解してくれない。理想が現実とあまりにかけ離れていて、話が通じないのだ。寛斎はどうすべきか、もがき苦しんだ。

十月一日、寛斎は気晴らしのため、小さな旅に出た。夕張の清水沢の紅葉が見たくなり、単身出かけて、谷間を赤と黄色に彩る紅葉を楽しんだ。心地よく酔いしれ、帰路に着くが、途中、道に迷ってしまう。『創業記事』にはこう見える。

清水沢にて紅葉を観る。帰路迷ふ。一同に心配をかける。

寒さが募りだす時期だけに、命に関わる恐れがあったとも推察できる。

その月の十五日、寛斎はまた牧場を発ち、足寄から帯広に出て、そこから藻岩（豊頃）の二宮農場の尊親を訪ねた。ここに二十日間も滞在した。尊親の農場を手本にして創設した積善社の経営について、助言を受けたのは当然であろう。

十一月六日、自分の牧場に帰った寛斎は、『創業記事』にこう記した。

此際《このさい》約百記《よぶき》を読み、牧場維持の困難を悟る。

一九〇六（明治三十九）年元旦の早朝。七十七歳になった寛斎は、我が家を出ると、いつものように斗満川の畔へ赴いた。寒気があたりに張りつめ、吐く息が白く凍りつく。

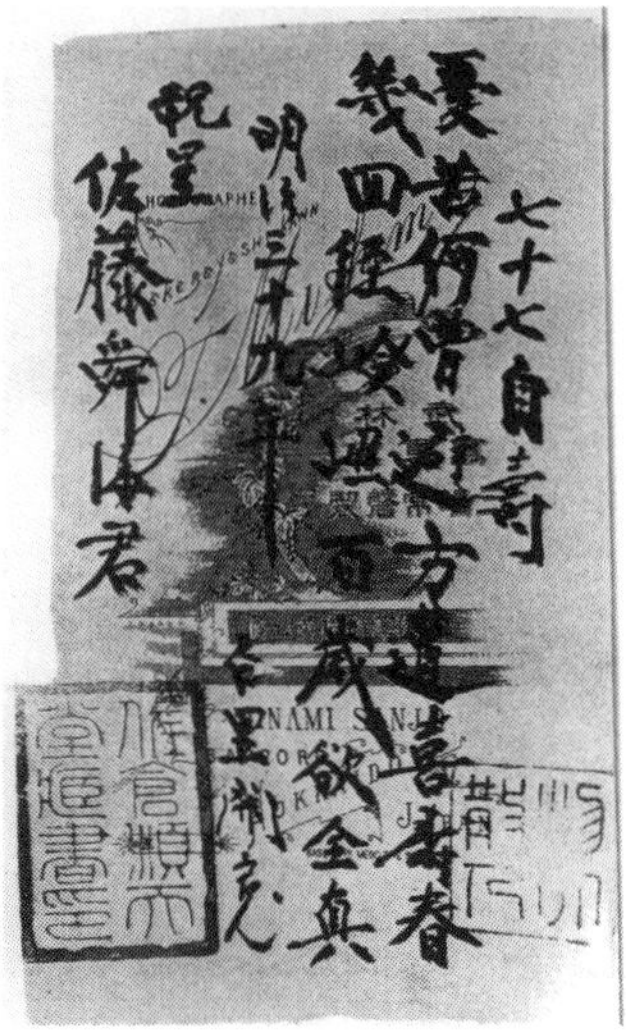

佐藤舜海への書

君塚貢のこの日の「日記」には「年越ノ雪三・四寸」とあるから十センチ前後ほど。それほどの積雪ではないが、寒さは厳しい。寛斎は川辺に近づくなり、川面の氷を棒で叩き割り、裸になって川中に身を沈めた。染み入るような冷たさだが、新たな年を迎えて寛斎には爽やかさだけが全身を覆っていた。

寛斎はこの時、盟友の佐藤舜海に宛て、「七十七自寿《みずからことぶく》」と題した漢詩を詠んでいる。

憂苦何会避　憂苦《ゆうく》何ぞ会って避けん
方遭喜寿春　方《まさに》遭う喜寿の春
幾回経嶮岨　幾たびか嶮岨《けんそ》を経て
百歳欲全真　百歳真《しん》を全うせんと欲《ほっ》す
七十七老　白里　関寛

憂いや苦しみに遇っても避けず、いま喜寿の春を迎え、これからも険しさを越えて、真に百歳をまっとうしたいものだ、の意。最初と最後に見える七十七自寿、七十七老は年齢を指しているのは言うまでもない。
同時にこの場で「老子経」を読み上げ、妙味を感じたとして、こう記した。

不失其所者久　その所を失わざるは久く
死而不亡者寿　死して亡びざる者は命長し

又一凱旋、別居

正月草々、朗報が舞い込んだ。林董が外務大臣に就任したという。董は順天堂初代佐藤泰然の長女つるが嫁いだ林洞海の次男（養子）である。ちなみに長男の研海は陸軍軍医総監、妹の多津は榎本武揚の妻なので、ともに義兄弟の間柄になる。寛斎にとって佐藤泰然一族の繁栄は願ってもないことであった。

だが寛斎の体力は、このところ目立って衰えを見せだした。一月十九日は外出したものの積雪が深く、川辺に行くこともできない。やむなく「雪中に転んで灌漑に代ふ」、つまり、雪を灌漑代わりにして転がり回った、というわけである。裸で雪にまみれるとは、他人が見たら、異様に思うに違いなかろう。

二十日、種馬の瑞暲号と北宝号が前脚を上げて戯れているのを見て、「恰も相撲の如くして遊ぶを見て楽し」むと書いた。少し、気持ちが和んだものか。

三月になり、知人を通じて、日露戦争に従軍していた又一が凱旋し、室蘭まで戻ったと連絡がきた。寛斎は、おぉ、と小さく叫び、赤飯を炊いて一同とともに祝った。

その月の三十日、川水が融け始めた。北国に春が巡ってきたのである。寛斎は又一が帰るのを待ち続けた。『創業記事』にはこう見える。

四月四日より日々南方を眺め、或いはニタトロマップ迄行きて、又一が帰るを待つ。十三日、後二時、又一無事帰場す。

ニタトロマップは斗満のはずれに位置する。時には遠くまで出迎えに行くなどして待ち、やっと再会できたのである。それなのに、意外なことに『関牧場創業記事』はこの文章でぷっつり終わっている。寛斎の心を変化させる何かがあったものか。

以下、君塚貢の「日記」を頼るほかないが、それによると又一は帰場した翌日、牛馬の去勢をするなど旺盛なところを見せている。

又一が帰場して、牧場に笑顔と活気がみなぎった。農場は次第に整備され、畑も大きく広がっていった。

寛斎は私設斗満駅逓所に居住している。東南隅の八畳間が書斎で、部屋の中に小さな机があり、上には老子の書や『創世記』『約百記』などの愛読書が積まれている。その側に箱火鉢が置かれ、床に小杉榲邨の書が掲げられていた。板廊下を隔てて居室、浴室や納屋があり、裏には掘り井戸のほか、鶏小屋もある。

寛斎はこの建物で、片山八重蔵夫妻、片山の妻ウタの弟で在郷軍人の田辺新之助、ウタの妹とともに暮らした。駅逓所はすでに述べた通り郵便局と旅館の役目をしているので、森林調査でやってくる北海道庁の役人などがしばしば宿泊した。

家の前を北見街道が延びていて、道端に大きなヤチダモの樹木がそびえ、街道を挟んで、君塚貢の住む草屋が一棟、その隣に牛馬舎が建っている。

思いがけない知らせが届いた。寛斎の設置したこの小さな私立の駅逓所が、突然官営に引き上げられたのである。それは十勝の奥地まで、駅逓を利用する人が増えてきた証左といえた。寛斎は深く頷いた。

『陸別町史 通史編』の「十勝支庁管内駅逓分布図」によると、海岸線は北海道の開拓が始まった直後から各地に駅逓が開設され、明治三十年代になると開拓が内陸に進むにつれて増えていき、一九〇〇(明治三十三)年から一九〇五(同三十八)年にかけて、本別、足寄、パンケトプア、斗満、さらに北見の津別、美幌と繋がっていったとあり、それに符合する。

斗満の住宅兼事務所兼駅逓所を描いた絵がある。出窓も設けられた建物であるが、冬場の寒さにどれほど堪えられたものか、と推察した。

『命の鍛練』出版と貢との別れ

寛斎はこの合間に『命の鍛練』を出版した。生命は普段の養生により保たれるという、自らの主張をまとめたもので、

一、災害に遇ふもおどろかず。
二、患害に向ふとも悲しまず。
三、貧しけれども餓ゑず。
四、老て労を厭《いと》はず。
五、衣薄くも寒がらず。
六、粗食にも味あり。
七、雨漏りにも眠を妨げず。

このように掲げて、最後を「此等の七福を余は悉く灌水の徳に帰するものなり」と結んだ。すべてが灌水、水浴びによるものというのである。体験から得た実感なのだが、医師の立場からの主張

だけに、多くの人々に影響を与えたのは間違いない。
この間に思わぬトラブルが起こった。札幌農学校を卒業後、関牧場に入場した君塚貢が、将来への思いを口にしたことで、寛斎の怒りを買ってしまったのである。貢は、すでに述べた通り亡妻アイの甥で、関家の養子になり、寛斎の意向に共鳴して札幌農学校に入学した。礼儀に厚く、真面目な若者である。貢の「日記」に、その信条が書かれている。

余ハ一生ノ内ニ三大義務ヲ果サザルベカラズナリ。今日ハ共生時代ニシテ恩ニ酬ユルナル義務ノ（関家ノ）一端ヲ果スベキ時ナリ。今日ヨリ十年ノ後ニ至ラバ、共生ヨリ稍ヤ進ミテ独立シ生涯ニ入ラン。独立時代ニ入ッテ、イヨイヨ苦戦ノ境ニ入レルナリ。此ノ境ニ入ッテ其功《そのこう》ノ成不成ニ分ルルナナリ。苦戦ニ勝ツヲ得ザレバ、余ガ三大義務ハ果スヲ得ザルナリ。

自ら関牧場を戦場として義務を果たす。関家への恩返しをして十年経ったら独立する。独立していよいよ苦境に陥るが、これに勝たねば、私の三大義務は果たされない――、という内容である。純粋潔癖に生きようとする若者らしさが溢れている。
この話が寛斎に伝えられたのは「日記」から判断して四月半ば。又一が除隊して直後のことだ。将来の独立、と聞いて寛斎は激怒する。又一も同調した。十九日の貢の「日記」には、余ハ独立ノ件ニツキ、伯父様、又一氏ノ立腹多大ニシテ、余ガ如何ニ謝スルニ免ザレズ。此日ヨリ片山氏ノ尽力モアリシガ（中略）、直チニ牧場退去ヲ命ゼラレタリ。余泣ク泣ク悔悟シ、情ヲ述ベシモ聞カレズ、遂《ついに》、退カザルベカラズニ至リ。又噫《ああ》、余ハ茲《ここ》ニ於テ、余リ人道ヲ破レリ。不徳不人情ノ人トナリナン。

独立を否定され、謝っても許されず、退去を命じられ、不徳の人間とされた貢の思いはいかなるものであったか。文面は続く。

朝　伯父様ヨリ左ノ文ヲ恵与セラル。此ノ文ハ実ニ吾心ヲ刺シタルナリ。

後其身而身先　　その身を後にしても身を先んじ
外其身而身存　　その身外にして身存在す
非以其無私耶　　その私無きを以て非ずや
故能成其私　　故に能く其の私を成す

これは老子の詩歌で、自分のためにという私心のないことが、かえって自分のためになると諭した、という意味である。この詩歌が、貢の「吾心ヲ刺シタ」のである。その痛みがどれほどであったか、想像もできない。

貢は自分の思いを真摯に告げたのに、その時、牧場の経営方針を巡って対立していた寛斎と又一の、互いの怒りに油が注ぐ形となり、ともに逆上したのであろう。貢は結局、親子の紛争に巻き込まれた、と思えてならない。

僅か十カ月足らずで関牧場を去った貢は、その後、農商務省技師となり、生地千葉県の利根川改修などに取り組むことになる。

『目ざまし草』に書かれた訴え

秋になり、北海道物産品評会に関牧場から出陳した瑞暲号と北宝号の二頭の馬が優秀馬に選ばれた。大量病死に打ちのめされた危機から必死に立ち上がって丸三年。見事な復活ぶりに、牧場の人々は感涙にむせんだ。

関家に喜びが重なった。仲に入り勧める人がいて、又一が帯広刑務所典獄（所長）黒木鯤太郎の娘、美都子と結婚式を挙げた。陽光に映える新しいカップルの誕生に、周囲は沸いた。

岡山医学専門学校を卒業したばかりの餘作が、思いもかけず、ロシア帝国軍医に任命され、中国ハルビンを経てロシアのモスクワへ慌ただしく赴いた。寛斎はわが子の破格の出世に感激した。

この時、寛斎を囲み、周助、餘作、又一、五郎が揃った記念写真が残されている。複雑な思いを

息子らに囲まれた寛斎（中央）

抱きながらも、寛斎にとっては晴れがましい一時であったろう。

寛斎は藻岩（豊頃）に入植した二宮尊親とたびたび会い、尊徳の社会観を学びとった。それは「道の確実なものは農に如くはない。故に農に合するものは大道」、従って「農業の生産を拡大することこそ社会を、人間を豊かにすることである」という主張である。これぞ「荒蕪を拓く」、つまり何もない地帯を生産地に変えていくことに連なると考えたのである。

だが高尚な理念の「平等均一」を目指す「積善社」の動きはまだまだ鈍く、寛斎の心に、焦りと諦めに似たものが交錯した。

この時期に発刊した『目ざまし草』のうち、第二十一章「農業は国の基」より掲げる。最初にわが国は瑞穂の国と言われる農業国なのに、と書いたうえで以下のように続けた。文面からロシアの文豪トルストイへの傾倒ぶりが見てとれる。

現今農を避けて工商に傾くは何の故ぞや。英国に於ては、大富豪家にして農業に就くもの多きは、此れ英国の実力多き所似なり。是等の人は皆広大なる耕地内に邸宅を構へ、自ら其業に当ると聞けり。（中略）夫れ知らずして取らざるは思慮無き者なり、知りて実行せざるは実に薄慮弱行の人と云ふべき乎。左の二語は古今東西時と地とを異にすとも同意なり。堯時老人あり歌ひて曰く
日出而作、日入而息、鑿井而飲、耕田而食、帝力何有於我哉
・現今露国トルストイ翁の語
己れの顔に汗して土を耕し人の助けを借りずして喰ふ者は国の力なり。

大筋で解釈すると、前段は、太陽が出たら働き、没したら安息する、井戸を掘り水を飲む、田を耕し飯を食べる、それが私の生き方だ、の意。後段のトルストイの語は、他人の力に頼らず、自らの力で田を耕し、食べている（生活している）者は国の力だ、の意。寛斎が最後に「右二語を翫味」するよう訴えたこの文面は、寛斎自身の血の叫びでもあったと筆者には思える。

寛斎は北海道に入植して以来、尊親だけでなく、多くの人々と交流を結んだ。関家に現存する「人

名簿」には、北海道庁関係では永山武四郎、山内六三郎（堤雲）、大石泰成、河野常吉など。札幌地方裁判所関係では川上則文や又一の同期生の医師沢達夫ら。教育関係では札幌農学校教授で、後の北海道大学初代校長となる佐藤昌介はじめ松村松平、橋本左五郎、新居敦二郎ら。札幌病院関係では、妻アイの最期を見取った倉次謙、佐倉順天堂二代目佐藤舜海の姪である同夫人。

入植者では帯広に入った晩成社の依田勉三ら、札幌に入植した同郷の阿部宇之助など。またアイヌ民族保護策の立場から小谷部全一郎、白井柳治郎、さらに虻田村の学校職員らの名も見える。アイヌ研究家の吉田巌とも書簡を通じて絆を深めた。

一九〇七（明治四十）年一月、寛斎はこの中の一人、札幌農学校教授の佐藤昌介を訪ねている。佐藤は又一の恩師だから、話が飛躍的に広がったのは容易に推察できる。

一方、又一は十勝に最初に入植した晩成社の依田勉三を生花苗《おいかまない》に訪ねている。勉三は帯広を中心に多くの農場を開設していた。若い農学士と先駆的な開拓者の二人が、北海道農業の未来について、話に花を咲かせたと思われる。

厳しい冬が去り、春が巡ってきた。隣村の足寄村に郵便局が設けられ、又一が初代の局長に任命された。だが実際にはその仕事に就かず、肺を患い、開拓に携わることができない五郎が局長代理になった。

五月、又一は十勝物産品評会地方評議委員になった。地方に住みながら農業行政を支えていく大事な仕事だが、父としての寛斎はどんな感情を抱いていたものか。自分の行く道とは異なるものを感じていたに違いない。

徳冨蘆花一家と交流

十一月、寛斎は東京・麹町区（現・千代田区）に住む周助に誘われるままに、東京へ赴いた。寒い時期だけでも東京で暮らしてはどうか、という周助の言葉に応じたのである。東京へは、亡き妻とともに郷土を出立した時以来だから、五年ぶりになる。

寛斎は上京するとまず谷中墓地にある佐倉順天堂の佐藤泰然の墓に参拝し、次に雑司ヶ谷、染井墓地を訪れ、浜口家、蜂須賀家などの墓に参拝した。その後、徳島県知事からいまは内務省地方局長を務める床次竹二郎、細菌学者の二木謙三、さらには松村介石など旧知の先輩や知人、友人らを次々に訪れて懇談した。

このうち松村介石は播磨・明石藩士の家系で、幼少から神童とうたわれ、十歳で四書五経を読むほどだったが、維新に遭遇して同家は没落した。だが独力で英語を学び、十八歳の時、神の啓示を受け、熱烈なキリスト教信者になり、人々の救済に励んでいた。

寛斎はこの松村の生き方に共鳴し、松村も寛斎の清貧ぶりに打たれ、ことあるごとに互いに訪ねて話し合った。肝胆相照らす仲だけに、この時も会話が弾み、打ち解けた時間になった。

東京の周助宅で新年を迎えた寛斎は、思い切った行動を起こす。著書を読んだだけで一面識もない東京の北多摩郡千歳村粕谷に住む文筆家の徳冨健次郎、筆名蘆花を訪れたのである。

蘆花は前年暮れ、聖地巡礼と文豪トルストイを訪問する旅から帰った後、個人雑誌『黒潮』を発刊し、「勝利の悲哀」と題する絶対平和主義を掲げた一文を掲載した。これを読んだ五郎が、父寛斎のトルストイへの信奉を知っていて、上京の折り、蘆花に会うように勧める一方、一読者の立場で蘆花に便りを出すなどしていたのだった。

寛斎自身、トルストイが地主として生活することに罪悪感を持ち、自分の農地を小作人に解放しようとしているのを知り、その思想を知りたいと思っていただけに、二つ返事で応じた。

この訪問の模様を蘆花は自著『みみずのたはこと』の中の「関寛翁」の項で書いている。以後、徳冨健次郎の表現は、筆名の蘆花を用いる。ちなみに蘆花の兄はジャーナリスト、文筆家の徳富蘇峰（猪一郎）である。文面の書き出しはこうだ。


明治四十一年四月二日の昼過ぎ、妙な爺さんが訪ねてきた。北海道の山中に牛馬を飼って居る関と云う爺と名乗る。鼠の眼の様に小さな可愛い眼をして、十四五の少年の様に紅味ばしった顔をして居る。長い灰色の髪を後に撫でつけ、顎に些《ちと》の疎髯をヒラ〳〵させ、木綿ずくめの着物に、足駄ばき。年を問えば七十九。剛健な老人振りに、主人は先ず我を折った。

蘆花が「妙な爺さん」の突然の訪問に驚き、その「剛健ぶり」に「我を折った」のである。寛斎

上京の折、君塚家の人たちと（明治41年暮れ）

徳冨蘆花

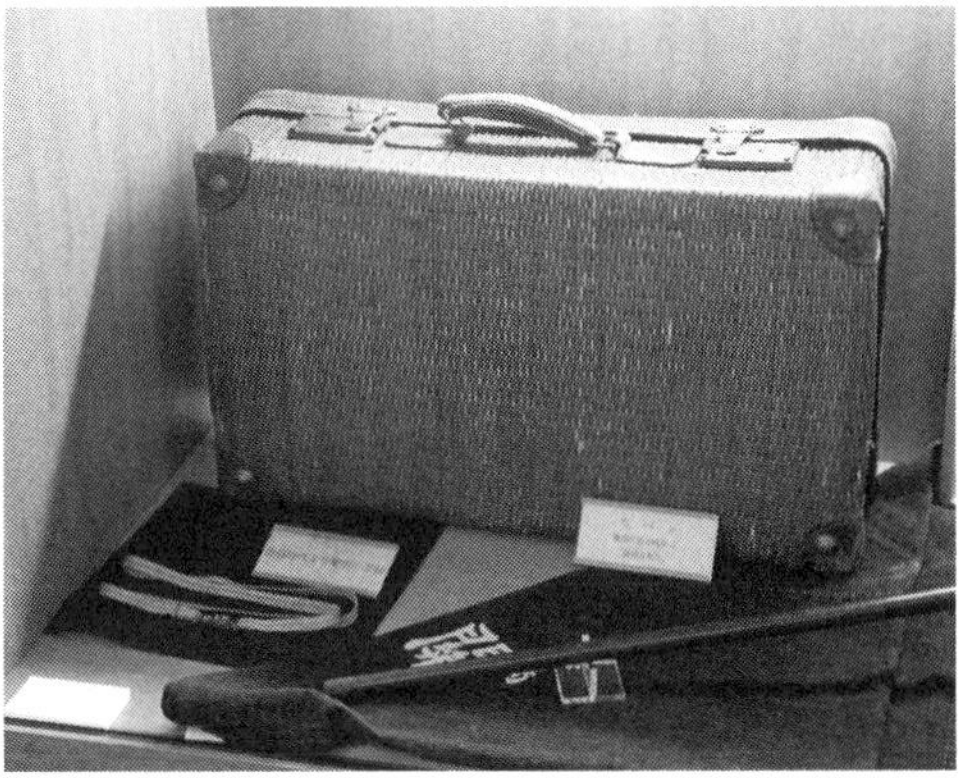

寛斎が旅行に用いた鞄（北海道陸別町・関寛斎資料館）

に問われるままに、トルストイの消息を語り伝えたが、その合間に、寛斎がどんな人物なのかを知る。元来は医師で、高齢にもかかわらず北海道の未開地に入植し、そこで病気になったり怪我をした移住民やアイヌ民族の治療をしていること、五十年来冷水浴を実行していること、数年前に亡くなった妻の手織り着物のほかは着ないことなどを知り、「面白い爺さんだ」と書いた。

「縁は異なもの」というべきか。これがきっかけで四十一歳と七十八歳、年齢差三十以上の親子ほども離れている二人が意気投合する。長崎にいた頃、まだ生まれていない蘆花の両親の病状を診察、施療したのを知ったのも、親近感をもたせたといえる。蘆花にとっても思いがけない出会いとなった。

東京に滞在中、訃報が舞い込む。足寄郵便局長代理をしていた五郎が、三十二歳の若さで突然亡くなったという電報が届いたのだ。蘆花の存在を教えてくれた愛しい我が子である。何ということか。寛斎は愕然となった。

東京にいるうちに、二度も千歳村粕谷の蘆花宅を訪れた寛斎は、わが子の訃報を伝えた。蘆花も寛斎を自分に会わせる役目をした五郎の死をいたく悲しんだ。

寛斎は別れ際、蘆花に、

「北海道は直ぐ開けてしまう。無人境がなくならぬうちに遊びにきなされ」

と誘った。蘆花も、一度はその暮らしぶりを見たいものと思ったものの、おいそれと行けるところではない。だがその言葉を心に留めた。

寛斎は半年ぶりに北海道へ戻ると、その夏、帯広の晩成社の幹部、鈴木銃太郎を訪問して、開拓について意見を交わした。

晩成社は一八八三（明治十六）年、依田勉三が中心となって入植し、周辺の開墾地でジャガイモや豆類を植えるほか、ビートやリンゴの生産、さらには牛を飼育して、牛肉やバターの生産まで手がけていた。

まだまだ成果は見えないが、その意欲に寛斎は舌を巻いた。

寛斎は十月にまたも上京し、東京順天堂医院で行われた佐藤泰然、尚中（舜海）銅像除幕式に参加した。老いてなお旺盛な知識欲と行動に、周囲の人々は驚きの目を見せた。

この間に、餘作がロシアから戻ってきた。父寛斎と又一の関係が牧場経営を巡って悪化しているほか、又一の妻美都子が二人の子どもを連れて北海道を離れ、別居している事実を便りで知り、心配の余りロシア軍医の職を辞して帰国したのだった。

餘作、三十七歳で結婚

東京でまた年を越した寛斎は、一九〇九（明治四十二）年春、雪解けの斗満に戻ってきた。

帰宅すると、聴診器を持つ手を鍬や鎌に持ち替えた餘作が、待ち構えていた。寛斎は驚きながらも、これ幸いとばかり悩める胸のうちを語った。それは愚痴話にも似たものだったが、餘作は黙って聞いてやった。寛斎にとって思わぬ援護者出現の形になった。

餘作は時には弟又一の話にも耳を貸した。頑迷とも思える話しぶりに、なだめたりすかしたりもした。不穏な家庭内の中和剤のような存在になり、はたから見れば大変な苦労に見えた。だが本人はさして気にせず、畑仕事だけでなく牛の世話までした。

夏が過ぎ、秋も深まる頃、寛斎は関牧場の将来構想をまとめて、又一と餘作に示した。すでに開墾地は五五三町歩（五百五十三ヘクタール）、牛は九十六頭、馬は百八十頭を飼育する屈指の大規模な農・牧場になっていた。

この開墾した農地をもとに、さらに奥地を開墾して倍の千町歩（千ヘクタール）に増やし、これを解放して農家を百戸ほど入れ、将来はそれぞれ土地を十町歩（十ヘクタール）ずつ与え、さらに牛四頭ずつを所有する自作農家の集落を形成するという計画という。

初めのうちは半分の五町歩を譲与し、継いで六割の年賦支払いで全部を譲与して独立させる。これにより小作農のいない「平等均一」の社会の建設を実現させるというもので、寛斎の壮大な悲願ともいえた。

寛斎はこれに留まらず、この独立自営農計画を「免囚保護」といわれる出獄受刑者の保護事業に結び付けようとしていた。帯広と網走に設置された刑務所（集治監―監獄）からの脱走者が、山中に延びる唯一の交通路を辿って、よくこの関牧場まで逃れてきた。ここの受刑者たちは刑期を全うしても行き場がなく、更生もままならない。逃げたら殺されるというこの人たちを助けて保護する受け皿にしたい、というものだった。

寛斎の夢はとてつもないが、少しずつ光が当たりだそうとしていた。だが「平等の農場」という考えは、又一の大規模農場構想とは相反するものだった。又一はすでに北海道における農業指導者として地位を固め、十勝物産品評会に寄金したり、本別小学校の新築資金に寄付するなど社会貢献をしていた。

父と子の対立は避けられない状況になっていた。

東京に住む周助が突然、関牧場を訪れて、又一にヨーロッパ農業の視察を勧めた。父子の対立を和らげようとする行為だったのか。あるいは妻子に去られて独り暮らしの又一への、気分転換への誘いだったともとれる。

この時期、釧路新聞の社長白石義郎と主筆の日景安太郎が、相次いで斗満を訪れ、記事を書いている。偶然だが小樽新聞を辞めた石川啄木を、釧路新聞に誘ったのが社長の白石だった。だが啄木はわずか七十六日間で釧路を去っていく。

何の関わりもない寛斎と蘆花だが、歴史的に微妙に重なり合っているのに気づく。

斗満を訪れた白石は『釧路新聞』(明治四十二年九月二十六日)に「北見紀行、斗満駅逓にて」としてこう書いた。

この駅逓は関農学士の経営。名義人片山老人は気骨もあって面白い。関農場には六百万坪の土地と、牛八十頭、馬百四十頭所有する大地主となり、創業の苦辛は容易ではなかったが、この如き大地積を一人に領せしむるは果たして地方発達の為得策であるか否やは疑問――。

創業期の労苦を多としながら、広大な地積を所有する寛斎父子を指し、「果たして地方発達の為得策か否か」としている。この新聞を読んだ寛斎の、又一の思いはどうであったか。

キリスト教への傾倒

寛斎がキリスト教に強く傾倒していったのは、この時期と推察できる。それを証明するのが、後に斗満の寛斎宅を訪れた徳冨蘆花の著書『みみずのたはこと』である。同書によると斗満駅逓所である寛斎の部屋には、必読書の『老子』や『創世記』、詩編『約百記』などキリスト教を含む宗教本が置かれていたとある。

もう一つ、寛斎の死後八十年を経て、遺品の中から偶然、発見された一冊の聖書。その聖書の余白に、寛斎が訳したと思われる詩文が記されていた。関寛斎斗満入植一〇〇周年記念『関農場　希望の大地に夢拓く』に書かれているので、長文だが省略して掲げる。

第一日　主宰ハ我ノ牧人ナリ、我ニ不足ヲ与ウル所ナシ、主ハ我ヲ緑野ニ臥ルヲ命ジラレタ

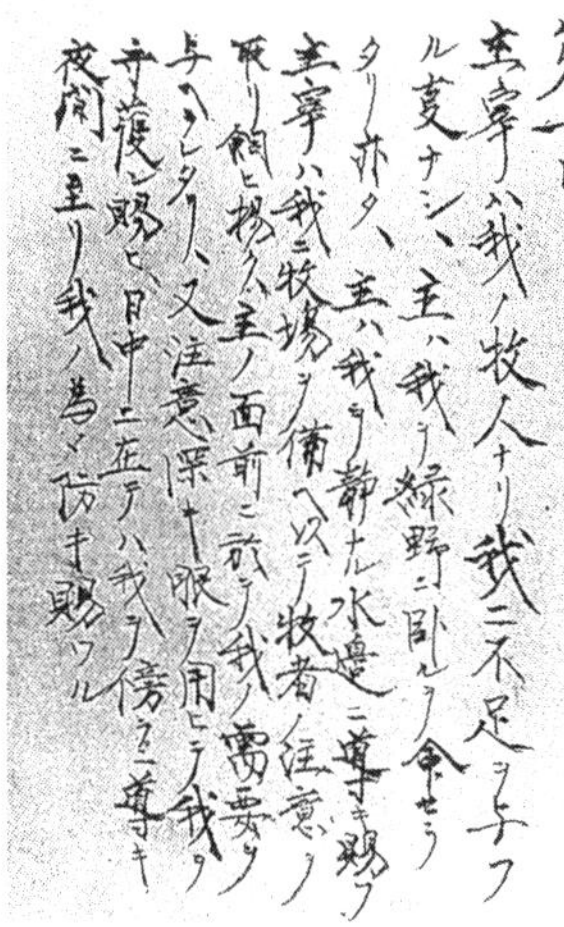
第一日
主宰ハ我ノ牧人ナリ我ニ不足ヲ与フ
ル事ナシ、主ハ我ヲ緑野ニ臥ルヲ命セラ
タリ、亦タ、主ハ我ヲ静ナル水邉ニ導キ賜フ
主宰ハ我ニ牧場ヲ備ヘ以テ牧者ノ注意ヲ
取リ飼ヒ揚ク、主ノ面前ニ於テ我ノ需要ヲ
与ヘラレタリ、又注意深キ眼ヲ用ヒテ我ヲ
守護シ賜ヒ、日中ニ在テハ我ヲ傍ラニ導キ
夜間ニ至リ我ノ為メ防キ賜ウル

寛斎の書物に書かれた神への賛辞

リ。亦タ、主ハ我ヲ静ナル水辺に導キ賜ウ。

主宰ハ我ニ牧場ヲ備ヘ以テ牧者ノ注意ヲ取リ飼ヒ揚ク、主ノ面前ニ於テ我ノ需要ヲ与エラレタリ、又注意深キ眼ヲ用イテ我ヲ守護シ賜イ、日中ニ在テハ我ヲ傍ラニ導キ夜間ニ至リ　我ノ為メ防ギ賜ル。

広漠タル原野ニ於テ寂シキ路途ニ迷イツアルモ、主ノ洪恩ハ余ノ悲痛ヲ慰メ、荒レタル荒野モ笑ウニ至リ。花樹、果実ハ四方ニ充満シ、清水ハ各処ニ溢ル。

極楽ノ世界ニ於テ不朽ノ霊魂ハ大キニ其安キヲ覚ヘ、不夜城ノ中ニ在テ人生ノ苦ヲ忘ル。無尽ノ源泉ハ爰ニ流レ、不死ノ百花ハ其両畔ニ満開ヲ呈シ、独リ人間ノ死ハ楽土ト塵世ノ区域ニ立ツ。

前段の文面は、神を讃え、神により、緑野に、水辺に、臥せるを命じられたとし、神が常に我が身を守護してくれたことに感謝している。後段は自ら極楽と現世の境に立つ心境を記している。

寛斎はこの段階で、すでに神に召されることを予知していた、と思える。

暮れにまたも上京した寛斎は、周助宅に身を置きながら、一九一〇（明治四十三）年の新年を迎えた。渡辺勲『関寛斎伝――北海道開拓を探る』（陸別町関寛翁顕彰会編）に意外な話が掲載されているので紹介する。

三月になり寛斎は、元旦に用いた年賀状の余りを使い、蘆花宛てに便りを出した。なんと「謹賀新禧」と印刷されている文字をインキで線を引いて消し、その横に、こう書いている。（□は読めず）

拝啓
近々之内ニ　罷上《まかりあ》ガリ反《た》ク　御不在ナラハ残念ナリ
御在不生《しょうぜず》ハ　御知ラセ乞□□□候也
三月十五日　東京麴町区中六番地十八　関寛

このころ年賀状を印刷するのは珍しく、おそらく周助が手配して作成したものと思われる。その印刷済みの不用になった賀状を用いたとは。受け取った蘆花はよほど驚いたはずである。

馬車にも人力車にも乗らず

その便りから十日ほどして寛斎は、下駄をカラコロ響かせながら、千歳村粕谷の蘆花宅を訪ねた。麹町の周助宅から歩いて新宿まで出て、新宿からざっと二里半（約十キロメートル）。高齢とは思えぬ健脚である。蘆花が笑顔で出迎えた。養女の鶴子（兄蘇峰の六女）が玄関で大人びた挨拶をした。

この日、蘆花宅にはたまたま他にも来客があり、学生たちも一緒だったので、寛斎は独特な深呼吸法を見せるなどして、夜の更けるのも忘れて歓談した。

翌日、寛斎はまた徒歩で帰ると話すので、蘆花はさすがに歩くには遠いと心配し、新宿まで二便通っているトテトー馬車に乗るよう勧めた。だが、いやいやと首を振り、拒絶した。やむなく専属の人力車を差し向けたが、それにも乗らず、結局、車夫（車牽き作業員）は、空車を牽きながら寛斎と並んで歩いたという。

周助宅に戻った寛斎は、すぐに礼状を書き送った。

拝啓　御清祥奉加ニ候

生憎ニテ馬車ニ乗ル事ニ至ラサルモ、腕車（人力車の呼称）ヲ雇入レニテ跡ヨリ大急キニテ来リクレ老脚ヲ休メ、且ツ途中ニテ休養スルト、ソノ農家ニテ餅ヲ饗セラレテ為ニ時間ヲ費シテ、

車夫ヲシテ或イハ迷惑ヲカケタルモ、迂老ハ大ニ慰ムル事アリテ、為ニ車夫へ労賃ヲ増加スル事ヲモ相謝ス

寛斎ならではの愉快なエピソードといえよう。

『めざまし草』がこの間に発刊され、新刊を手にした寛斎は喜んだ。四月、東京を発った寛斎は、積雪が少なくなった斗満の関牧場へ戻るなり、すぐ蘆花に感謝の印として桜梅の苗木二本を、鉄道小包で送った。

苗木を受け取った蘆花から、返信が届いた。「早速庭内に植えつけ申し候。好顧の記念、長じて花咲き実を楽しみ、培養仕るべく候」とあり、短歌三首が記されていた。その中の一首。

蝦夷が島ゆ君が贈りしさくら木は　武蔵の野辺にやがて実らん

文面はさらに、二年前に古家を購入して建てた「梅花書院」六畳二間が狭くなったので、今回売りに出た二十畳の古家を購入し、解体移築して「秋水書院」と名付けた。その完成祝いに、老父母はじめ肉親ら十三人が参加した旨、記されていた。

寛斎は便りを読みながら、うむうむと頷き、表情を崩した。

寛斎と蘆花の便りは数多く残っており、その文面のはしばしから交流の深さを知ることができる。

斗満では又一が、自分の土地を建設中の鉄道用地として寄付したので、鉄道長官から表彰状を受けた。又一には社会貢献に目を向ける一面もあり、これまでもしばしばこうした寄付をしている。寛斎が心の中で喜びながらも、複雑な思いを抱くのだった。

初夏の香りが満ちるころ、三十七歳になる餘作がやっと結婚に踏み切った。相手の女性は貞子、二十八歳。札幌病院に勤務する看護婦で、寛斎の頼みを聞いた病院長が口説き落としたものという。貞子は北海道内の漁師の家に生まれたが、家が傾いたので、自ら赤十字の看護婦になり、日露戦争に従軍した。その働きが認められて一等看護婦になり、産婆（助産婦）の資格も取得し、札幌病院に勤務した。餘作が身を固めてくれたのが嬉しいが、この貞子が寛斎に述べた言葉がまた素晴らしい。

「お父さまの手がける牧場が、万一失敗し、無一文になっても、夫餘作は医師として、私は産婆として、必ずやお父さまを安楽に養います。ご安心ください」

貞子は働き者で、とかく暗くなりがちな寛斎を励ました。文中の産婆は、出産時に手助けする助産婦を指す。寛斎が願ってもない嫁、と安堵の胸を撫で下ろしたのはいうまでもない。

斗満牧場株式会社の設立

五月十三日、寛斎の招きで長男の生三と三男の周助が関牧場を訪れた。それに七男又一、六男餘作の四人の息子たちを交えて「斗満牧場株式会社」の設立について協議した。寛斎の理想である「平等均一」の精神を折り込み、永遠の基礎を確定した農牧村落を作り、貧困そのものをなくしようというものである。

だが又一は、父親のやり方に真っ向から反対した。又一は、札幌農学校の卒論にも示した通り、「内地」、つまり本州、四国、九州各地に見られるような寄生地主制を北海道に移植するのではなく、アメリカ式の資本主義的合理性に貫かれた大農牧場を建設したい、これぞ研究の結果に到達した農業経営の理想である、と主張したのである。

こうと決めたら己の信じる道を突き歩む父と、父に負けずとも劣らない頑固一徹の息子。折り合うはずがない。

この親子の対立を、蘆花は著書『みみずのたはこと』の中で次のように書いている。

父は二宮流に与えんと欲し、子は米国流に富まんと欲した。其為関家の諍《あらそい》は、北海道中の評判となり、色々の風説をすら惹起《じゃっき》した。

二宮流とは二宮尊親が藻岩に開いた集落を指すのは言うまでもない。父子がたがいの主張に忠実であろうとすればするほど、父と子の矛盾と対立が深まっていき、沸騰点に近づきつつあった。

その最中、思いもかけない問題が突発した。寛斎の長男生三一家と餘作から出された財産分与の要求である。寛斎は徳島にあった全財産を関牧場建設に投入したが、これがそのまま推移すると、すべて又一の所有になってしまうとして、応分の分配を要求したのだった。

困惑した寛斎は、自らの牧場解放計画を大幅に縮小して、生三、周助、餘作、又一、それに三女トメの夫の大久保渓平らを株主とする斗満牧場株式会社を設立する、という妥協案を出した。だがこれも又一の反対に遇い、その後、何度かの提案も拒絶され、結局は、寛斎の言い分をある程度通す形で決着させた。

こうした経過を辿って十八日、斗満牧場株式会社が設立されたが、寛斎にしても、又一にしても、不満の残る内容となったのは否めまい。

たび重なるトラブルで寛斎の精神は著しく病み、肉体もひどく弱くなり、日課である冷水浴もできなくなった。八十一歳になった高齢の寛斎にとってわが子たちの存在は、頼もしくもあり、悩ましくもあった、といえる。

この頃、詠んだ和歌一首。

人の親の　心はやみにあらねども　子を思ふ道は迷ひぬるかな

徳冨蘆花一家が斗満へ

北海道開拓を進めるうえで鉄道開設は最も重要とされ、政府による先行投資が続いていた。そのお陰でこの年の九月二十二日、北海道鉄道の網走線が狩勝峠を越えて十勝平野を貫き、池田を経て淕別まで延びた。

「こんな山奥まで鉄道がついたとは」

淕別地域の人々はまるで〝鬼の首〟でも取ったような喜びようだった。

開通の直前に、駅名を「関駅」にしてはどうかという話が持ち上がった。地域に関牧場がある、というのが理由だが、寛斎は、いやいやと首を振って謝絶した。駅名に個人の名をつけるなど滅相もない、というのである。結局、リクンベツ原野から「淕別駅」になった。この駅名が「陸別駅」に変わるのは、それから三十四年後の一九四四（昭和二十四）年八月である。

その日——、真新しい淕別駅ホームに、機関車が列車を牽いて轟音をたてて到着した。ホームに詰めかけた人々は、初めて見る勇壮な光景に、思わず快哉を叫んだ。

鉄道が開通したということは、地域と地域が結ばれ、都会の文化を運んでくるのはもちろん、この地域の膨大な森林資源を伐採して運び出し、輸送されることを意味した。人々が沸き立ったのも当然であろう。

開通式から二日目の二十四日夕方四時、蘆花が妻の愛子と娘の鶴子五歳を連れて、この列車でやってきたのである。寛斎から再三、「無人境が無くならないうちに」と勧められ、折しも鉄道が淕別まで延びたというので、外国旅行でもするような興味津々の気分で訪問したのだった。

以下、蘆花の著書『みみずのたはこと』の文面を用いながら、その模様を記す。


此正月まで草葺の小屋一軒しかなかったと聞く淕別に、最早人家が百戸近く、旅館三軒料理屋が大小五軒も出来て居る。開通即下のごったがえす淕別館の片隅で、祝の赤飯で夕食を済まし、人夫の一人に当年五歳の女児鶴、一人に荷物を負ってもらい、余等夫婦洋傘を翳《さ》してあとにつき、斗満の関牧場さして出かける。


文中の人夫は作業員を表す当時の表現である。

一行は黄昏に煙る淕別橋を渡る。雨は止み、日はとっぷり暮れた。山道を、懐中電灯の光を照らしながら行く。斗満川の川音を聞きながら進むと、だらだら下りになった。よく見ると山の手に家があり、草葺の中から真っ黒な姿がぬっと現れ、「東京のお客さん、ご隠居が毎日お待ちかねです」と言われ、案内されて進む。

橋を渡って、長方形の可なり大きな建物に来た。導かれるまゝにドヤ〳〵戸口から入ると、眩しい洋燈の光に初見の顔が三つ四つ。やがて奥から咳払いと共に爺さんが出てきた。「おゝ鶴坊来たかい。よく来た」

寛斎に迎えられて蘆花一家は、九月三十日まで一週間にわたり、逗留する。この間のことを蘆花は、「昔からタダの医師でなかった翁」として克明に記す。寛斎は毎日午後四時に粥を二碗食べてから、鼓を打ちつつ、謡をうたう。日が暮れると冷水を浴びて後に床に入る、といった具合。二十五日の項には、施療のためにやってきたアツシ姿の四十歳前後のアイヌ民族の男性をいきなり怒鳴る場面が見える。アツシとは木の繊維で織った衣服で、アイヌ民族の着るものである。

此《この》馬鹿野郎、何故もっと早く来ぬかと翁が叱る。アイヌはキマリ悪るそうに笑って居る。着物をぬいで御客様に毛だらけの膚を見せろ、と翁は云う。（中略）上半身が現れた。腹毛胸毛はものかは、背の真ん中まで二寸ばかりの真黒な熊毛がもじゃ〳〵渦巻いて居る。余も人並みはずれて毛深い方だが、此アイヌに比べては、中々足下にも寄れぬ。黙々感嘆して見惚れる。翁は丁寧に診察を終って、白や紫沢山の薬瓶が並んだ次の間に調剤に入った。

開拓地暮らしの愉快な話

この日は雨。蘆花一家が寛斎の部屋と板廊下一つ隔てた八畳間でくつろいでいると、寛斎が菓子や野ぶどう、玉蜀黍《とうもろこし》などを持ってきて、鶴子らに勧めた。

ここで蘆花は、寛斎が差し出す右手の第三指の尖がって、左方向に曲がっているのを見る。打診といって、打診器のほか指の先で胸や背を叩き、その音で内臓の健否を診断する。それを重ねて指が曲がったのだ。寛斎は「わしの打診は精神がこもっている証拠」と説明した。

ほどなく寛斎は、箱のようなものを抱えてきた。関家の定紋である九曜をくり抜いた白木の龕《がん》で、「あなたが死んだら一緒に牧場に埋めて、牛馬の喰う草木を肥やしてくれ」と頼んだ亡妻の遺骨が入っている。

「婆は自分より偉かった」

と寛斎は口癖のように、何度も蘆花に話した。

寛斎が「こんなものを作った」と言って取り出したのが、牧場内の農家に配った刷り物。「日々心得の事」とあり、二十五項目にわたって心得が書いてある。冒頭は、

一、一家和合して先祖を祭り、老人を敬ふべし

一、朝は早く起き家業に就き、夜は早く寝につくべし
一、諸上納は早く納むべし

以下、時間を守れ、約束を破るな、嘘は言うな、火の用心を怠るな、掃除は心をこめて、流し許と掃き溜めは衛生に気をつけよ、食い物を無駄にするな——などなど。

夕飯の時刻になり、蘆花は妻子と一緒に台所で夕食を食べた。その後、台所の大きなストーブを囲んで、餘作や片山夫婦らと語り合う。片山夫婦には子どもがいない。本人が着ている革の胴着は、小樽の銭函にいた時、海岸の崖崩れで死んだ愛犬の皮なのだという。

「いつも愛犬と一緒だ」

と明るく笑った。

片山が面白い話を聞かせた。ここは昔から鹿のよく集まるところで、アイヌの人たちは罠にかかった鹿を見て、痩せたのは逃がし、肥えたのだけを選ぶのだという。鮭、鱒などはいくらでも釣れて、持ちきれなくなり、草原に放棄してくることもある。山鳥などは銃を知らないので、撃てば落ちてくる。小虫が多いのは困りものだが、蛇などは人を避けることも知らず、悠然と這っている、などと話し、山鳥の塩焼きを出され、飽きるほど食べさせられた。

さらに鼠が鍬に舌をつけたまま凍りついて死んでいて、鍬を持ち上げても離れなかったとか、哀れなのは十勝国から北見国へ越える女性が、食べ物に困って山道に子どもを捨てたとか、開拓地な

らではの話を、蘆花は興味深く聞いた。
一番羨ましく思ったのは、片山夫婦がここで十年間働き、牧場内の土地を四十町歩も分与されたこと。「関家に尽くした創業の労苦の中に得た程の楽《たのしみ》は、中々再びし難いかも知れぬ」と驚きを込めて書いた。

二十六日は一家三人で淕別のあたりを歩いた。案内人の説明によると、創業時に建てた住宅のそばに建つ二十坪ほどの比較的立派な建物は、寛斎のために建てられた隠宅だが、隠居嫌いな寛斎は「何だ、そんなもの」と言わんばかりにそっぽを向いたきり。いまだに住もうとしないという。
いつしか淕別橋に出た。関牧場の区域を訊ねると、西方のニオトマムのあたりから発した流れが斗満の谷間を東へ下り、淕別川、クンネベツ川、斗満川が淕別谷を経て合流し、利別川となって谷を下って上利別原野の一部に至る一帯。つまりこの東西四里、南北一里半余に及ぶ三千余町歩の広大なものという。淕別停車場もその中にあると教えられ、蘆花は大いに驚愕した。
帰路、斗満橋から斗満川をしばし眺めて、その美しさに、次のように激賞した。

川の水の清さ。一個々々玉を欺く礫《こいし》の上を琴の相の手弾く様な音立てゝ、金糸と閃めく日影紊《みだ》して駛《はし》り行く水の清さは、まさしく溶けて流るゝ水晶である。

斗満川の水温は淕別川の其より三四度も低いそうな。人跡到らぬキトウスの山の陰から来るのだもの、然《さ》もあらう。（中略）浴衣一枚草履ばきで此《こ》の川辺に下り立ち、斧で氷を打ち割って真裸に飛び込む労翁の姿を想ひ見ると、畏敬の情は自然に起る。

午後は親子三人で牧場の外に出た。楢の大木が何本も聳えていて、その根元に清水が湧いている。牛馬の群れの傍をすり抜けて斗満川畔に出た。小虫が黒糠のようにたかってきた。丈六尺（一・八メートル）もある蕗や三尺（九十センチ）も伸びた蓬《よもぎ》、馬の尾について増えるという山ゴボウなどを見ながら行くと、斗満橋のたもとに出た。

一坪（三・三平方メートル、二畳）ほどの小さな草舎が建っていた。アイヌ民族のイコサックルの家で、関牧場が熊狩りの時に雇われるのだという。

大鋸や大袋を背負った男女が何組も歩いていく。木材会社の伐木グループの人たちだ。蘆花はこんな感想を抱く。

富源の開発も結構だが、楢の木はオークの代用に輸出され、エゾ松トド松は紙にされ、胡桃《くるみ》は銃床に、ドロやなんぞはマッチの軸木になり、樹木の豊富を誇る北海道の山も今に裸になりはせぬかと、余は一種猜忌の眼を以て彼等を見送った。

家に戻ってほどなく夕食になり、鮪《まぐろ》の刺し身が出た。片山が「十年ぶりに海魚の刺し身だ」と言った。蘆花は「貴者の御馳走だ。要するに斗満も開けたのである」と書いた。

理想郷は大無人境

二十七日は快晴。現地の測量調査に入った道庁技師一行の宿泊先の天幕を、寛斎とともに一家で訪ねた。その後、坂を上って囲いの鉄線を潜り抜けて放牧場に入り、西へ西へと進んだ。ここはニケウルルバクシナイと呼ばれ、「平坦な高原」の意。蘆花は寛斎とあたりを眺めつつ、語らいながら歩くうち、「こんな所に生活する彼らが羨ましくなった」と記す。

やがて放牧場の西端にきた。すぐ眼下に白樺が繁茂する谷があり、小さな人家が一つ、二つ。煙が見えた。文章はこう記す。

ずっと西の方は、斗満上流の奥深く針葉樹を語る印度藍色《いんどあいいろ》の山又山重なり重なって、秋の朝日に菫《すみれ》色の微笑を浮かべて居る。余等はやゝ久しく恍惚として眺め入った。あゝ彼の奥にこそ玉の如き斗満の水源はあるのだ。「うき事に久しく耐ふる人あらば　共に眺めんキトウスの月」と関翁の歌うた其《その》キトウスの山は彼《かの》奥にあるのだ。（中略）
石狩岳十勝岳の東、北海道の真中に当る方数十里の大無人境は、其奥《そのおく》にあるのだ。翁の迦南《カナン》は其処《そこ》にある。

遥かに望むキトウス山のその奥に「翁の迦南」、つまり、寛斎の理想郷がある、と言い切ったこの文面こそ、蘆花の寛斎への餞《はなむけ》の言葉だった、と思えてならない。

二人が歩いたニケウルルバクシナイは、寛斎が生きた時代とほぼ姿を変えないまま現存する。


蘆花たちは鉄線を潜って放牧場の外へ出て、谷を下った。裸馬に乗った四十絡みの男と十四、五くらいの少年がやってきた。三年前に炭焼きに入り込んだ一家の親子だという。寛斎が声をかけると、「淕別まで買い物に行く」と答えた。

その先の家の壁に貼り紙が見えた。「彼岸会説教斗満寺」と読める。近くの人に案内してもらい、その寺を訪ねた。いがぐり頭の若い僧侶が筵を敷いた床に座っていた。そばに髪をひっつめにした十九か二十くらいの妻がいた。夫婦で苦労して開墾しながら、近所の子どもたちに学問を教えている、と答えた。蘆花が紙を差し出すと、「斗満大谷派説教場創立係世並信常」と書いてくれた。先ほど会った炭焼きに請われてここにきたそうで、檀家はまだこの炭焼き一軒だけという。

蘆花は開拓地で努力する若夫婦のけなげさに、感心する。


こうして大自然の中で六日間を過ごした蘆花一家は、三十日まで滞在し、帰途に着く。この滞在中、蘆花は、寛斎が語る言葉のはしばしから、わが子又一との葛藤や苦悶、又一と妻の不仲などをつかみ取る。深く心を傷め、どうにかしなくてはと悩みながらも、適当な言葉もなく手をこまねくばかりだった。

蘆花は寛斎に別れの挨拶をした。餘作が淕別駅まで見送り、又一が列車に乗り込み、途中の高島駅まで同乗した。車中で又一は蘆花夫妻に、「別居中の妻子に斗満に戻るよう説得してほしい」と頼み込んだ。蘆花は、承知した、と答えた。

汽車が十勝の国境を越える時、蘆花の胸中は寛斎への思いでいっぱいになった。葉書に次の和歌など三首を書き、途中の鹿越駅から投函した。

かへり見れば　十勝は雲になりにけり　心に響く斗満の川音

斗満を去った蘆花一家を追いかけるように、餘作は十月十九日、蘆花に宛てて便りを書いた。そこには又一を厳しく批判する内容が綴られていた。

先般ハ、御遠路御光栄　誠ニ難有《ありがたく》仕存《ぞんじつかまつり》候。其節ハ裏店喧嘩《うらだなけんか》ノ如キ醜態ヲ御覧ニ供シ、却テ御清興ヲ汚カシ候ノミナラズ　其上幾多ノ配慮ヲ辱《かたじ》フシ　実ニ恐縮千番ニ奉存《ぞんじたてまつり》候。其後又一事ハ、依然旧態ヲ保チ、老人ニモ殆ンド苦心煩悶ノ次第ニ候。昨日モ又一ト同学ノ知人某来リテ同人ヲ懇諭致候ヘ共、不得要領《ようりょうをえず》シテ、遂ニ立帰リ申候。（中略）

寛斎のカナン、ニケウルルバクシナイから見たキトウスの山並み

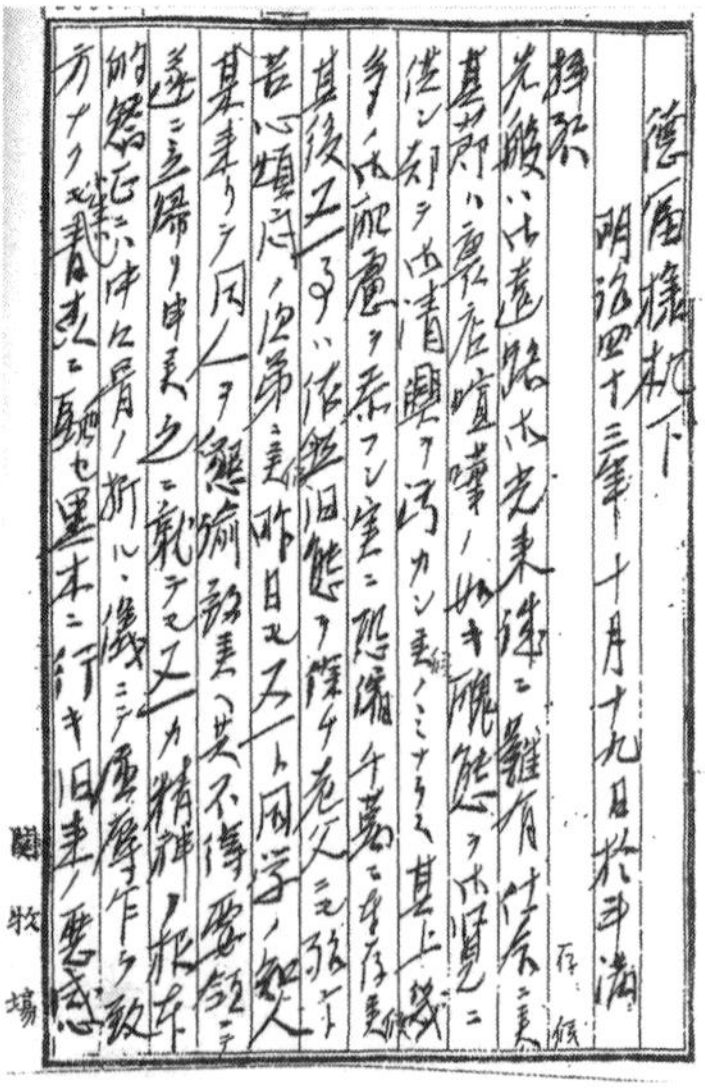
蘆花様机下

明治四十三年十月十九日於斗満

拝啓

關牧場

餘作が書いた蘆花宛ての便り

御手紙ニテ彼女ヘモ、又一トノ調和ヲ保ツノミナラス、老人始メ一同トノ平和円満ニモ努力ス可《べ》キ様御教示下度《くだされたく》願候。(中略)
又一カ現状此ノ如キニ因リ、諸雇人等皆ナ熱心相励ベキ業ハ不振ニテ本当ニ困居候。(以下略)

この便りだけで足りなかったのか。餘作はさらに三日後の二十二日、再度、蘆花に便りを書いた。そこには又一の妻の実家である青森の黒木家へ謝罪すべき内容が記されていた。蘆花はこの便りを読まない段階で、帰途、青森駅で下車し、又一の妻、美都子の実家の黒木家を訪れて懇願している。だが話し合いは実らず、帰京している。

その年の暮れ、寛斎は、これが最後と覚悟を決めて上京した。毎年毎年、冬期間は寒い北海道を抜け出て上京しているが、年齢のことを考えると、もう無理はきかないと判断していた。もう一つ、トルストイの死が大きく影響したものと推測できる。

トルストイは、自分の領地を小作人たちに無償で解放しようとして、妻ら家族の反対に遇い、十月二十八日に家出し、極寒の中を彷徨い歩いた挙げ句、十一月七日、小さな町の駅で、行路病者同然の死を遂げた。八十二歳。

寛斎が同年齢のこの文豪を日頃から信奉していたのは、前述の『目ざまし草』に記した「農業は国の基」からも明らかだ。それだけによほどの衝撃を受けたと思われる。

この時に詠んだ「八十二老白里」の和歌がある。数字は年齢。冒頭に「述懐」として詠んだ次の一首こそ、寛斎の思いを映したもので、心境はすでに斗満の野にすっぽり抱かれていた、といいたい。

千代かけてそそぎ清めん我心　斗満の水のあらむ限りは

ところで寛斎は、トルストイと同年齢としているが、トルストイの生年は一八二八年、寛斎は一八三〇年。二年もの差がある。なぜそうなったのか。これは寛斎の錯誤によるものではなく、当時の年齢の数え方の違いによる。

欧米の年齢の数え方は満年齢によるが、わが国は長く数え年を用いてきた。すなわち新年になると年齢が一歳増える数え方で、全国共通の唱え方として定着していた。これが太平洋戦争終結後の一九五〇（昭和二十五）年一月一日の民法施行法「年齢のとなえかたに関する法律」により、満年齢が用いられるようになったのである。

寛斎は普通に使われている年齢を、そのまま用いたまでのことで、欧米と日本の差異を意識していたかどうかも判然としない。

集大成の『命の洗濯』

蘆花の妻、愛子は、又一の妻の美都子が子どもを連れて家を出て、別居しているのを心配して、美都子に宛てて何度も便りを出した。同性として、また同じ妻の立場として、取りなせるものなら、という思いからだった。だが返事もないまま四カ月過ぎた。

翌年の一九一一（明治四十四）年正月早々、思いもかけず美都子から返事が届いた。以下、これも渡辺勲『関寛斎伝』から引く。前段の挨拶部分は省略した。

謹賀新正　一月元旦　みつ子

あい子様

（前略）斗満の方も心配にて、一日も早く帰山いたし、家庭を作り度事《たきこと》に海山なれども、御承知通《とおり》身重《みおも》ニテ何とも致し方なく、此上は安産をまつ日毎に居《おり》、斯様《かよう》な心組に付御思召下《おぼしめしくださ》れ度候。老人にて只々《たびたび》東都にて年こし申しおり、何にせ老年の事故《ことゆえ》万事心配させ、気毒《きのどく》の節なりと常々考へ居候共、みな私のこころの以多《いた》らぬ事に存じ居候。御らんの通りにて乱筆なる御返事をかね御祝義まで申上候。まず以《もって》　荒々かしこ愛子は美都子の丁寧な美しい文字の便りにほっとしながら、いずれの日か斗満の家に戻ってくれるものと確信した。

一方、東京で新年を迎えた寛斎は、一月に続いて三月にも千歳村粕谷の蘆花を訪ねた。蘆花に会うなり、トルストイの死を悼み、その思いを重ねて告げた。蘆花は寛斎のあまりの落ち込みように、慰める言葉さえ失った。

寛斎は蘆花に、

「もうここへはこられない」

と述べた。理由は話さなかったが、体力がひどく落ちて、歩くのもやっとの感じがした。又一との対立をこの目で見ているだけに、蘆花に不安が募った。

寛斎が北海道に帰ったのは四月半ば。五カ月間に及ぶ長い東京滞在だった。この間に詠んだ和歌を掲げる。

忍びても　なほも忍には祈りつつ　誠をこめてさらに祈らん
憂きことの　年をかさねて八十三《やとみ》とせ　尽きざる罪になほ悩みつつ

一首目の「忍びても」は、又一や家族との葛藤を詠んだものか。二首目の、すべてを自らの罪とするところに、いかにも寛斎らしさが見える。二首ともに「八十三老白里」とあるが、意味は前述

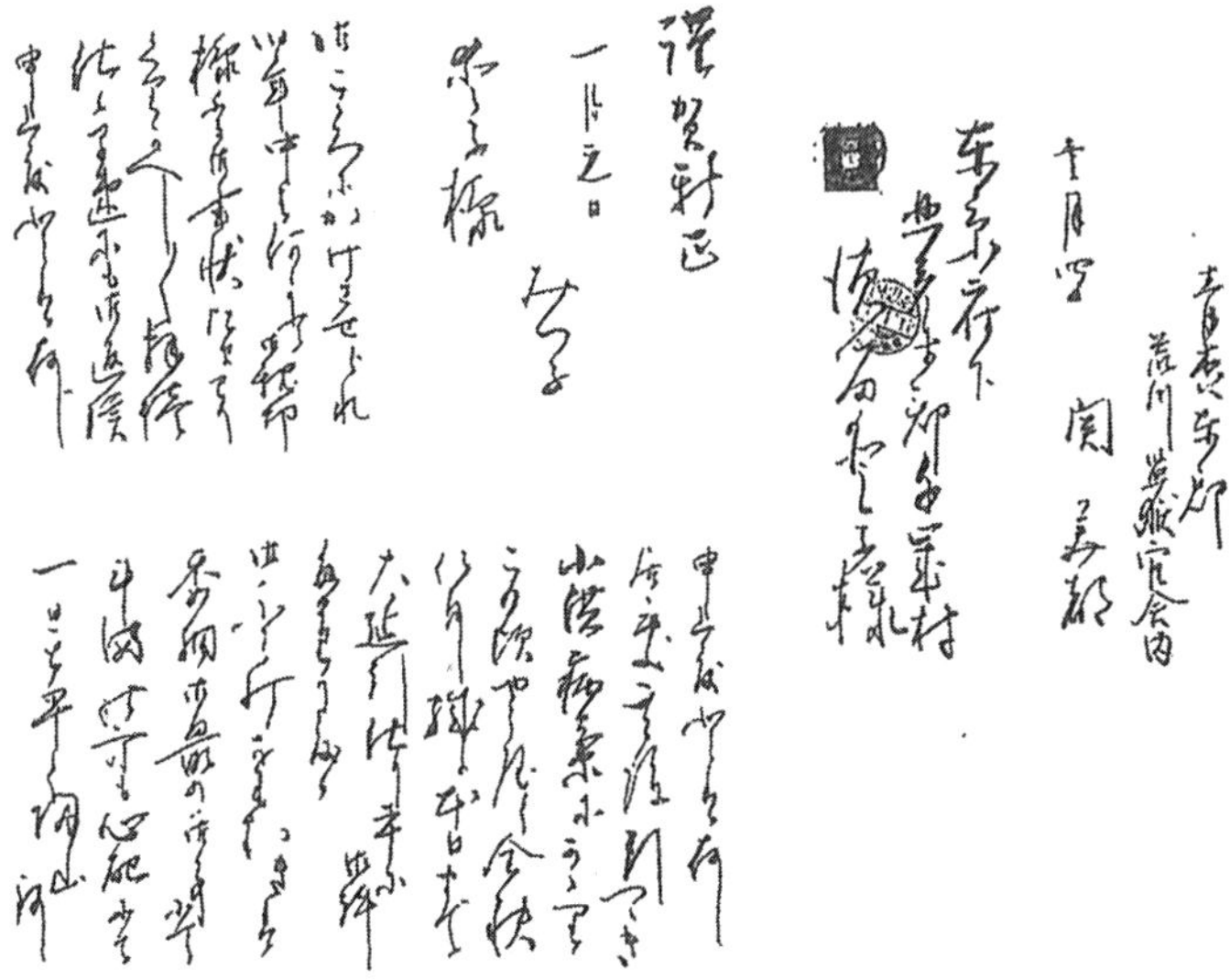

又一の妻、美都子から蘆花の妻、愛子への便り

の通りで、これ以降の和歌にもすべてこの「八十三老白里」を記すようになる。

斗満に戻った寛斎は、亡き浜口梧陵の孫の梧洞に宛てて便りを書いた。「明治四十四年五月六日付」のこの便りは、一九八一（昭和五十六）年になって浜口家で見つかったもので、キリスト教の教義に関心を寄せ、以後、牧場の経営を、又一ではなく、餘作に任せようとしたなどと記されている。

当地ニ着スルヤ我牧場ノ現状タルヤ、実ニ前門ニ虎ヲ防ケハ後門ヨリ狼来ルトノ語タルモ、此レハ形容詞タルト覚ヘタルモ、此レ実況ニシテ更ニ人害蝟集スルトハ此事アルヲ実地ニ感銘セリ。ココニ至リテハ迂老《うろう》ハ感激スル事アリテ所謂《いわゆる》死後再生ノ位置ニ復シテ迂老カ今日迄ハ一切非ナルヲ熟知セリ。依テ総テヲ餘作ニ一任シテ其相談ヲ聴クノミニ決スル――（中略）迂老ハ此レヲ以テ更ニ最モ謹シテ、今後タルヤ生活スル死人ト覚悟シテ、健康ヲ得テ貴家永ク寿ヲ保有スルヲ祈ルノミ。

文中の迂老とは、自分を指す「愚かな老人」というほどの意味で、これまでの行為を「一切非」とし、今後は「生活スル死人ト覚悟」するなど、なみなみならぬ決意が伝わってくる。

又一が『耕鋤日誌』

又一が関牧場の『耕鋤日誌第一』の執筆を始めたのは、ちょうどこの時期である。日記は寛斎の日記類とはまるで違い、農作物の生育記録というべき内容である。例を挙げると――。

明治四十四年五月記
七日　午後雨　豌豆、二十日《はつか》時無《ときなし》大根、蕪青、白体菜、京菜、人参、牛蒡、玉葱播種す。
九日　晴　にら移植。いちご畑開墾。キャベツ、太葱を苗床に播種。太葱に堆肥ばかり、キャベツには無肥。
十日　晴　いちご移植。牡丹を移植す。

十一日　うど、大豆の促成栽培試む。（堆みたる馬糞中にビール箱をうづめて）
十二日　晴、風　植産園に紅豆、ロングフエロー、食用粳黍注文す。君塚より玉葱黍の種子を分譲せらる。君塚は胡瓜、玉葱黍等皆播種したる由。もやしうど、余り高熱の為に箱の内側に熱せらる。

この『日誌第一』は、明治四十四年五月一日から七月三十一日まで。続く『第二』は八月一日から九月三十日まで。そして、大正二年の『日誌第一』が三月二十五日から七月三十一日まで。『第二』が八月一日から九月二十一日まで、大正三年の『日誌』が四月二十日から七月十四日まで書かれている。

内容は極めて克明であり、当時の北海道十勝地方の農業経営を記録した貴重な資料となった。

北海道に戻って間もない寛斎は、蘆花に宛てて「本を出版したいので、出版社を紹介してほしい」と便りを書き、同時に原稿と、著書の巻頭に入れる和歌十三首、それに著書を配付する二百余人の住所氏名を書いた紙片を入れた。

この本は、これまで発刊した『命の洗濯』をはじめ『命の鍛練』『旅行日記』『目ざまし草』『関牧場創業記事』『斗満漫吟』をまとめて、『命の洗濯』一冊としようというもの。

依頼を受けた蘆花はすぐに出版社と交渉を始めた。高齢になった寛斎の願いを何としても叶えさせねばならなかった。

相前後して寛斎のもとに、林董が逓信大臣に就任したとの朗報が飛び込んできた。と思ったら順天堂二代目の佐藤舜海が亡くなったという悲報が舞い込んだ。寛斎は呆然となった。

そんな時、蘆花の紹介で堀井梁歩という若者が実習生として関牧場に入ってきた。堀井がきたのは本当に実習の目的だったのか。あるいは蘆花による差しがねだったのかもしれない。

夏の盛り、変死体が二件、相次いで発見され、大騒ぎになった。一件は行方不明になっていた男性が十カ月ぶりに、斗満原野の国有林内で白骨死体で発見されたもの。もう一件は網走線鉄道工事の土木作業員が、厳しい労働に耐えきれず、小利別近辺で帰宅途中に倒れて事故死したもの。

この話は関牧場にもすぐ伝わったはずだが、記録はない。直接関係のない事象なので書かなかったのであろう。

冬になり、寛斎は体調を崩して床に就いた。身を震わせつつ詠んだ短歌を一首。

暁のともしびよりも細き身に　なにはのことを語るはかなさ

「なにはのこと」は豊臣秀吉の辞世から取ったもので、「かたるはかなさ」から寛斎の拭えぬ心情が読み取れる。寛斎にとっての「なにわ」は、斗満原野をおいてほかにあるまい。原野を開拓し、そこに人間平等の集落を作る。ただその一念だけだったのに、それが果たせないはかなさである。

第十章　寛斎が残したもの

1912–

「辞世」入れの著書

一九一二（明治四十五）年一月。久しぶりに斗満の関牧場で新年を迎えた寛斎は、二十日、蘆花に宛てて便りを書いた。「関牧場」の用紙に書いた書状だが、ここに厳しい気候の中、冷水浴する姿がかい間見える。なお判読できない文字は□にした。

意気強クシテ朝夕ハ或ハ刺スカ如キモ老体□ノ且ツ左ノ腰部アリ
明治四十五年一月十四日ヨリ寒サ強ク摂氏雫三六度迄ニ降リテモ、毎晩冷水灌漑ヲ怠ラズ事
窓白ミ焼ツケル□乃竜ト共ニミソギセシ時ゾイサマシク、四方白ク井端乃雪□シ氷シニ……

三月、東京警醒社から待望の合本『命の洗濯』が出版された。合計二百九十頁にのぼる大作である。蘆花自身も本名の徳冨健次郎の名で「斗満漫吟」の最後に、「斗満川辺の六日」と題して長文を書いた。前年の旅行記である。蘆花は『みみずのたはこと』に、「翁にとっては此が形見のつもりであったのである」と書いた。

寛斎の依頼により新刊本は出版社から知己に配送されたほか、書店でも販売された。

寛斎はさらに、逗子に住む蘆花の父などに宛てて、これまで出した数冊の本に、辞世を書いて送っ

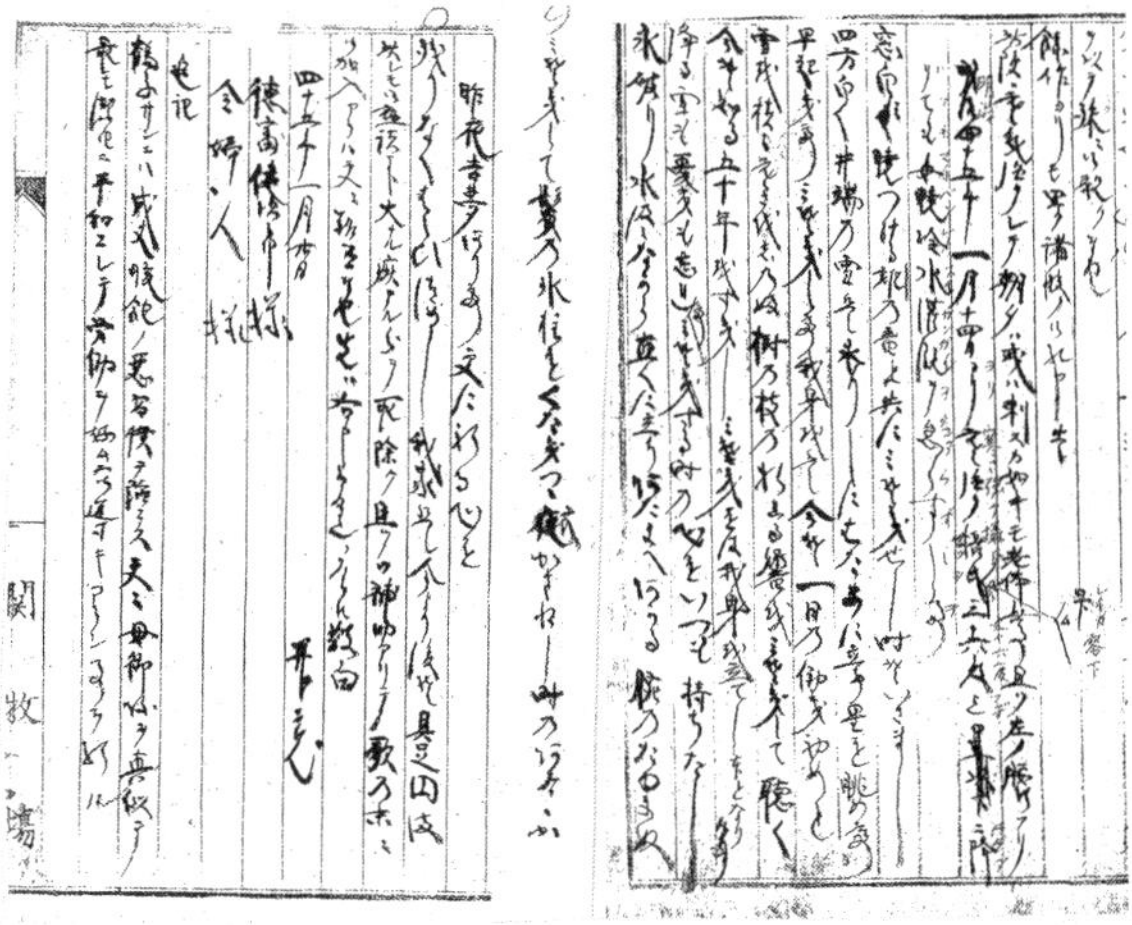
関牧場用紙を用いた寛斎の蘆花への便り

「死後希望」の下に書かれた和歌（関寛斎資料館）

た。また寛斎の唯一の句とされる「人並の道は通らぬ梅見かな」の句のほかに、「辞世」と「死後希望」とした次の和歌が書かれていた。

辞世一　諸ともに　契りし事は半ばにて　斗満の露と消ゆるこの身は
辞世二　骨も身も　くだけて後ぞ心には　永く祈らん斗満の賑
死後希望　露の身を　風にまかせてそのまゝに　落れば土と飛んでそらまで
死後希望　死出の山　越えて後にぞ楽しまん　富士の高根を目の下に見て

それぞれの和歌の下に、「八十三老白里」と書き添えられていた。俳句の「人並の道は通らぬ……」も凄いが、辞世の二首にしろ、死後希望の二首にしろ、その具体的な表現に、思わずたじろぐ。

この出版の年の七月二十日、明治天皇が崩御した。年号が明治から大正に改元された。時代が大きく変化していく。維新によって生まれた明治時代の荒波をくぐり抜けてきた人たちにとって、そんな思いを抱いたのも当然だったのかもしれない。

寛斎はこれを実感として受け止めていた。トルストイに次ぐ明治天皇の死である。何もかもが音を立てて崩れていく。「もう、この世に生きる必要がなくなった」、寛斎はそう思ったに違いない。

次の和歌は、冒頭に「壮年者に示す」と記したうえで詠んだものである。

いざ立てよ　野は花ざかり今よりは　実のむすぶべき時は来にけり　八十三老白里

もう一首、冒頭に「死後希望」と記したものである。

我身をば　焼くな埋むなそのまゝに　斗満の原の草木肥せよ　八十三老白里

死んだ我が身を焼いたり、埋めたりしないで、そのまま捨て置き、草木を肥やせという内容である。農にかけた壮絶な執念を感じる。

寛斎、毒薬を呷り自殺

一九一二（大正元）年十月初め、長男生三の次男で、寛斎の孫に当たる大二が、祖父寛斎を相手どって、財産分与を要求する民事訴訟を起こし、その裁判が近づいていた。苦境に立つ寛斎は精神的にますます追い詰められていた。

毎日つけていた日記が十月十三日で途切れる。この日の日記には、

十月十三日実母の忌日にて殊に偲ばる。又一に話し、更に決する所あり。

八十年前に死別した実母の命日に思いを馳せつつ、「更に決する所あり」とは、死への道だったのである。

それから二日後の十五日、帯広の裁判所へ出頭する日、寛斎は又一に代理で行かせた。そして誰もいなくなった午前七時ごろ、十勝国斗満北三線十六番地の自宅でもある農場事務所の離れの一室で、一人静かに劇薬を呷って絶命した。劇薬はモルヒネと思われる。享年八十三。満年齢に直すと八十二歳八カ月。家族もおらず、牧場の人たちも気づかなかった。

「人並の道は通らぬ」決意で「医によって世を救う」と叫び続けた寛斎は、その波瀾に満ちた生涯を、自らの手で閉じたのだった。

寛斎が亡くなった、という知らせを聞いた又一は、帯広から踵を返して牧場へ戻った。又一の妻美都子は急報に驚いて別居先の青森から急ぎ帰郷した。網走にいた餘作は訃報が信じられず、湧別の知人に連絡して確かめてから列車に乗った。

寛斎の遺体は十七日、大道寺医師により検死が行われ、「阿片チンキを多量に服し、死亡」と鑑定された。

葬儀は二十日、牧場をはじめ関係者が多数集まり、重苦しい空気が漂う中、神式により始まった。教導職は止若内（現陸別六十二、六十三線内）の鈴木又吉、神徒の小田清兵衛。葬儀の途中、東京から周助夫妻が到着したので、式を一時中断し、再び続行した。

式の終了後、遺骸は火葬に付された。「我身をば焼くな埋むなそのままに」と詠んだ本人の思いは通じなかった。遺骨は妻アイの遺骨とともに、寛斎が青竜山と名付けた丘に葬られた。

徳島の生三が、丸二日かかって斗満に着いたが、葬儀が終了した後だった。

武蔵野の蘆花の元に訃報が届いたのは、死からほどなく。寛斎の最後の便りを受け取ってから四カ月。この間に明治天皇が亡くなり、乃木希典・静子夫妻が自決するなど強烈な印象を与える事態が起こり、寛斎の体にさわりがなければと気にかけていた矢先だっただけに、呆然となった。

蘆花は『みみずのたはこと』の「関寛翁」の最後をこう締めている。

> 翁の臨終には、形に於いて乃木翁に近く、精神に於いてトルストイ翁に近く、而して何れにもない苦しみがあった。然し今は詳《つまびらか》に説く可《べ》き場合ではない。
>
> 翁の歌に、
>
> 遠く見て雲か山かと思ひしに　かえればおのが住居《すみか》なりけり
>
> 遮莫《さもあらばあれ》永い年月の行路難、遮莫《さもあらばあれ》末期十字架の苦《くるしみ》、翁は一切を終えて故郷に帰ったのである。

死への疑惑

この死因について、巷に服毒自殺ではなく、猟銃やピストル自殺などの異説が出て、帯広警察署が事情聴取に乗り出した。医師による検死が行われたのは前述の通り。

しかし論争は現代もなお続いており、佐藤文彦は陸別文芸『あかえぞ』第35号の中で「異説・関寛斎の死は自殺ではなかった」の表題で、論考を展開した。

佐藤は最初に『蘭学医・関寛斎——平成に学ぶ医の魂』（梅村聡・長尾和宏共著、エピック、二〇一一年刊）の次の文章を掲げて、本当はピストル自殺だったと確信する。

（寛斎の死は）これまで、農薬を飲んでの自殺と語られていましたが、そうではありません。ピストル自殺というのは衝撃が大きすぎるので「服毒自殺」という発表になったということです。

そして二〇一七（平成二十九）年秋に陸別町の関寛翁顕彰会から送られてきた資料の中に、当時の新聞記事のコピーが二枚入っており、それを読んで疑念を抱く。読めない文字は□にしたとある。以下、省略しながら掲載する。文中、適宜、句読点をつけた。

関氏の変死（二）或は覚悟の自殺にあらざる□き乎

中川郡本別村字トマム関寛氏の変死について兎角風評ありて面白からざることの多し、吾が社も亦其真相を探らんと努め、其得たる大要を報ずべし。

続いて本別市街医師大道寺鎌治氏の検視の大概を記し、「記載すべき異常を認めず」と書いたうえ、家人の言葉としてこう続けた。

本月九日頃より下痢を来し、一日三、四度、食事不振、該老人は医師なるを以て従□下痢を来す度毎に「阿片チンキ」を適用し来れりと。今回は高老の上、下痢一日に三、四行はあるのみならず、食事全く為さざるを以て、水車区は□□□はり精神朦朧し、十四日午後七時頃□適用し来りし阿片チンキを誤って多量に服し、昏睡状態に陥り、十五日午前七時死亡せしと。高老には仮令《たとい》下痢しありと雖へども阿片剤は絶対に禁忌なるに、之を用ゐし為食欲は益々欠損を来し、衰弱は益々加はり、心臓は衰弱を呈し、加ふるに恐らくは精神も朦朧を来せしならん。遂に誤って稍多量を服し昏睡状態に陥り、心臓□麻痺の為め鬼籍に上りしならん。

この記事からだと、寛斎が常用していた阿片チンキを誤って大量に飲み、昏睡状態になり、心臓麻痺で亡くなったという説明になる。それなら事故死になる。

寛斎が死を決意していたであろうことは、疑うべくもないが、しかし、ピストル自殺が衝撃的すぎるので、農薬を呷って死んだことにしたというなら、鑑定結果に表れねばならないのに、大道寺医師の鑑定書からはそれを窺わせるものはない。死を決した服毒自殺なら、普段飲んでいる阿片チンキではなく、確実に死ねる青酸カリなりを用いるはずではないか。

それにしてもピストル自殺の話がなぜ生じたのか。それが農薬説に変わったのはある程度、想定できるとしても、証言もなく、釈然としないものが残る。

いずれにしろ寛斎の死は周辺に大きな影響を及ぼした。ことに三十七歳になる又一は、警察の事情聴取を受けることになる。

原野が一転、市街地に

寛斎は亡くなったが、その志は多くの農民の意識を高めさせる結果になり、小作から自立への動きが目立ちだした。一九〇八（明治四十一）年に国有未開地処分法が改正され、処分方が「貸付」から「売払」に変わったのも、農民を自立させる後押しとなった。リクンベツ・斗満原野が解放され、開墾者に無償貸付する方針が発表されると、本別・仙美里の函館農場や池田の高島農場、足寄・上利別の野中農場、その他の開拓者が続々と申し出て入地した。

『陸別町史』には、売買契約を締結した団体移民は、関農場小作人をはじめ、駒ケ岳大爆発被災者団長、福島団体代表など約八十戸にのぼったと記されている。

すでに元町付近には商店が立ち並び、市街地を形成していたが、一九一〇（明治四十三）年、農地解放に基づく市街地の区画割りが行われ、駅を中心とした区域が明らかになると、商店街はいっせいに駅前地域に移動して新しい市街地を形成した。反対にそれまでの市街地は旧市街となり、元町と呼ばれるようになった。

『陸別町史』の編纂委員会が集めた資料文献の中に、駅前に居住した職業別の記述があるので掲げる。ほとんどが一九一〇（明治四十三）年に集中していることがわかる。

▽雑貨店　明治四十一年、元町に入地後、同四十三年に現大通へ移転が四軒。同四十二、三年に元町に入地後、同四十三年に現大通へ移転がそれぞれ一軒ずつ。
▽旅館業　明治四十二年に大通で経営が一軒。同四十三年に大通で経営が二軒。
▽待合業　明治四十三年に大通で経営が一軒。
▽運送業　明治四十三年に大通で経営が二軒。
▽料理店　明治四十年に大通で、同四十三年に大通で経営がそれぞれ一軒ずつ。
▽寺院　明治四十三年に大通に入地し、寺院（円覚寺）を創設。
▽銭湯　明治四十三年に大通に入地、後に呉服店経営一軒。
▽魚店　明治四十三年に大通に入地、後に写真師兼業一軒。
▽大工職　明治四十三年に大通に入地。

一九一一（明治四十四）年には鉄道がさらに延長されて、終点だった淕別の先が野付牛駅（北見）になった。池田から淕別を越えて野付牛まで百四十キロメートル。これにより十勝国と北見国がつながり、人口の流入に拍車がかかる形になった。

こうしてリクンベツ・斗満原野の解放は、明治末期から大正、そして昭和初期（一九三〇年代）にかけて急速に行われ、広大な地域が僅か二十年間ほどで現在の陸別町の市街地及び、周辺に点在する集落まで形成されていったのである。

土地の解放も段階的に行われたようで、『新洼時報』（一九二九（昭和四）年七月十五日号）によると、「関農場千数百町歩がいよいよ解放されることになり、このことが発表されるや早二百近くの申込みがある由」と書かれている。

寛斎らが手がけた開拓地域は、陸別市街地の西部地域に当たるが、「関」という地名をはじめ、「斗満」に東西南北や上下をつけた、例えば「東斗満」のような地名、さらには文字を変えた同音の「苫務《とまむ》」、「本苫務」などが現存する。

又一一家も離れる

関牧場の解放により、同牧場は急速に衰退していった。餘作はもともと医師なので、牧場を去って札幌病院に勤務し、後に網走へ移った。又一が縮小した関牧場の経営を継続するが、一九一三（大正二）年の大凶作に打ちのめされる。

又一の『耕鋤日誌』には、この様子が書かれている。肝心な箇所を拾って記す。

八月二十八日　昨夜来暴風雨となり、一日風強し。一般作物被害史、ダリア花蕾を存するものを折損せられたり。

三十一日　馬鈴薯の根塊に既に腐斑を生ず。

九月一日　二百十日　紅豆、鶉、ワックス（中略）、本月内に結霜を見ずとするも、到底三割り以上の収穫を予想すべからず。長鶉には病菌の発生をみるが故に、収穫を断ずることができない。大豆は一般農家よりも莢の成長速にして大なるが、実粒の完成形を望むは外なるべし。瓜類は平年の半ば達せず。

十九日　晴　降霜あり。農作物の大概は被害す。ダリアもまた花を見ずして萎凋す。南瓜の大なるもの三十二ありたるも一個も熟せるなし。昨日抜きたる大根も表皮五分程の厚に凍結巣。大根を干す。虫のためにここに七十二本満足なるものを得たり。

二十日　一日雨。

二十一日　晴れ、風たり。葱に培土を為す。

この年の日誌は、これ以降、記載されていない。それもできないほどの悲惨な結果であったと想像できる。

翌年から始まった第一次世界大戦、それに続く世界恐慌の荒波に揉まれて、又一の農・牧場経営は立ち行かなくなる。一九二〇（大正九）年九月、又一は十八年間の苦闘の末、唇を噛んでこの土地を去っていった。

又一の長男、静吉の自伝『吾が歩み』にはこう書かれている。

一家をあげて東京の世田谷区北沢に移り住むことになった。それは子供の教育の問題と母美都子が昔に過ごした東京の生活に憧れ、厳寒の陸別を離れることを強く要望したためと推察される。父は北海道に一生を捧げ、骨を開拓地に埋める覚悟で終始一貫邁進するつもりであったが、志途中にして挫折し其の夢が実現出来なかったことは甚だ残念であった。

関又一名義で貸し付けられた関牧場用地の、トマム原野二八三一・四六ヘクタールも、こうした経過を辿って解放され、一九三〇（昭和五）年を最終年として終了した。多くの農民に分割譲渡されたのはいうまでもない。

又一が亡くなったのは一九四八（昭和二十三）年、七十二歳だった。又一自身もまた、父寛斎とは違う目標だったものの、自らの到達点に達することはできなかったのである。だが後に触れるが、父亡き後の「関寛翁之碑」建立の時、又一は亡父の記念誌の制作を提唱し、発刊する。

父と対立し、父亡き後、牧場を去らねばならなかった又一の胸中は複雑に揺れ動いたに違いない。

ほかの息子、娘のその後

又一以外の息子たちのその後にも触れたい。寛斎、アイ夫妻には八男四女が授かったが、うち五人が幼小期に亡くなっている。(二〇頁、関寛斎関連系図参照) そのせいであろうか。寛斎自身が生存者に対応した呼び方をしていることもあり、多くの著書が、「三男」「四男」などと書く段階で、誤りが散見される。以下に系譜を掲げ、簡単な説明を付記する。

長男の生三は父寛斎と意見を異にしながらも、父と同じ医師の道を歩き、徳島で医院を開業した。社会事業にも貢献し、徳島孤児院を設立して、孤児の保護養育に尽くした。あるいは生三が父寛斎にもっとも近い生き方をしたといえるかもしれない。

だが寛斎の死後、わずか五カ月後の一九一二(大正二)年三月、後を追うように亡くなった。享年五十九。徳島市内に生三の建てた「招魂碑」がある。

三男の周助は三井物産に入社し、外国生活が長く、最後は同社のロンドン支店長を務めた。兵器購入をめぐる国際的汚職とされるジーメンス事件に関わったともいわれる。兄の生三に続いてその二年後の一九一五(大正四)年に、五十二歳で亡くなった。

寛斎が後を託した六男の餘作は、岡山医学専門学校を卒業後、北海道に渡り、札幌病院に勤め、後にロシア帝国陸軍一等軍医として野戦病院に勤務した。帰国後は関牧場経営に携わるが、網走監獄の医官に就任後、再びロシアに渡り、医療活動に就いた。だがロシア革命の騒乱に巻き込まれてルーマニアに逃れた。ここでも革命の動乱に遭遇し、苦難を強いられた。

一九二八（昭和三）年帰国して、大阪商船の客船「あるぜんちな丸」などの船医になった。戦後は再び北海道に戻り、住友金属国富鉱業所の診療所の嘱託医になり、一年間勤めた後、共和村国富で医院を開業した。すでに七十代の高齢になっていた。老いて開拓地に入った父寛斎と同じ道を歩もうとしたのであろうか。一九六〇（昭和三十五）年十一月、死去。享年八十七。

そのほか、早逝した兄弟姉妹を挙げると（没年はいずれも数え年）、四男文介は一八六四（元治元）年、二歳で、次女コトは一八六九（明治二）年、三歳で死去。次男の大介、十五歳と、五男末八、六歳は一八七四（明治七）年に相次いで死去。四女テルは一八九五（明治二十八）年、十三歳で死去した。八男の五郎は一九〇八（明治四十一）年、三十二歳で亡くなっている。

寛斎の功績を讃える

寛斎の業績は、農地解放の先駆け、自作農家の育成という形で伝えられたが、住民へ残された最大の遺産は、人間寛斎の存在そのものといえた。「医をもって世を救う」を唱え、栄達の道を自ら捨て、平等と共存共栄を掲げた寛斎の精神と行動は、時代を超えて後世へと受け継がれていったといえる。

寛斎が亡くなって十年後の一九二二（大正十一）年、故人を慕う村人たちにより、陸別村内の寛成山正見寺境内に「関寛翁之碑」が建立された。側面に寛斎が詠んだ「諸ともに契りし事は半ばにて斗満の原に消ゆるこの身は」の和歌が刻まれた。

その四年後の一九二六（昭和元）年には、寛斎がこよなく愛した青龍山に、関神社が建立された。医師でもあった老開拓者が「神」に押し上げられたのである。思えば徳島時代の「関大明神」以来のこと。寛斎はあの世から、どんな思いで見つめているものか。

そして一九三六（昭和十一）年十月十五日の命日に、寛斎の二十五年祭として、青龍山に「関寛翁之碑」が建立された。碑は井内石で高さ一丈（約三メートル）ほど。碑の題額は徳冨蘆花の兄の徳富蘇峰、碑文と書は、寛斎の長崎時代の同輩で、佐倉順天堂二代目の佐藤舜海の跡を継いだ三代目病院長の佐藤恒二が書いた。

除幕式には寛斎ゆかりの人々が多数参加して冥福を祈った。碑面には次のように刻まれていた。

――権勢ニ阿《おもね》ルヲ潔《いさぎよし》トセザル翁ハ――、其《その》治法《じほう》卓絶《たくぜつ》、貴賤《きせん》ノ別ナク貧者ヲ憐《あわれ》ミ、絶エテ報ヲ受ケズ、故ニ翁ノ徳ヲ崇ヒ、生時已ニ関大明神トシテ祀ル者アリト云フ。――翁ハ軀幹《くかん》豊偉《ほうい》、資性剛直、倹素《けんそ》自ラ奉シ、而《し》カモ惻隠《そくいん》ノ情厚ク、其《その》済世《ざいせ》拓殖ヲ以テ国家ニ貢献セル功績ハ之ヲ千載《せんざい》ニ伝フヘシ。

正見寺境内の「関寛斎之碑」（北海道陸別町）

関寛翁之像

碑の建立に合わせて、伝記『関寛斎』(非売品)が蘭医学史研究家鈴木要吾により編纂、頒布された。寛斎の七男又一が中心になって、寛斎の日記を始め多くの資料を提供し、委託を受けた鈴木がそれらをもとに編纂したもの。

寛斎の功績は以後も高く評価され、十勝開拓を振り返る時、晩成社の依田勉三、藻岩村(豊頃)の二宮尊親とともに、その功績は長く語り継がれてきた。

寛斎が脚光を浴びるのは一九七六(昭和五十一)年の司馬遼太郎の小説『胡蝶の夢』と、相前後して川崎巳三郎、鈴木勝、戸石四郎らのノンフィクション作品により、その人生がクローズアップされる。

これに並行して、寛斎が自ら開拓し、終焉を迎えた北海道十勝国陸別町で、開祖である寛斎を顕彰する動きが急速に高まりだす。有志が寄り集い、陸別町郷土資料研究会が設立され、佐藤強、佐川一徳、石渡四郎、大口哲夫ら各氏により、寛斎に関わるさまざまな調査、研究が行われた。

一九七八(昭和五十三)年九月、資金を拠出し合って「関寛翁之像」が建立された。等身大のブロンズ像で、製作者は地元に縁の深い彫刻家の小室吏《おさむ》。最初、町役場庁舎横の「緑と太陽の広場」に設置されたが、後に駅前の多目的広場北側に移された。以来、「寛斎ひろば」と呼ばれる。

関寛翁顕彰会が創設

一九八〇（昭和五十五）年には陸別町に関寛翁顕彰会が創設され、初代会長に金澤賢蔵が就任。十月十五日の命日を中心に、節目節目に先人の顕彰が催されてきた。

顕彰運動の転機となったのが一九八七（昭和六十二）年の国鉄民営化による北海道旅客鉄道（JR）の誕生と、その二年後の池北線の廃止。線路を守ろうと池田から北見までの沿線市町が手を組み、ふるさとの七つの星が高原を走る――、というイメージの第三セクター、北海道ちほく高原鉄道「ふるさと銀河線」を設立し、鉄路を復活させた。

これを機に陸別町などが中心になって陸別駅舎を建て替え、駅に付随する建物内にみやげ物店と宿泊施設、それに関寛斎資料館を創設したのである。さらに二〇〇一（平成十三）年には、ふるさと銀河線にSL銀河号を運行させるなど意欲的に取り組みをみせた。

二〇〇二（平成十四）年、マンガ『銀河鉄道999』の作者、松本零士が、主人公「メーテル」や「哲郎」の原画を提供し、その絵柄をラッピングした車両が人気車両になった。二〇〇四（平成十六）年の命日には「没後九十一年白里忌」が催され、「感ずるまゝに」と題する和歌を刻んだ碑が建てられた。

道の駅オーロラタウン93りくべつ（北海道陸別町）

野分けする秋の嵐のたゝぬまに　いかでか我は露と
消なん

翌年の「没後九十二年」は、「老が身の千千に心をくばるかな　斗満の原の後の栄は」、翌々年は「憂き事の又もや来る露の身の　葉するゐに残る心地こそすれ」という具合に、以後も毎年、寛斎の歌碑が一基ずつ建立され、二〇一二（平成二十四）年までに九基を数えた。

この間の二〇〇六（平成十八）年に、ふるさと銀河線は累積赤字が増えて沿線市町の財政負担が難しくなり、廃止に。だが二年後の二〇〇八（平成二十）年、陸別町商工会運営の鉄道保存展示施設「ふるさと銀河線りくべつ鉄道」として甦った。

駅舎は現在「道の駅オーロラタウン93りくべつ」になり、「りくべつ鉄道」の機関車が陸別駅―寛斎駅間の鉄道一・六キロメートルを走る。「乗車体験」や「運転体験」、さらには「トロッコ乗車」も運行され、人気を呼んでいる。

九基目の歌碑が建った二〇一二（平成二十四）年は「寛斎没後一〇〇年」に当たり、十月十四、十五両日、「陸別町関寛斎没後一〇〇周年記念事業」が開催され、寛斎一色に塗りつぶされた。

初日の十四日は陸別町役場庁舎内にあるタウンホールで講演会が開かれ、長崎大学の片峰茂学長が「関寛斎と長崎」と題する記念講演。続いてセミナーに移り、寛斎の子孫に当たる、医師で参議院議員の梅村総が「蘭医学・関寛斎――平成に学ぶ医の魂」の表題で講演。続いて著書『あい 永遠にあり』の作家の高田郁と筆者が「関寛斎の人生を忍ぶ」と題して対談した。この後、交流会が催され、寛斎ゆかりの全国各地から集結した参加者たちが、和気あいあいのうちに深い絆を確かめ合った。

翌日は寛斎の命日。埋葬の地「寛斎の丘」で追悼「寛翁を忍ぶ会」が催され、参加者たちは墓前に花束を捧げて祈った。「偲ぶ会」ではなく「忍ぶ会」としたのは、寛斎の晩年の短歌の冒頭に「忍ぶ」と書かれていることによる。

駅前の「寛斎ひろば」に移動し、記念事業として建立された「司馬遼太郎記念碑」の除幕式。続いて足寄学吟会と陸別鳳岳会による白里（寛斎の号）の詠歌が朗誦された。

それ以降も毎年、寛斎の命日には、陸別町挙げて記念事業を催している。先人への感謝を忘れない、という大事な日なのである。豊かな実りの大地となった陸別の町。地下の寛斎はどんな思いで見つめているであろうか。

寛斎の町を歩く――あとがきに代えて

寛斎が開いた陸別の町は、草原が広がる美しい町である。寛斎が開拓の鍬を振るっていたころ、開通した鉄道網走線は、池北線と名を変え、JR北海道が廃線にした後は「ふるさと銀河線」として残されたが、結局は消滅した。

「道の駅オーロラタウン93りくべつ」の中にある関寛斎資料館は、いまや町の名所の一つ。中に入ると寛斎が詠んだ和歌が展示されており、コーナーごとにわけて八十二年の生涯が詳しく展開される。

序章は「幕末維新の群像と寛斎に係わった人々」。西郷隆盛、勝海舟や佐倉順天堂の佐藤泰然、生涯の恩人の浜口梧陵、長崎遊学の恩師のオランダ人医師ポンペ、阿波徳島藩主の蜂須賀斉裕、北海道入植後に親交を深めた二宮尊親や、開拓地を訪れた徳冨蘆花などが紹介されている。

第一章の「ゆらぐ鎖国と先人たら」を経て、第二章「怒濤の人生始まる」から寛斎の行動が激しくなる。順天堂で学び、銚子で医院を開き、長崎に留学して蘭医学を学んだ後、徳島藩主の典医に転身。第三章「明治維新の激動の中で」は寛斎が上野の山の戦いで負傷兵を治療し、さらに奥羽戦線に出陣し、奥羽出張病院頭取として負傷兵を敵味方なく治療する。第四章「徳島での日々」は町医者になった寛斎が、貧しい人からは医療費をもらわず、「関大明神」と呼ばれる。第五章「蝦夷地（斗満）の開拓」は、老妻を札幌に残して斗満へ入植、開拓に励み、「積善社」を設けて理想郷の建設に乗り出す――。

館内には寛斎が用いた医療器具、生活用品、農場用具や、寛斎の古書、和歌短冊類、それに寛斎以外の和歌短冊類、色紙、書画、書簡、図面などざっと四百五十点が展示されている。寛斎ファンの「聖地」とされ、開館以来ざっと二万人が訪れている。

資料館を出て「寛斎ひろば」を巡る。広場の西側に「関寛翁之像」が見える。鍬の柄を持ち、身をくねらせながら右手を差し伸べる姿だ。

像を望むように自然石の「徳冨蘆花文学碑」が置かれている。石面に『みみずのたはこと』の冒頭の一文が刻まれている。撰文は北海道文学館名誉館長木原直彦。

像を挟んで反対側に立つのが「司馬遼太郎記念碑」。佐久間幹夫の篆刻彫画を黒御影石に刻んだ。司馬が『街道をゆく』の取材で陸別町を訪れた時の文面が刻まれている。

陸別はすばらしい都邑と田園です。寛斎の志を存するところひとびとが不退の心で拓いたところ、一木一草に聖書的な伝説の滲みついたところです。
森に、川に、畑に、それらのすべてが息づいています。

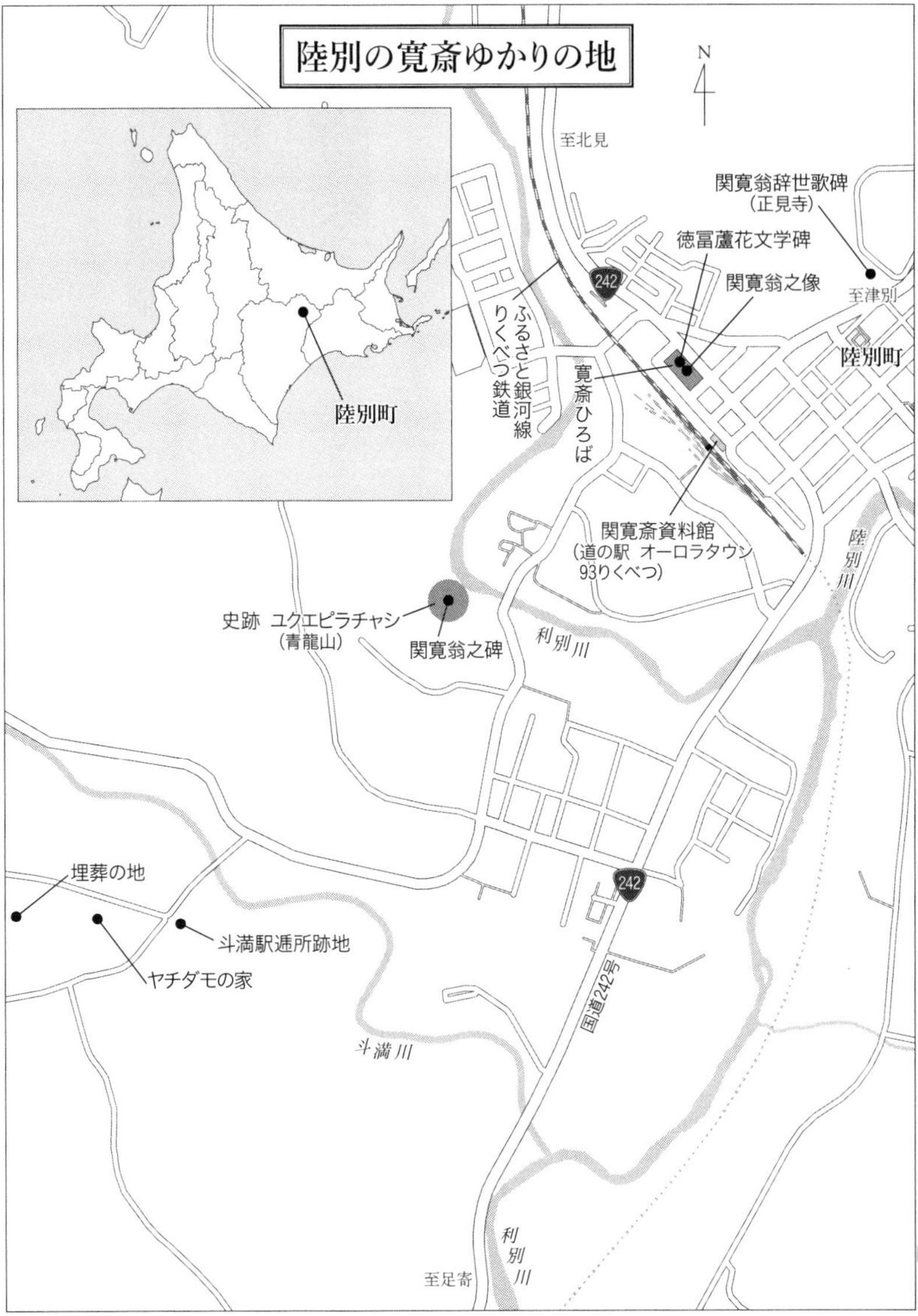
陸別の寛斎ゆかりの地
N
至北見
関寛翁辞世歌碑
（正見寺）
徳冨蘆花文学碑
関寛翁之像
至津別
陸別町
242
ふるさと銀河線
りくべつ鉄道
寛斎ひろば
陸別町
関寛斎資料館
（道の駅　オーローラタウン
93りくべつ）
陸別川
史跡　ユクエピラチャシ
（青龍山）
関寛翁之碑
利別川
埋葬の地
斗満駅逓所跡地
ヤチダモの家
242
国道242号
斗満川
利別川
至足寄

寛斎の和歌「忍びても——」の碑（2002年建立）

寛斎の和歌「いざ立てよ——」の碑（2002年建立）

徳冨蘆花文学碑

「花さく郷」碑

信常寺の跡碑

斗満説教所（古写真）

「自然法爾　於陸別　司馬生」と刻まれた碑

毎年命日に催される「白里忌」

関牧場跡に立つ案内標識

関翁のカラマツ

寛斎・アイ埋葬の地、寛斎の丘

「花さく郷」と刻まれた造形物は、歌人の更科源蔵の書と、寛斎の一首が。一九七〇（昭和四十五）年、陸別ライオンズクラブが陸別公民館前庭に建立し、後にここに移設したものだ。

ひろばの周囲を取り巻くように「白里歌碑」が並んでいる。寛斎が詠んだ和歌を毎年一基ずつ、設置してきた。その九基を一基ずつ詠みながら回る。その一つ。

創業
九とせ過ぎにし跡を人問はば　夢と答へん一夜《ひとつや》のつき　八十二老白里

ひろばを背に少し行くと、寺院が並んでいて、正見寺に至る。境内に「関寛翁之碑」が立っている。もっとも古い寛斎の碑である。蘆花の『みみずのたはこと』に出てくる信常寺はいまはないが、古写真で見ると間口六間ほどの小さな建物だったことがわかる。そばに「信常寺の跡」の碑が立っている。

近くの本證寺境内に須田剋太と司馬遼太郎の碑が見えた。「街道をゆく」は須田剋太、「自然法爾於陸別　司馬生」は司馬の筆跡を刻した記念碑だ。

青龍山へ。山全体が史跡ユクエピラチャシ跡で、アイヌ民族の砦だった場所という。この周辺一帯を関公園と呼び、山腹に関神社跡地がある。近くに「関寛翁之碑」が見えた。この麓が関牧場の最初の開拓地で、牧草地が広がっている。

斗満駅逓所跡へ。いまは案内板だけだが、寛斎が長く居住した場所である。付近に斗満川が流れていて、寛斎が水浴した「みそぎの場」がある。そばに「寛斎終焉の地」の標識が見え、一瞬、胸を衝かれた。

じゃがいも、とうもろこし、かぼちゃ、蔬菜などの畑が広がり、復元した「やちだもの家」が見えた。馬小屋を改修したもので、当時用いた太いヤチダモの巨木が天井の梁に使われている。

旧国道沿いに沿って「関の小径」と呼ばれる山道を行く。「関翁のカラマツ」と名づけられた大きなカラマツの木が、天を突いて伸びていた。その先にアカシヤ並木が続く。小高いなだらかな丘に、道路が一本、地形に沿って延びている。遥かにキトウシの北稜岳が望まれた。ここが徳冨蘆花とともに歩いたニケウルルバクシナイである。

戻る途中、「寛斎の丘」に登った。ここに寛斎、アイ夫妻は眠っていた。石碑に、夫妻の氏名と「埋葬の地」の文字、寛斎の和歌が一首、刻まれている。二〇〇六（平成十八）年に関寛翁顕彰会が設けたもので、命日になると大勢の人々が訪れ、冥福を祈る。

眼下に広大な牧草地帯が広がっている。ここに立つと、世俗にまみれたものが音を立てて崩れていくような思いにかられた。

☆

拙著をまとめるにあたり、寛斎の出身地の千葉県東金市をはじめ、銚子市、佐倉市、長崎県長崎市、徳島県徳島市、福島県いわき市、北海道小樽市、終焉の地となった陸別町などを歩いて、関寛斎に係わる多くの方々から貴重な話を伺いました。

関寛斎資料館のある陸別町には何度もお邪魔して、お世話をかけました。ことに寛翁顕彰会の斎藤省三氏には、資料や写真の提供を受けるなどこまごまとした配慮をいただき、感謝の言葉もありません。

実はこの本は、出版できるかどうかわからないという時があり、一度は諦めたのです。しかし藤原書店の藤原良雄社長が寛斎の生き方に共鳴し、やっと出版の目処がたったのです。長い道のりでした。

編集担当の刈屋琢氏と初めて出会ったのも幸甚でした。実は出稿の段階で私の手違いからとんだ失敗をしてしまったのですが、刈屋氏の卓抜した指摘により、無事に出版にこぎ着けることになりました。心から感謝しています。

二〇二〇年四月

合田一道

関寛斎年譜(1830–1912)

年	年齢	事跡	本書関連歴史事項
一八三〇 文政13年(天保元年)	1歳	2月8日、上総国山辺郡中村（現・千葉県東金市東中）、吉井佐兵衛、幸子長男として出生。幼名豊太郎。	
一八三二 天保3年	3歳	6月13日、母幸子没。祖父母に養育される。	
一八三八 天保9年	9歳	関俊輔家（妻年子は母幸子の姉）で養育される。	
一八四三 天保14年	14歳	関俊輔の養子になる。俊輔の私塾「製錦堂」で学ぶ。	
一八四八 嘉永元年	19歳	佐倉順天堂に入門、佐藤泰然の門下生に。同門下に佐藤尚中ら。	
一八四九 嘉永2年	20歳		松本良順、江戸より佐倉へ帰る。蘭方禁止令。
一八五〇 嘉永3年	21歳	『順天堂経験』の記録を始める。	
一八五一 嘉永4年	22歳	同門の金子桂甫と鼻骨ヘルニア手術を行う。泰然の日本初の膀胱穿刺術の助手をつとめる。	
一八五二 嘉永5年	23歳	5月12日、前之内村で医院を仮開業。12月25日、君塚アイ、18歳と結婚。	

年	年齢	事跡	本書関連歴史事項
一八五三 嘉永6年	24歳	泰然、佐倉藩より外科、眼科医として召し出される。 腹水患者に穿腹術を施す。 順天堂外科実験を記録。	山口舜海、佐藤泰然の養子になり、佐藤舜海となる。 ペリー来航。
一八五四 安政元年	25歳	長男生三誕生（幼名初太郎）。	
一八五六 安政3年	27歳	2月15日、銚子荒野（現銚子市興野）に医院を開業。 浜口梧陵と知り合う。	
一八五七 安政4年	28歳		ポンペ来日。 長崎に医学伝習所開設。
一八五八 安政5年	29歳	長女スミ誕生。浜口梧陵の勧めで江戸に出てコレラ予防を研究。	江戸でコレラ流行。 日米和親条約締結。 安政の大獄。 大老井伊直弼、桜田門外で暗殺。
一八六〇 万延元年	31歳	次男大介誕生。 浜口梧陵に励まされ、百両を借りて長崎へ。佐藤舜海ら同行。 12月23日、ポンペの伝習所に入門。『長崎在学日記』を書き出す。	幕府、種痘所を官立にする。
一八六一 文久元年	32歳	伝習所で訳書管理を担当。訳書生指導。幕府軍艦咸臨丸の補欠医官になる。 司馬凌海訳・関寛斎校閲『七新薬』（全三巻）発刊。 『朋百（ポンペ）氏治療記事』、『ポンペ講義筆記』。	小島養生所落成。

一八六二 文久2年	33歳	ポンペ伝習所（小島養生所）の留学を辞め、佐藤舜海とともに長崎を出発、帰郷。医院を再開。越前福井藩より医学生が来訪し、『ポンペ講義筆記』などを筆写。 阿波徳島藩主蜂須賀斉裕の国詰侍医に推挙され、江戸へ（須田泰嶺の推薦）。	坂下門外の変。 ポンペ帰国。
一八六三 文久3年	34歳	江戸を発ち徳島へ。徳島城に出勤し、賀代姫、尋姫拝診。 三男周助誕生。徳島を出発、帰郷。	薩英戦争。
一八六四 元治元年	35歳	生三、順天堂に入門。銚子の旧宅を整理し、家族とともに船で江戸を経て徳島へ。銚子から出帆した船が暴風で沈没、家財道具流失。 徳島富田裏掃除町に転居。内科書講義始まる。四男文助誕生。	
一八六五 慶応元年	36歳	養父俊輔の七十歳祝賀。尋姫の輿入れに従い京都へ。	
一八六六 慶応2年	37歳	文助死去。初めて洋服着用、軍隊の演習に参加。上総の両親に徳島移住を勧める。	薩長同盟成る。 世直し一揆高まる。
一八六七 慶応3年	38歳	次女コト誕生。『鵬氏内科書』輪読を始める。「内科新設」の会始める。	大政奉還。
一八六八 慶応4年 （明治元年）	39歳	蜂須賀斉裕死去。新藩主茂韶に従い京都へ。 三条実美に随行して江戸へ。 上野の山の戦い。講武所を診療所に負傷兵を治療。 大総督府より奥羽出張病院頭取を命じられ奥羽へ。平潟に奥羽出張病院を開設。以後、小名浜、平と移転。 東京へ帰還。	鳥羽・伏見の戦い。戊辰戦争。 江戸城開城。 江戸を東京と改める。

年	年齢	事跡	本書関連歴史事項
一八六九 明治2年	40歳	五男末八誕生。徳島藩医学校設立。大坂医学校を訪問、緒方惟準らの指導を受ける。次女コト死去。戊辰戦争の功績により太政官から百両贈られる。徳島藩病院開設、病院長に。生三、東京医学校に入学。	蝦夷地を北海道と改称。開拓使を新設。大村益次郎暗殺。禄制を改める。
一八七〇 明治3年	41歳	病院経営視察のため、和歌山、大阪、名古屋、静岡病院を訪問。洲本病院主任に。寛斎を寛と改名。医学校一等教授に。	
一八七一 明治4年	42歳	医学校開校式胴上げ事件で謹慎百日間。同事件により医学校二等教授に。三女トメ誕生。養父関俊輔没。診療所一等医に。再び病院長に。兵部省に出仕し、海軍病院、水兵本部出張医局に勤務。長女スミ、浜文平と結婚。	松本良順軍医頭に。
一八七二 明治5年	43歳	海軍省辞職。検毒法『新聞雑誌』に発表。甲府山梨病院長に就任。盲人針治条規並びに入院制度を定めたほか、上野原駅に医師を派遣して梅毒検査を実施。	兵部省廃止、陸海軍両省に。新橋—横浜間に鉄道開通。
一八七三 明治6年	44歳	山梨病院長辞任。徳島に帰り、徳島住吉村で開業。禄籍を返済し、平民に。	徴兵令布告。佐藤尚中（舜海）、東京順天堂開設。松本順（良順改め）軍医総監。浜口梧陵和歌山県大参事に。後に県会議長。
一八七四 明治7年	45歳	次男大介没（14歳）、六男餘作誕生、五男末八没（5歳）。徳島裏の丁南側東角、士族長屋二八番の三に移住。後に裏の丁東端と徳島本町を結ぶ小路を「関の小路」と呼んだ。	

一八七五 明治8年	46歳	「養生心得草」を『徳島新聞』に発表。生三、慶應義塾医科学所入学。	北海道屯田兵制度設ける。医術開業試験実施通達。
一八七六 明治9年	47歳	七男又一誕生。	札幌農学校にクラーク博士着任。
一八七七 明治10年	48歳	コレラ予防医務取締に任命。八男五郎誕生。	西南戦争。佐野常民博愛社創設（後の赤十字社）。
一八七八 明治11年	49歳	佐藤泰然七回忌法要。墓前に。生三、上京、佐藤尚中に師事。	大久保利通暗殺。コレラ全国に流行。
一八七九 明治12年	50歳	「虎列刺私考」を発表。万年山伐木問題起こる。	伝染病予防規則制定。
一八八〇 明治13年	51歳	生三結婚。餘作を相続人と定める。	
一八八一 明治14年	52歳	四女テル誕生。養母年子没（84歳）。	明治14年の政変起こる。開拓使閉鎖。
一八八二 明治15年	53歳		函館、札幌、根室の三県を置く。軍人勅諭発布。佐藤尚中没。55歳。
一八八三 明治16年	54歳	衛生会より支部幹事を委嘱。	
一八八四 明治17年	55歳	周助渡米。	
一八八五 明治18年	56歳	浜口梧陵没。紀州で葬儀、出席。	
一八八六 明治19年	57歳		北海道庁設置。

年	年齢	事跡	本書関連歴史事項
一八八六 明治20年	58歳	大和・日光旅行。	
一八八九 明治22年	60歳		大日本国憲法公布。
一八九〇 明治23年	61歳	再び日光旅行。生三宅訪問。	
一八九一 明治24年	62歳	貧しい家庭の子弟に無料で種痘を接種（以後一八九七年まで五七〇〇人に接種）。在学中の餘作、肺炎になり帰宅。寛斎「遺書の一」を書く。	第一回衆議院総選挙。
一八九二 明治25年	63歳	周助、アメリカに留学。又一、札幌農学校に入学。寛斎、妻アイを伴い九州の耶馬渓谷、霧島山、阿蘇、高千穂などを旅行し、『四方の土産』を著す。	徳島地方に豪雨。
一八九三 明治26年	64歳	勝浦、那賀、海部、木屋平、上山旅行。紀州へ梧陵の墓参旅行。餘作分家。四女テルを嗣子とする。	
一八九五 明治28年	66歳	徳島の出征兵の家族を慰問。三〇〇家庭に送金。広島、呉、松山、丸亀の入院中の傷病兵一五〇人を慰問。四女テル（13歳）没。	日清戦争講和。
一八九六 明治29年	67歳	長女スミ（36歳）没。大和旅行。周助に家業譲渡。徳島を出発し、北海道樽川農場視察。	十勝国の植民地解放。二宮尊親、藻岩（豊頃）に入植。
一八九七 明治30年	68歳	「遺言の二」を記す。京都旅行し、『西京土産』を著す。養父の「関素寿之碑」建立。三男周助結婚。	北海道国有未開発地処分法公布。北海道区制、一級、二級町村制公布。

一八九八 明治31年	69歳	北海道視察を考察。十勝の原野貸付開始。この頃から鼓の練習を開始。	徳冨蘆花『不如帰』発売、好評。 全道に徴兵令施行。
一八九九 明治32年	70歳	出雲旅行の『山陰旅行日記』著す。	北海道旧土人保護法施行。
一九〇〇 明治33年	71歳	若狭、越前、加賀、越中、飛驒、信州旅行。 又一、北海道十勝を調査。	衆議院選挙法改正で道民も選挙権を得る。
一九〇一 明治34年	72歳	寛斎夫妻、徳島の長男生三宅に入家。『命の選択』刊行。 金婚祝賀会開催。	第一回北海道道会議員選挙。
一九〇二 明治35年	73歳	北海道開拓を決意。 又一、釧路より十勝、淕別に入り調査。 斗満原野、上利別一〇二ヘクタールの貸付許可。又一、卒業論文「十勝国牧場設計」を発表。 片山八重蔵ら樽川を出発、斗満へ。又一も斗満へ。 寛斎夫妻と君塚貢が、徳島を出発、北海道へ向かう。 札幌に到着。 寛斎、餘作と共に札幌を出発し斗満へ。斗満駅逓所を開設（私設、後に官設）。 又一、一年間、志願兵として騎兵隊に入営。寛斎、冬期間、札幌へ。 この年、開墾した土地は約一ヘクタール。馬五二頭、牛七頭を飼育。	この年、十勝地方、冷害。

年	年齢	事跡	本書関連歴史事項
一九〇三 明治36年	74歳	再び斗満へ。医術開業の必要性を感じ医籍を徳島から北海道へ移す。『斗満考』を著す。札幌で越年。この年の開墾地は畑地四ヘクタール、牧場二〇ヘクタール。馬九五頭、牛一〇頭。大雪のため馬四〇頭死滅。	北海道三角測量実施。
一九〇四 明治37年	75歳	又一除隊、帰場。寛斎、地域住民の診療と種痘を実施。種痘二五〇人に及ぶ。5月、妻アイ、札幌で死去。岡山医専在学中の餘作、来場し、寛斎を支える。寛斎、餘作と共に藻岩（豊頃）の二宮尊親経営の農場を視察。又一に召集通知。寛斎、札幌へ。再び二宮農場を訪問。餘作、岡山医専を卒業、斗満へ。この年、馬五六頭を疫病で失う。だが馬六七頭、牛一四頭を飼育。同場所有の瑞暲号が十勝一に。	日露戦争勃発。
一九〇五 明治38年	76歳	五郎分家（本別村字斗満上利別原野基線二七六）『関牧場創業記事』の記録を始める。餘作、帯広病院に勤務。寛斎、釧路、白糠方面を視察。海水浴を楽しむ。又一出征。「積善社趣意書」を発表。『命の鍛練』を著す。二宮農場を訪問。君塚貢、札幌農学校卒業、関牧場に入場。	帯広停車場開業。日露講和。

一九〇六 明治39年	77歳	『命の洗濯』再版。又一除隊、帰場。斗満駅逓所官設に。君塚貢退場。北海道物産品評会で第二篠路号が三等に入賞。又一、黒木美都子と結婚。餘作、ロシア国皇帝医となり、中国ハルビンからモスクワ入り。出発前に父子で記念撮影。	鉄道国有法公布。十勝国産牛馬組合設立。
一九〇七 明治40年	78歳	寛斎、佐藤昌介を訪問。又一、生花苗牧場に晩成社、依田勉三を訪問。足寄郵便局設置され、又一初代局長に。局長代理五郎。又一、十勝物産品評会地方評議委員に。餘作、帰省。寛斎、上京し、佐藤泰然、浜口家、蜂須賀家など墓参。周助宅で越年（寒さ凌ぎのため）。	松本順（良順）没（76歳）。この年、大洪水起こる。
一九〇八 明治41年	79歳	東京で新年を迎え、4月、徳冨蘆花宅を訪問。五郎（31歳）没の報。再び蘆花宅を訪問。帰場し、帯広の晩成社、鈴木銃太郎を訪問。再び上京し、佐藤泰然、尚中銅像除幕式に参列。	北海道国有未開地処分法改正。国鉄青函連絡航路開設。
一九〇九 明治42年	80歳	又一、北海道庁長官より木杯（本別第二小学校新築に基金寄贈）。寛斎、上京し、佐藤泰然墓参。帰場。又一、鉄道院総裁後藤新平より感謝状（土地寄付）。寛斎、牧場設立と将来構想を又一と餘作に示す。周助、来場し、又一にヨーロッパ視察を勧める。関農場用地での自作農育成を奨励。暮れ上京。	釧路新聞、白石社長、日景安太郎記者、相次ぎ関牧場を訪問。

年	年齢	事跡	本書関連歴史事項
一九一〇 明治43年	81歳	『めざまし草』発刊。 又一、鉄道院総裁より木杯（鉄道用地寄付）。 寛斎、帰場。生三、周助来場し、5月19日、斗満牧場株式会社設立。 関農業用地、市街地区画のため一部返還。餘作、37歳で結婚。 『関牧場創業記事』発表。餘作・又一間で財産問題、協議成立。 9月24日、徳冨蘆花、妻愛子、娘鶴子が斗満へ（30日まで滞在）。 この年の開墾地は五五三ヘクタール。馬一八〇頭、牛九六頭を飼育。 暮れ、また上京し、越年。	池田―淕別間の鉄道開通。 トルストイ没。 淕別郵便局開設。 帯広郵便局で電話業務開始。
一九一一 明治44年	82歳	蘆花宅を訪問。斗満に帰場。 又一『耕鋤日記』の記録を始める。 寛斎、場内の農民と小作契約を定め、自作農創立を勧める。	堀井梁歩、蘆花の紹介で入場。 池田―淕別―北見の池北線全線開通。
一九一二 明治45年 （大正元年）	83歳	蘆花の尽力で合本『命の洗濯』発刊。 餘作、網走監獄医官として着任。 10月13日、寛斎の日記、途絶える。 10月15日、寛斎、斗満北三線一六番地の自宅で没す。	7月30日、改元。

参考文献・協力者

■参考文献

関寛『命の洗濯』警醒社書店、一九一二年
関寛『命の鍛錬　養生心得草』警醒社書店、一八七五年
関寛『めさまし草』三省堂、一九一〇年
徳冨健次郎『みみずのたはこと』上下、岩波文庫、一九三八年
ポンペ『日本における五年間』雄松堂書店、一九六八年
カッテンディーケ著、水田信利訳『長崎海軍伝習所の日々』平凡社、一九六四年
川崎巳三郎『関寛斎――蘭方医から開拓の父へ』新日本出版社、一九八〇年
戸石四郎『関寛斎――最後の蘭医』三省堂、一九八二年
戸石四郎『浜口梧陵物語――「稲むらの火」をかかげた人』多田屋株式会社、二〇〇九年
司馬遼太郎『胡蝶の夢』1～4、新潮文庫、一九七八年
田端宏ほか『新版北海道の歴史』上下、北海道新聞社、二〇一一年
中村英重『北海道移住の軌跡――移住史への旅』高志書院、一九九八年
日本医史学会・国立歴史民俗博物館編『佐倉順天堂――近代医学の発祥地』日本医師史学会、佐倉市教育委員会、二〇一二年
陸別町役場広報広聴町史編さん室『陸別町史』別巻、陸別町、一九九四年
陸別町役場広報広聴町史編さん室『原野を拓く――関寛開拓の理想とその背景』陸別町、一九九一年
陸別町関寛翁顕彰会『関農場――希望の大地に夢拓く』関寛斎斗満入植一〇〇周年記念実行委員会、二〇〇二年
陸別町教育委員会『関寛斎』陸別町関寛斎資料館、二〇〇三年
陸別町郷土資料『寛斎日記　奥羽出張病院日記を中心として』陸別町教育委員会、一九八二年
陸別町郷土研究会『郷土研究』会報第二一号、陸別町郷土研究会、二〇一四年
陸別町関寛翁顕彰会『白里関寛　斗満獨吟』陸別町関寛翁顕彰会、二〇〇九年
渡辺勲『関寛斎伝――北海道開拓を探る』陸別町関寛翁顕彰会編、二〇一九年
日本国有鉄道北海道総局『北海道駅名の起源』日本国有鉄道北海道総局、一九七三年

町民文芸『あかえぞ』あかえぞ文藝舎
『関寛斎関連文献資料目録　関寛斎を究めた人たち』陸別町関寛翁顕彰会編、二〇一八年
關内幸介『長橋だより』

ほかに「奥羽出張病院日記」「病院勤中私記」「外院平病人記録」（以上、關内幸介解説）、『徳島新聞』『北海道新聞』を参考にしました。

■**協力者**

小野康夫（千葉県東金市）、石渡淳一（同）、青木幸一（同）、吉井直（同）、戸石四郎（千葉県銚子市）、關内幸介（福島県いわき市）、關内昭二（同）、有賀行秀（同）、泉康弘（徳島県徳島市）、大久保玄一（長野県佐久市）、山田和広（東京都）、河本哲士（北海道陸別町）、斎藤省三（同）、佐久間幹夫（同）、大窪進（北海道札幌市）、澤井陽子（同）

東金市教育委員会（千葉県東金市）、佐倉順天堂（千葉県佐倉市）、性源寺（福島県いわき市）、いわき市教育委員会（同）、徳島市（徳島県）、徳島市立徳島城博物館（徳島県徳島市）、札幌市教育委員会（北海道）、北海道大学付属図書館、石狩市（北海道）、陸別町教育委員会（北海道陸別町）、陸別町関寛翁顕彰会（同）、陸別町関寛斎資料館（同）、石狩市教育委員会（北海道石狩市）、北海道

ま　行

や　行

ら・わ行

な 行

は 行

さ　行

人名索引

「まえがき」から「あとがきに代えて」までの本文から人名を採り，姓名の五十音順で配列した。

著者紹介

合田一道（ごうだ・いちどう）

1934年北海道生まれ。ノンフィクション作家。長く北海道新聞社に勤務し編集委員などを歴任し、1994年退社。その間、幕末から維新にかけての数々のノンフィクション作品を執筆し今日に至る。
著書に『大君（タイクン）の刀』（北海道新聞社）『龍馬、蝦夷地を開きたく』（寿郎社）『日本史の現場検証』（扶桑社）『日本人の死に際　幕末維新編』（小学館）『日本人の遺書』『古文書にみる榎本武揚』（ともに藤原書店）等。

評伝《ひょうでん》 関寛斎《せきかんさい》 1830–1912——極寒《ごっかん》の地《ち》に一身《いっしん》を捧《ささ》げた老医《ろうい》

2020年6月10日　初版第1刷発行©

著　者　合田一道
発行者　藤原良雄
発行所　株式会社 藤原書店

〒162-0041　東京都新宿区早稲田鶴巻町523
電　話　03（5272）0301
FAX　03（5272）0450
振　替　00160－4－17013
info@fujiwara-shoten.co.jp

印刷・製本　中央精版印刷

落丁本・乱丁本はお取替えいたします
定価はカバーに表示してあります

Printed in Japan
ISBN978-4-86578-272-1

幕末から平成までの日本人の遺書を精選

日本人の遺書（一八五八〜一九九七）

合田一道

死を意識し、自らの意志で書いた文章「遺書」。幕末から平成まで日本人百人の遺書を精選。**吉田松陰／武市瑞山／高杉晋作／中江兆民／正岡子規／幸徳秋水／芥川龍之介／宮澤賢治／種田山頭火／山本五十六／大西瀧治郎／川島芳子／山口二矢／永山則夫**ほか

A5上製布クロス装貼函入　四〇八頁　**四八〇〇円**
（二〇一〇年七月刊）
◇978-4-89434-740-3

自筆資料から実像に迫る！

古文書にみる榎本武揚（思想と生涯）

合田一道

裏切り者か、新政府の切り札か。その複雑な人間像と魅力を、榎本家に現存する書簡や、図書館等に保管されている日記・古文書類を渉猟しあぶり出す。膨大な資料を読み解く中でその思想、信条に触れながら、逆賊から一転、政府高官にのぼりつめた榎本武揚という人物の実像に迫る。

【附】年譜・人名索引
四六上製　三三六頁　**三〇〇〇円**
（二〇一四年九月刊）
◇978-4-89434-989-6

二人の関係に肉薄する衝撃の書

蘆花の妻、愛子（阿修羅のごとき夫《つま》なれど）

本田節子

偉大なる言論人・徳富蘇峰の弟、徳冨蘆花。公開されるや否や一大センセーションを巻き起こした蘆花の日記に遺された、妻愛子との凄絶な夫婦関係や、愛子の日記などの数少ない資料から、愛子の視点で蘆花を描く初の試み。

四六上製　三八四頁　**二八〇〇円**
（二〇〇七年一〇月刊）
◇978-4-89434-598-0

謎の鳥の探究に生涯を捧げた数奇な貴族の実像

絶滅鳥ドードーを追い求めた男（空飛ぶ侯爵、蜂須賀正氏 1903-53）

村上紀史郎

蜂須賀小六の末裔にして、徳川慶喜の孫、海外では異色の鳥類学者として知られる蜂須賀正氏。探検調査のため日本初の自家用機のオーナーパイロットにもなり、世界中で収集した膨大な標本コレクションを遺しながら、国内では奇人扱いを受け、正当に評価されてこなかったその生涯と業績を、初めて明かす。

カラー口絵八頁
四六上製　三五二頁　**三六〇〇円**
（二〇一六年七月刊）
◇978-4-86578-081-9